数字化转型
与企业高质量发展

Digital Transformation
and High Quality Development
of Enterprises

文 雯　牛煜皓◎著

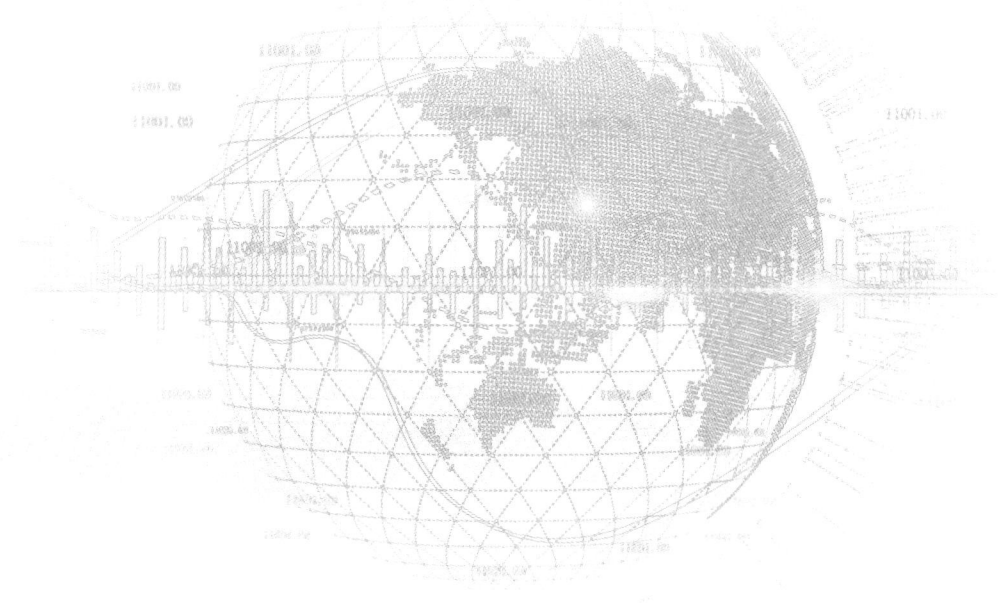

·北京·

图书在版编目（CIP）数据

数字化转型与企业高质量发展 / 文雯，牛煜皓著. --北京：中国经济出版社，2024.5
ISBN 978-7-5136-7766-0

Ⅰ.①数… Ⅱ.①文…②牛… Ⅲ.①企业发展-数字化-研究 Ⅳ.①F272.7

中国国家版本馆CIP数据核字（2024）第093753号

责任编辑　牛慧珍
责任印制　马小宾
封面设计　任燕飞

出版发行	中国经济出版社
印 刷 者	北京艾普海德印刷有限公司
经 销 者	各地新华书店
开　　本	710mm×1000mm　1/16
印　　张	16
字　　数	270千字
版　　次	2024年5月第1版
印　　次	2024年5月第1次
定　　价	88.00元

广告经营许可证　京西工商广字第8179号

中国经济出版社　网址 http://epc.sinopec.com/epc/　社址 北京市东城区安定门外大街58号　邮编 100011
本版图书如存在印装质量问题，请与本社销售中心联系调换（联系电话：010-57512564）

版权所有　盗版必究（举报电话：010-57512600）
国家版权局反盗版举报中心（举报电话：12390）　　服务热线：010-57512564

致　谢

本研究受到中央高校基本科研业务费项目"数字化转型赋能、企业资源配置与经济高质量发展"（2023TD003）、国家自然科学基金青年项目"上市公司精准扶贫行为的同群效应：作用机制与经济后果"（72002014）、北京外国语大学"中青年卓越人才支持计划"的资助。

目　录
CONTENTS

第1章　绪论 ······ 001

1.1　研究背景 ······ 001

1.2　研究目标 ······ 004

1.3　核心概念界定 ······ 005

1.4　研究方法 ······ 006

1.5　研究意义 ······ 008

1.6　章节安排 ······ 011

第2章　制度背景与数字经济的发展现状 ······ 013

2.1　数字经济的内涵 ······ 013

2.2　数字经济的国外发展现状 ······ 013

2.3　数字经济的国内发展现状 ······ 015

2.4　中国企业数字化转型现状 ······ 021

第3章　中国铝业财务数字化转型案例研究 ······ 024

3.1　引言 ······ 024

3.2　中国铝业财务数字化转型动因分析 ······ 025

3.3　中国铝业财务数字化转型路径分析 ······ 029

3.4　中国铝业财务数字化转型效果分析 ······ 036

3.5　研究结论与启示 ······ 043

第4章　一汽集团财务数字化转型案例研究 ······ 047

4.1　引言 ······ 047

4.2 一汽集团财务数字化转型动因分析 ············· 049
4.3 一汽集团财务数字化转型的过程及路径 ············· 057
4.4 一汽集团财务数字化转型后果分析 ············· 064
4.5 研究结论与启示 ············· 069

第5章 数字化转型与企业绿色创新 072

5.1 引言 ············· 072
5.2 文献综述 ············· 074
5.3 理论分析与研究假设 ············· 076
5.4 研究设计 ············· 078
5.5 实证结果分析 ············· 080
5.6 稳健性检验 ············· 083
5.7 机制检验 ············· 088
5.8 拓展性研究 ············· 092
5.9 研究结论与启示 ············· 095

第6章 数字化转型与资本结构动态调整 096

6.1 引言 ············· 096
6.2 文献综述 ············· 099
6.3 理论分析与研究假设 ············· 100
6.4 研究设计 ············· 102
6.5 实证结果分析 ············· 106
6.6 机制检验 ············· 117
6.7 进一步分析 ············· 123
6.8 研究结论与启示 ············· 126

第7章 数字化转型与商业信用融资 127

7.1 引言 ············· 127
7.2 文献综述与研究假设 ············· 129
7.3 研究设计 ············· 131
7.4 实证结果分析 ············· 134
7.5 机制检验 ············· 144

  7.6 异质性分析 …… 147
  7.7 经济后果分析 …… 154
  7.8 研究结论与启示 …… 155

第8章 数字化转型与企业投融资期限错配 …… 157
  8.1 引言 …… 157
  8.2 文献综述与研究假设 …… 159
  8.3 研究设计 …… 162
  8.4 实证结果分析 …… 164
  8.5 异质性分析 …… 170
  8.6 拓展性研究 …… 174
  8.7 研究结论与启示 …… 175

第9章 数字化转型与企业劳动投资效率 …… 177
  9.1 引言 …… 177
  9.2 文献综述与研究假设 …… 181
  9.3 研究设计 …… 184
  9.4 实证结果分析 …… 191
  9.5 机制检验 …… 203
  9.6 进一步分析 …… 207
  9.7 研究结论与启示 …… 216

第10章 研究结论、启示与不足 …… 218
  10.1 研究结论 …… 218
  10.2 研究启示 …… 220
  10.3 研究不足 …… 221

参考文献 …… 222

重要术语索引 …… 244

后记 …… 245

第1章

绪 论

1.1 研究背景

数字经济是经济发展的引领力量,其在重塑世界经济版图的同时,也成为中国经济增长的关键动力。根据中国信息通信研究院发布的《中国数字经济发展报告(2022年)》,我国数字经济规模达到45.5万亿元,位居全球第二,其中电子商务交易额、移动支付交易规模位居全球第一,数字经济占我国GDP的比重达到39.8%,成为推动经济社会高质量发展的重要引擎。2021年,我国发布的《中华人民共和国国民经济和社会发展第十四个五年规划和2035年远景目标纲要》,将"加快数字化发展,建设数字中国"单独成篇,提出"促进数字技术与实体经济深度融合,赋能传统产业转型升级"以及"以数字化转型整体驱动生产方式、生活方式和治理方式变革"。党的二十大报告明确指出,要"加快发展数字经济,促进数字经济和实体经济深度融合,打造具有国际竞争力的数字产业集群"。2023年2月,中共中央、国务院发布的《数字中国建设整体布局规划》,提出"到2035年,数字化发展水平进入世界前列,数字中国建设取得重大成就"的战略部署。

随着数字经济的蓬勃发展,信息技术与实体产业加速融合,人工智能、区块链、云计算、大数据等新一代数字科技的创新突破及其对企业的持续渗透,推动企业管理模式、信息结构、运营机制、生产过程等价值创造流程发生颠覆性变革。尽管越来越多的企业认识到了数字化转型的重要性,但是在实施数字化转型过程中依然面临诸多障碍,包括组织惯性、员工抵抗、领导力不足以及需求冲突等(王冰和毛基业,2021)。企业数字化转型实践具有资金需求量大、投资回收期长、失败风险度高等突出特点,企业需要投入大量资金用于各类硬件设备和软件平台的采购、商业模式转型升级等方面,这对企业的资金储备和长期融资能力提出了很高的要求。企业数字化转型的失败率居高不下，能将数字化投入顺利转化为优异经营绩效的企业比例偏低，大多数企业的数字化转型实践未达到预期效果。综上所述，数字化转型能否助力企业高质量发展？若能，其中的作用机制是什么？以上问题有待实证检验。

绿色创新是指以减少环境污染、降低原材料和能源使用的技术、工艺及产品创新，也包含制定绿色企业管理机制、绿色成本管理创新、采用先进生产方式、建立绿色营销机制、建立绿色网络化供应链以及建立环境评价与管理系统等维度。在我国经济持续快速增长的同时，生态资源约束和环境污染问题也日益突出，加快转变经济发展方式、推动产业结构优化升级刻不容缓。2020年9月，习近平总书记在第75届联合国大会一般性辩论上发表重要讲话，明确提出我国将采取更加有力的政策和措施，二氧化碳排放量力争于2030年前达到峰值，努力争取2060年前实现碳中和。这一重大宣示意味着我国将全力推动经济社会发展实现全面绿色转型，坚定不移地走绿色、低碳、循环、可持续发展之路。为实现经济发展与环境保护的和谐共进，近年来国家大力倡导绿色创新战略，将绿色创新作为解决环境问题的根本之策。不同于传统科技创新，绿色创新强调经济效益、社会效益和生态效益的协调统一，具有更高的不确定性和风险。绿色创新日益成为企业提高自身竞争优势的重要动力，如何有效推动企业绿色创新成为新时代亟待解决的核心议题。作为经济发展的新动能，数字化转型是否有助于提升企业绿色创新产出值得探讨。

资本结构动态调整是指企业资本结构决策的动态化过程，即实际资本结构趋向于目标资本结构的调整速度。当公司资本结构偏离目标水平时，公司的实际负债率低于或超过最优负债率，提高或降低负债率将有利于增加公司价值，即趋向目标资本结构的收益为正。但由于资本市场摩擦等因素的存在，公司调整资本结构会产生一定的成本。因此，只有当调整收益超过调整成本时，公司才会对资本结构进行趋于目标的调整，而调整速度的快慢取决于调整收益和调整成本的大小。资本结构动态调整是公司财务领域的热点话题，企业数字化转型是否会影响资本结构调整速度有待深入探究。

商业信用是指企业间在交易过程中，被出售商品或者提供劳务的公司（供应商）对购买商品或者接受劳务的公司（客户）所给予的一种信用，是企业融资的重要途径。中国作为一个新兴市场经济体，银行业竞争程度严重不足，存在严重的信贷歧视，导致私有企业面临严重的融资约束问题。在这种情况下，商业信用能够有效解决企业由于融资约束引发的投资不足问题（修宗峰等，2021）。由此，商业信用融资在中国企业间得到了广泛应用。与传统的银行贷款、股票融资等正式融资渠道相比较，商业信用融资的特点是成本低。在信息不对称较为严重的情况下，商业信用融资已越来越成为我国企业，特别是中小企业解除融资约束的重要途径（修宗峰等，2021）。企业数字化转型是否能有效降低供应链上下游之间的信息不对称程度，从而提升企业商业信用融资能力，有待深入考察。

投融资期限错配主要表现为企业将短期贷款筹集的资金用于长期性投资项目，亦称"短贷长投"或"短债长用"现象。受制于银行偏低的长期贷款供给意愿，企业需要不断滚动地借入短期债务以支撑长期性投资，导致短期债务比例持续大于短期资产比例，出现投融资期限错配问题（钟凯等，2016）。这不仅不利于企业绩效提升，而且会增加企业资金链断裂的风险，并且这种债务风险变得更为隐蔽，给金融市场埋下了巨大的风险隐患（刘晓光和刘元春，2019；赖黎等，2019）。我国经济进入新常态发展阶段，防范和化解重大风险是促进我国经济健康发展的重中之重，防范企业出现投融资期限错配问题是有效"守住不发生系统性金融风险底线"的微观基础。对于数字化转型能否影响投融资期限错配问题的解答有助于全面、准确地评估数字化转型的实施效果，为完善数字化转型的相关配套政策、防范和化解风险提供经验依据。

劳动投资效率是指企业劳动力投资所取得的有效成果与所消耗或占用的劳动力投入额之间的比率。劳动投资是微观企业生产过程中最重要的决策之一，劳动生产率的不断提升是经济增长的可持续源泉，而高质量人才的匮乏和人力资本结构的失衡是企业高质量发展的重要障碍。因此，提高企业人力资本配置效率是加快产业结构升级、提升发展质量的关键。一方面，企业数字化转型降低了劳动力市场的信息不对称、增加了与企业生产技术升级相配套的高技能劳动力的需求，促使企业组织架构由集权式向分权式转变，有助于提高劳动投资效率；另一方面，数字化转型也可能因远程办公模式等弱化企业对员工的管理和监督，反而不利于劳动投资效率的提高。因此，厘清数字化转型对劳动投资效率的影响对于优化企业资源配置具有至关重要的作用。

目前，已有针对企业数字化转型能否赋能企业高质量发展的研究并不充分，企业数字化转型能否对绿色创新、资本结构动态调整、商业信用融资、投融资期限错配和劳动投资效率产生影响有待深入探究，这也为本书的研究提供了契机和探索空间。

1.2 研究目标

本书首先基于案例研究方法，对中国企业实施数字化转型的动因、路径和经济效果进行探究。随后，基于中国沪深 A 股上市公司样本，采用实证研究方法检验数字化转型对企业高质量发展的影响，具体包含绿色创新、资本结构动态调整、商业信用融资、投融资期限结构错配和劳动投资效率等维度。具体研究目标如下：

（1）探究中国企业实施数字化转型的动因、路径及经济效果。本书选取中国企业数字化转型的两个典型案例，对数字化转型的动因、路径和经济效果进行深度分析，以期增强对企业数字化转型现状的理解。在数字化转型动因方面，分别从宏观环境、行业特征和企业特征等维度进行分析；在数字化转型路径方面，主要从财务管理组织重构、流程再造、财务智能化建设、业财融合等角度进行探究；在数字化转型的经济后果方面，从企业竞争力、创新能力、治理水平、组织效率、融资成本以及财务绩效等维度进行分析。通过实际案例分析，预期得到具有现实意义的研究结论，为后文的实证研究奠定基础。

（2）考察数字化转型是否对企业绿色创新产生影响。绿色创新强调经济效益、社会效益和生态效益的协调统一，是实现高质量发展的关键路径。本书首先探究数字化转型是否能推动制造业企业绿色创新，其次考察数字化转型对企业绿色创新的影响路径，再次分析数字化转型对企业绿色创新的影响是否在不同行业之间存在异质性，最后考察数字化转型对实质性绿色创新和策略性绿色创新的影响是否存在差异。

（3）考察数字化转型是否对企业资本结构动态调整产生影响。资本结构动态调整反映了实际资本结构趋向于最优资本结构的调整速度。本书首先考察数字化转型是否会对企业资本结构动态调整产生影响，其次分析数字化转型对资本结构动态调整的影响机制，最后探究数字化转型对资本结构动态调整的影响是否因行业竞争程度、市场发展水平、经济政策不确定性程度而产生差异。

（4）考察数字化转型是否对企业商业信用融资产生影响。商业信用融资是一种非正式融资方式，能够有效补充银行贷款融资和股权融资的劣势，对于缓解中小企业融资约束具有重要意义。本书首先探究数字化转型是否会对商业信用融资产生影响，其次考察数字化转型对商业信用融资的作用渠道，再次探究在不同的产权性质、行业特征下，数字化转型对商业信用融资的影响是否存在差异，最后分析数字化转型能否通过促进商业信用融资提高企业价值。

（5）考察数字化转型是否对企业投融资期限错配产生影响。投融资期限错配是指企业受到银行长期信贷供给意愿偏低的约束，采用短期债务支撑长期性投资的现象。本书首先探究数字化转型是否影响企业投融资期限错配，其次分析数字化转型对企业投融资期限错配的作用机制，最后深入探讨银行信贷供给、企业财务特征以及人力资本结构的异质性影响。

（6）考察数字化转型是否对企业劳动投资效率产生影响。提高劳动投资效率是促进企业高质量发展的关键路径。本书首先探究数字化转型是否会对企业劳动投资效率产生影响，以及究竟是对劳动投资过度还是劳动投资不足产生影响，其次分析数字化转型对劳动投资效率的作用机制，最后探讨数字化转型对劳动投资效率的影响是否因产权性质、内外部治理机制以及员工结构特征而存在差异。

1.3 核心概念界定

数字化转型是指企业利用数字技术和思维，更新原有的产品、服务、运营流程、组织结构或商业模式，以期进一步增强客户体验以及企业竞争优势的过程（王冰和毛基业，2022）。其中，人工智能（Artificial Intelligence）、区块链（Blockchain）、云计算（Cloud Computing）、大数据（Big Data）等"ABCD"技术构成了企业数字化转型的核心底层技术架构（戚聿东和肖旭，2020）。企业数字化转型既是数字科技与生产发展深度融合的微观转变，又是企业从传统生产体系向数字化体系转型的创新标志。本书主要基于文本分析方法衡量企业数字化转型程度。其中，数字化转型相关词语包括人工智能技术、大数据技术、云计算技术、区块链技术、数字技术应用五类，数字化转型词典如图1-1所示。

```
┌─────────────────────────────────────────┬─────────────────────────────────┐
│ 人工智能、商业智能、图像理解、语义搜索、│ 数据挖掘、文本挖掘、异构数据、  │
│ 机器学习、深度学习、人脸识别、语音识别、│ 增强现实、征信、大数据、混合现实│
│ 身份验证、自动驾驶、感知交互、泛在感知、│ 、虚拟现实、可视化算法、数据可视│
│ 智能机器人、生物识别技术、自然语言处理、│ 化                              │
│ 智能数据分析、投资决策辅助系统          │                                 │
├───────┬─────────────────────────────────┼────────┬────────────────────────┤
│       │        数字技术运用                      │                        │
│ 人工  │ 移动互联、电子商务、移动支付、智能能源、 │  大数据                │
│ 智能  │ 智能穿戴、智慧农业、智能交通、智能医疗、 │                        │
│       │ 智能客服、智能家居、智能投顾、智能文旅、 │                        │
│       │ 智能环保、智能电网、智能营销、智慧社区、 │                        │
│ 云计算│ 智慧养老、智慧物流、智能制造、智慧教育、 │  区块链                │
│       │ 智慧政务、数字营销、无人零售、数字金融、 │                        │
│       │ 金融科技、量化金融、开放银行、互联网医疗、│                       │
│       │ 第三方支付、互联网金融、移动互联网、     │                        │
│       │ 工业互联网、线上、线下、网联、           │                        │
│       │ B2B、B2C、C2B、C2C、O2O、NFC支付、Fintech│                        │
├───────┴─────────────────────────────────┼────────────────────────────────┤
│ 认知计算、融合架构、亿级并发、边缘计算、│ 区块链、数字货币、分布式计算、 │
│ 云计算、流计算、图计算、混合云、云服务、│ 智能金融合约、差分隐私技术     │
│ 物联网、内存计算、类脑计算、绿色计算、  │                                │
│ 云操作系统、分布式存储、多方安全计算、  │                                │
│ EB级存储、信息物理系统                  │                                │
└─────────────────────────────────────────┴────────────────────────────────┘
```

图 1-1　数字化转型词典

1.4　研究方法

本书主要采用规范研究法、案例研究法和实证研究法三种方法。一方面，关注数字经济蓬勃发展的宏观制度背景以及中国企业积极投身数字化转型实践的现状，争取做到理论联系实际；另一方面，归纳总结现有的理论和方法，获取更加规范的实证结果，并为实证结果提供合理的解释。

（1）规范研究法。本书对于制度背景、文献综述及理论基础的阐述主要采用规范研究法，通过逻辑分析推断出具体结论。采用规范研究法的主要章节如下：第2章归纳数字经济在国内外的发展现状以及中国企业数字化转型的进展情况。第5章至第9章在广泛阅读国内外文献的基础上，对数字化转型、企业绿色创新、资本结构动态调整、商业信用融资、投融资期限错配、劳动投资效率等领域的研究进行综述，总结现有文献可能存在的不足之处，并以此为基础提出本书的核心议题；假设推导部分基于已有理论和文献，采用演绎法和归纳法提出数字化转型对中国企业高质量发展的总体影响及作用机理等方面的具体研究假设，为后文的实证检验指明方向。

（2）案例研究法。本书选取两个典型的案例企业，对数字化转型的动因、路径和经济效果进行深度分析，以期增强对企业数字化转型现状的理解。具体而言，第3章选取中国铝业集团有限公司为案例对象，首先，讨论中国铝业实施数字化转型升级的动机，分别从行业和企业两个角度来进行剖析；其次，分析中国铝业具体实施数字化转型的路径选择，分别从财务管理组织重构、流程再造和业财融合三个角度进行了转型；最后，从企业竞争力、创新能力、治理水平和融资成本的角度探讨了中国铝业财务数字化转型的效果。第4章选择中国第一汽车集团有限公司作为案例研究对象，首先分阶段对一汽集团数字化转型动因进行分析，其次从财务共享中心建设、财务智能化建设等角度探讨一汽集团数字化转型的过程，最后从组织效率和财务绩效的维度剖析一汽集团数字化转型的经济后果，以期得到具有现实意义的研究结论，为后文的实证研究奠定基础。

（3）实证研究法。在实证检验部分，主要通过计量经济学和统计学的方法，结合基于文本分析方法获取的中国上市公司数字化转型数据，以及从国泰安数据库（CSMAR）和中国研究数据服务平台（CNRDS）下载的公司财务和公司治理的相关数据进行实证分析。具体而言，通过样本分布和描述性统计了解中国上市公司数字化转型的总体趋势，通过相关性分析和单变量检验得到初步的检验结果，再使用多元线性回归等模型检验企业数字化转型对经济高质量发展各个维度的影响。各章数据分析由 SAS 9.4 和 Stata 15.0 统计软件处理完成。针对本书的研究议题，采用大样本实证检验的方法是可行且可靠的，原因如下：其一，本书已通过文本分析等数据挖掘方法，获得了2007—2020年中国A股全部上市公司数字化转型的数据，包括总体数字化转型情况、人工智能技术、区块链技术、云计算技术、大数据技术以及数字技术运用等细分维度的数字化转型程度数据，为大样本实证检验提供了可行性；其二，通过大样本实证检验，可以弥补诸如案例研究等方法在适用性等方面的不足，提高研究结论的理论价值与应用价值。需要特别强调的是，由于积极推进数字化转型的上市公司与未推进数字化转型的上市公司之间可能存在系统性差异，为了确保研究结论的有效性和可靠性，在参考已有文献的基础上，本书综合采用倾向评分匹配法、熵平衡法、工具变量法、Heckman两阶段方法、公司固定效应模型等一系列方法缓解潜在的内生性问题的干扰，同时注重对模型设定合理性的检验，采用替代度量指标、替代模型等方法进行敏感性测试。同时，本书采用中介效应模型等方法进行机制检验，并采用交乘项模型和分组回归进行异质性分析和情境测试，从而增强研究的论证深度。

1.5 研究意义

本书的理论意义主要体现在如下六个方面：

第一，拓展了企业数字化转型的经济后果研究。现有大量文献关注数字化转型对提升股票流动性（吴非等，2021）、促进企业创新（肖土盛等，2022）、提升企业专业化分工水平（袁淳等，2021）、助力企业实现高质量发展（武常岐等，2022）、促进企业风险承担（Tian et al.，2022）、降低股价崩盘风险（Wu et al.，2022a）、缓解代理人的道德风险（祁怀锦等，2020；Liu et al.，2021）和提高运营效率（Li et al.，2022；黄勃等，2023）等方面的影响，鲜有研究关注数字化转型对企业绿色创新、资本结构动态调整、劳动投资效率、商业信用融资、投融资期限错配等领域的影响，为本书提供了契机。同时，从现实维度来看，企业数字化转型失败概率居高不下，数字化投入转化为经营绩效的水平相对较低，因此数字化转型中的风险和挑战有待进一步揭示和探讨。本书从投资、融资等多个视角切入，有助于更加全面深刻地认识和理解数字化转型的经济后果。

第二，丰富了企业绿色创新驱动因素的研究。现有文献主要从绿色信贷政策（王馨和王营，2021）、环境税征收（于连超等，2019）、排污权交易政策（齐绍洲等，2018）等外部制度压力的视角，以及股权结构（马骏等，2020）、董事会治理（He and Jiang，2019）和高管特征（Arena et al.，2018；Ren et al.，2021；Quan et al.，2023）等企业内部视角探讨企业绿色创新的影响因素，鲜有关注微观企业数字化转型这一经济发展的关键性战略对绿色创新的影响。因此，本研究从数字化转型的角度切入，是对绿色创新影响因素文献的有益补充。

第三，拓展资本结构调整速度影响因素的文献。已有文献从不同的视角研究了资本结构调整速度的影响因素，包括公司层面的财务状况和现金流特征（Faulkender et al.，2012；Lockhart，2014）、公司治理（Chang et al.，2014；Liao et al.，2015；Li et al.，2019）、行业竞争（Do et al.，2022）、宏观经济不确定性（Cook and Tang，2010；Colak et al.，2018）、外生政策（黄俊威和龚光明，2019；Hu and Xu，2021；Jiang et al.，2021）等。本书指出数字化转型有助于企业调整其财务杠杆以实现目标水平，由此补充了关于资本结构调整速度影响因素领域的研究。

第四,扩展商业信用融资影响因素的相关文献。以往研究主要是从市场地位(张新民等,2012)、市场竞争程度(方明月等,2014)、地区金融发展程度(余明桂和潘红波,2010)、经济政策不确定性(陈胜蓝和刘晓岭,2018)等外部因素研究商业信用的影响机制,本书从数字化转型这一企业内部治理变革出发,拓展了商业信用融资影响因素领域的研究,为我国亟待发展的"草根金融"及中小企业融资环境的改善提供了企业微观层面的实证支持。

第五,丰富投融资期限错配的影响因素研究。已有文献主要从宏观经济政策和微观企业特征两个层面探究企业投融资期限错配问题,例如,考察宏观货币政策(钟凯等,2016)和利率期限结构(白云霞等,2016),以及微观企业的产权性质(沈红波等,2019)、战略激进度(叶志伟等,2023)和控股股东行为(王百强等,2021)等对企业投融资期限错配的影响。本书将数字化转型引入投融资期限结构的研究框架,拓展了企业投融资期限错配成因的分析范围。同时,本书深入探讨银行信贷供给、企业财务特征以及人力资本结构的异质性影响,有助于全面理解数字化转型作用于投融资期限错配的内在成因与缓解机制,对企业转变发展方式、防范债务风险、实现高质量发展具有重要的现实意义。

第六,拓展了劳动投资效率影响因素领域的研究。现有文献主要从企业特征和管理层异质性角度讨论了劳动投资效率的影响因素,如公司层面的财务报告质量(Jung et al.,2014)、股价信息含量(Ben-Nasr and Alshwer,2016)和股票流动性(Ee et al.,2022)、高管层面的两职合一(Khedmati et al.,2020)以及CEO过度自信(Lai et al.,2021)等。本书从数字化转型角度研究其对劳动投资效率的影响,并从代理成本和融资约束视角进行机制检验,为劳动投资效率影响因素领域的研究提供了新的经验证据。

本书还具有重要的实践意义,主要体现在如下三个方面:

第一,对于政府充分把握数字经济发展新机遇、制定鼓励企业推进数字化转型的政策具有启示意义。一方面,政府应当加快制定促进实体企业数字化转型的各种鼓励优惠措施,特别是支持和引导数字科技与企业在绿色产品、绿色工艺,以及组织结构和管理流程上深度融合,助力中国经济全面实现绿色转型和高质量发展。研究发现,长期融资能力不足可能会制约企业数字化转型的推进意愿和实施效果,政府应当给予数字化转型企业更多的政策扶持。各级政府应当建立健全政策体系,给予更多的配套资金支持,利用诸如产业引导基金等形式缓解企业长期融资压力,以解决企业在转型阵痛期可能面临的各种困难，帮助企业开展数字化投资并转化为优异的绩效。另一方面，政府应当遵循差异化原则，根据不同属性企业的实际情况制定有针对性的数字化转型优惠政策或行动方案。畅通数字化转型的信息传导机制，提升社会整体信息透明度。数字化转型的本质功能在于提升企业内外部信息的传导质量与效率，因此监管部门需进一步完善企业信息披露机制，科学设定企业在各类市场交易中的信息披露标准，促进企业、投资者、消费者等多方主体间的良性互动，为企业数字化转型提供良好的市场基础。

第二，为政府制定和实施绿色创新战略提供了重要的理论依据和决策参考。习近平总书记在全国生态环境保护大会上强调，要"深化人工智能等数字技术应用，构建美丽中国数字化治理体系，建设绿色智慧的数字生态文明"。本书的研究结论表明，数字化转型能够赋能企业绿色发展，数字技术在提高生态环境数字化治理能力、推动绿色低碳转型发展等方面发挥了重要作用。因此，推进企业数字化变革，不仅能够提升自身生产经营效率，也能助力生态文明建设。企业应充分发挥数字化转型的公司治理作用，为数字化转型促进企业绿色创新创造良好的内部条件。一方面，加强数字硬件设施配备和网络体系建设，借助数字化转型调整或优化原有创新发展的组织和管理模式，不断夯实数字化转型的技术和管理基础；另一方面，主动提高信息披露透明度，加快构建跨界分享融合的数据交换生态系统，努力降低企业内外部的信息不对称程度。

第三，对于企业优化数字化转型战略、选择适合的转型路径具有启示意义。企业陷入财务困境的可能性以及银行信贷意愿的降低可能会扩大对实施数字化转型的不利影响，企业需要有针对性地分阶段、分步骤实施数字化转型。相比盲目和冒进地开展数字化转型，企业在推动数字化转型过程中应当充分结合自身的需求和痛点，根据自身的发展阶段和所处行业特征，选择适合自己的转型路径和升级方式，循序渐进地推进改革。同时，良好的人力资本结构有助于减小数字化转型对投融资期限错配的不利影响，因而出色的数字化人才队伍有助于企业应对数字化转型过程中的风险和挑战。企业应当建立科学合理的数字化人才队伍选拔机制，加大人才内部培育和外部引进的力度，打破任人唯亲、论资排辈等框架束缚，采用竞争上岗、优胜劣汰、动态管理的人才选拔及聘用机制，完善人才激励机制和人才培养模式，加强企业数字化文化建设，打造一流的数字化运营团队。

1.6　章节安排

本书的主要内容共分 10 章，具体安排如下：

第 1 章为绪论。本章首先介绍本书的理论背景和现实背景，并根据研究背景提出本书的视角和核心议题；其次，对核心概念进行界定，对研究方法进行说明；再次，阐述本书的理论意义和实践意义；最后，阐述本书的思路，对章节安排进行介绍。

第 2 章为制度背景与数字经济的发展现状。首先，介绍数字经济的内涵；其次，概述数字经济的国外发展现状；再次，阐述数字经济的国内发展现状，包括我国数字经济的相关政策，数字经济发展的地域特征以及我国数字经济发展的挑战；最后，介绍中国企业数字化转型的现状，区分大型企业和中小微企业样本并进行相关分析。

第 3 章和第 4 章为案例分析，分别选取中国铝业集团有限公司和中国第一汽车集团作为案例分析对象。第 3 章基于中国铝业的财务数字化转型实践，对于国有企业实施数字化转型的内外部动因、转型的路径及其结果进行研究。第 4 章基于中国第一汽车集团的财务数字化转型实践，对数字化转型的动因、过程和经济效果进行研究。

第 5 章至第 9 章为实证分析，分别从绿色创新、资本结构动态调整、商业信用融资、投融资期限错配以及劳动投资效率五个方面详细阐述数字化转型如何赋能企业高质量发展。具体而言，第 5 章研究数字化转型对企业绿色创新的影响，从"资源效应""治理效应""乘数效应"三个维度进行机制检验，并从高新技术行业和重污染行业的视角进行异质性分析。第 6 章考察数字化转型对企业资本结构动态调整的影响，并探究行业竞争、市场发展水平以及经济政策不确定性的调节效应。第 7 章探究数字化转型对企业商业信用融资的影响，从内部控制和外部关注的角度进行机制检验，并从企业特征、行业特征和宏观经济特征三个维度进行异质性分析。第 8 章分析数字化转型对企业投融资期限错配的影响，从银行信贷供给、融资约束、企业人力资本结构三方面进行异质性分析，并探究数字化转型是否通过影响投融资期限错配加剧了企业风险。第 9 章研究数字化转型对企业劳动投资效率的影响，从代理成本和融资约束两个维度进行机制检验,并进一步探究产权性质、内部控制质量、外部媒体关注以及员工结构的调节效应。

第10章为研究结论、启示与不足。首先,总结全书的主要结论;其次,结合研究结论提出政策建议;最后,说明研究不足,并对未来研究进行展望。

本书的框架结构如图1-2所示。

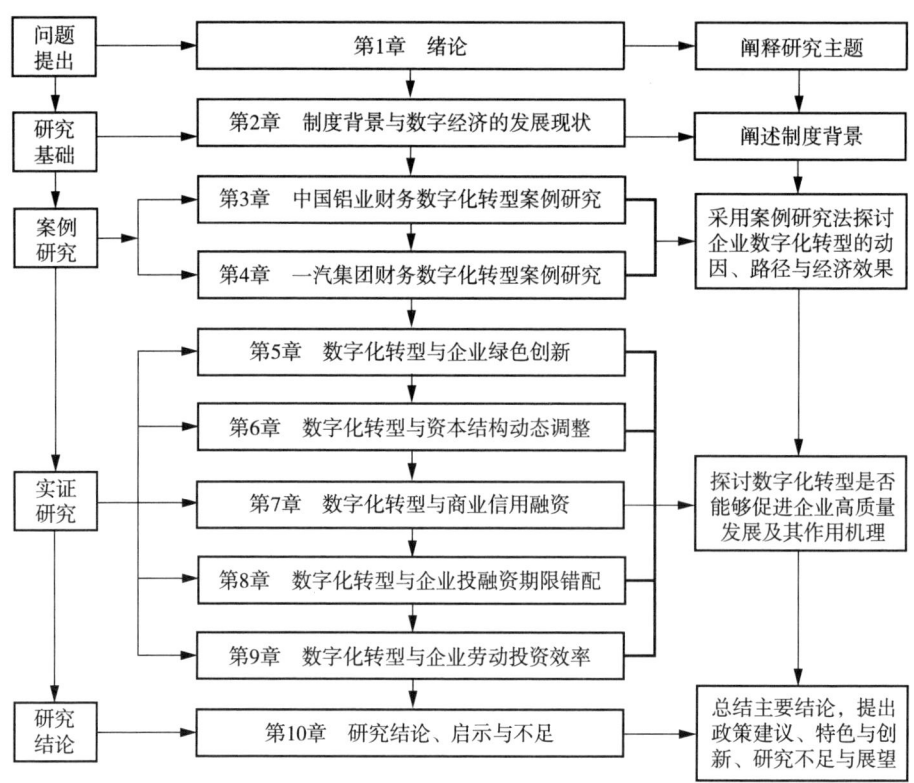

图1-2 本书的框架结构

第 2 章
制度背景与数字经济的发展现状

2.1 数字经济的内涵

数字经济是以数字化的知识和信息作为关键生产要素，以数字技术为核心驱动力量，以现代信息网络为重要载体，通过数字技术与实体经济深度融合，不断提高经济社会数字化、网络化、智能化水平，加速重构经济发展与治理模式的新型经济形态。我国数字经济主要包括四大方面，分别为数字产业化、产业数字化、数字化治理、数据价值化。数字经济内部呈现为较稳定的二八结构，其中，产业数字化占比约82%。互联网、大数据、人工智能等数字技术赋能作用突出，加深与实体经济融合，产业数字化对数字经济增长的主引擎作用更加凸显。数字经济的"四化"框架如图2-1所示。

2.2 数字经济的国外发展现状

当前，完善数字经济顶层设计、统筹数字经济发展成为各国激发经济增长活力的重要手段。英国发布的《英国数字战略》聚焦完善数字基础设施建设、发展创意和知识产权、提升数字技能与培养人才、畅通融资渠道、改善经济与社会服务能力、提升国际地位六大领域，推动英国数字经济发展更具包容性、竞争力和创新性。美国发布的《负责任的人工智能指南》等为5G运营商、人工智能伦理评估提供可操作的建议。澳大利亚发布的《2022年数字经济战略更新》制定了为实现2030年愿景所要遵循的框架和方向，并确定了在技术投资促进计划、量子商业化中心、5G创新、改革支付系统等方面的行

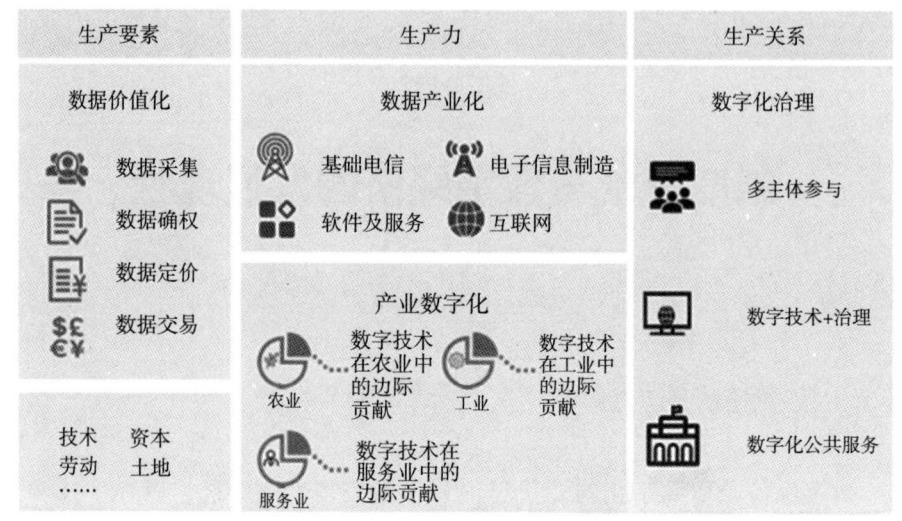

图 2-1 数字经济的"四化"框架

资料来源：中国信息通信研究院。

动纲要。德国发布的《数字化战略（2025）》涵盖了数字技能、基础设施及设备、创新和数字化转型、人才培养等内容，进一步提升德国数字化发展能力。越南发布的《至 2025 年国家数字化转型计划及 2030 年发展方向》将数字政府、数字经济、数字社会作为建设数字化国家的三大支柱，推进形成具有全球竞争力的数字技术企业。

与此同时，全球数字经济整体保持稳定发展态势。在总量方面，全球数字经济规模持续扩张。2021 年，全球 47 个主要经济体数字经济规模达到 38.1 万亿美元，较全年增长 5.1 万亿美元，数字经济发展活力持续释放。在占比方面，全球 47 个主要经济体数字经济占 GDP 比重达到 45%，同比提升 1 个百分点，数字经济在国民经济中的地位稳步提升。在增速方面，全球 47 个主要经济体数字经济同比名义增长 15.6%，高于同期 GDP 名义增速 2.5 个百分点，有效支撑全球经济持续复苏。在产业渗透方面，2021 年，全球 47 个主要经济体第三产业、第二产业、第一产业数字经济增加值占行业增加值比重分别为 45.3%、24.3% 和 8.6%，分别较上一年提升 1.3 个、0.8 个和 0.6 个百分点。

2.3 数字经济的国内发展现状

党的二十大报告明确指出,"要加快发展数字经济,促进数字经济和实体经济深度融合,打造具有国际竞争力的数字产业集群"。发展数字经济已经成为推进中国式现代化的重要驱动力量。

2015年起,我国提出"国家大数据战略",推动中国经济向数字经济发展。2017年3月,两会政府工作报告中首次提出"数字经济"概念。截至2019年6月底,我国网络消费用户规模为6.39亿人,占全部网民的74.8%;在线教育方面,用户规模达到2.32亿人;在政务服务方面,全国297个地级行政区政府开设了线上媒体渠道,总体覆盖率达到88.9%。同时,数字经济在GDP中的占比持续增加,从2017年的32.9%增长到2022年的41.5%(见图2-2)。

从数字经济规模来看,2016—2022年,中国数字经济持续快速增长,数字经济规模增加4.1万亿美元;中国数字经济年均复合增长14.2%。2021年,我国数字经济规模为45.5万亿元,占GDP比重达39.8%;2022年,我国数字经济规模超过50万亿元,占GDP比重上升至41.5%。预计到2025年,我国数字经济规模将超60万亿元。

从产业结构来看,数字化产业成为我国数字经济产业的主导产业,数字化产业占数字经济产业比重由2007年的52.9%提升至2022年的81.7%。同时,数字化产业经历了由迅速扩张(2018年之前)到成熟发展(2018年之后)的阶段转换。软件和信息技术服务业成为数字化产业的主导产业,软件和信息技术服务业占数字化产业的比重由2017年的53.3%逐年递增至2022年的64.8%。

从数字领军企业来看,2022年,我国数字经济独角兽企业数量与估值占比仅次于美国,位居世界第二;新晋数字经济独角兽企业中,我国数量占比达38.0%,估值占比达47.1%。同时,我国数字经济独角兽企业在全球具有较强竞争优势。

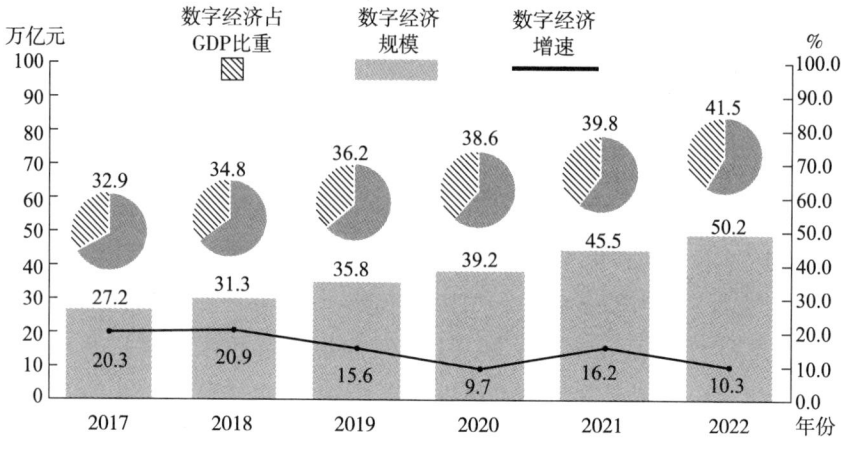

图 2-2 2017—2022 年我国数字经济发展情况

资料来源：中国信息通信研究院。

2.3.1 我国数字经济相关政策

近年来，国家日益重视数字经济发展，不断出台相关政策促进其发展。表 2-1 对主要政策进行了汇总梳理。与此同时，多个省份也颁布了一系列政策，推动企业数字化转型。

表 2-1 我国数字经济相关战略规划

年份	文件名称	重点内容
2016	《网络强国战略实施纲要》	提出网络强国建设"三步走"战略
2018	《数字经济发展战略纲要》	明确了我国数字经济发展基础设施、服务等方面的系统战略部署
2019	《国家数字经济创新发展试验区实施方案》	国家数字经济创新发展试验区工作开展法规
2020	《关于推进"上云用数赋智"行动培育新经济发展实施方案》	以"上云用数赋智"深入推进企业数字化转型，大力培育数字经济新业态
2020	《关于构建更加完善的要素市场化配置体制机制的意见》	提出了土地、劳动力、资本、技术、数据五个要素领域改革的方向
2021	《"十四五"大数据产业发展规划》	围绕数据要素价值的衡量、交换和分配全过程做出顶层部署
2021	《新型数据中心发展三年行动计划（2021—2023 年）》	明确了新型数据中心发展格局行动路线

续表

年份	文件名称	重点内容
2022	《"十四五"数字经济发展规划》	从顶层设计上明确了我国数字经济发展的总体思路、发展目标、重点任务和重大举措
2023	《数字中国建设整体布局规划》	明确了数字中国建设整体战略部署

首先，北京市高度重视数字化应用场景的建设。2019年4月，北京市政府办公厅印发了《北京市加快应用场景建设 推进首都高质量发展的工作方案》，召开了全市加快应用场景建设统筹联席会议，市区联动、部门协同，推进应用场景建设。2019年6月19日，北京市科学技术委员会发布首批10项应用场景，组织对接本市企业105家，"智能化市域动车"等7项场景完成招标采购，本市14家企业的27项技术入围，合同总金额约20亿元。2019年10月18日，北京市科学技术委员会联合国务院国资委发布首批20项央企应用场景项目，组织10余场供需对接活动，本市63家企业与央企达成合作，合同总金额67.3亿元。以"5G+8K"、"区块链+政务"、城市大脑等为标志的一批应用场景加速落地，产生了显著的经济和社会效益。

2020年6月10日，为加快新场景建设，北京市政府新闻办联合北京市科学技术委员会等部门发布实施了《北京市加快新场景建设 培育数字经济新生态行动方案》（以下简称《行动方案》）。《行动方案》明确了未来一段时期北京市场景建设的主要思路，即一个牵引、一条主线。一个牵引，就是面向大城市治理和高质量发展需求，即解决城市治理中的痛点难点问题，开放机会支持中小企业参与；一条主线，就是以数字化赋能经济发展和培育优化新经济生态，即以场景驱动数字经济技术创新、场景创新与新型基础设施建设深度融合为引领，聚焦人工智能、5G、物联网、大数据、区块链、生命科学、新材料等领域的新技术应用，积极推广新业态新模式。同时，明确"四个原则"，即坚持系统布局、统筹推进；创新驱动、数字引领；区域协同、融合赋能；健全制度、创新监管。《行动方案》提出了"十百千"发展目标，即建设"10+"综合展现北京城市魅力和重要创新成果的特色示范性场景，复制和推广"100+"城市管理与服务典型新应用，壮大"1000+"具有爆发潜力的高成长性企业。2020年9月，北京市经济和信息化局、北京市委网络安全和信息化委员会办公室、北京市商务局、北京市金融监管局等多部门在中国国际服务贸易交易会上共同发布了《北京市促进数字经济创新发展行动纲要（2020—2022年）》《北京市关于打造数字贸易试验区的实施方案》等促进数字经济、数字贸易发展的相关政策，致力于将北京打造成为全国数字经济发展的先导区和示范区。根据《北京市促进数字经济创新发展行动纲要（2020—2022年）》，北京将体系化构建数字经济发展体制机制，实施基础设施保障建设工程、数字技术创新筑基工程、数字产业协同提升工程、农业工业服务业数字化转型工程等9项重点工程。

其次，2017年1月，上海市人民政府办公厅正式印发了《上海市工业互联网创新发展应用三年行动计划（2017—2019年）》，提出到2019年上海工业互联网发展生态体系将初步形成，全市基于互联互通的智能制造能力、基于数据驱动的创新发展能力，以及基于组织创新的资源动态配置能力实现总体提升，力争成为国家级工业互联网创新示范城市。行动计划中既有整体布局也有顶层设计，还有实实在在的"小目标"，上海下决心率先以创建全国工业互联网示范城市为契机，发力抢占工业互联网制高点。2018年11月，上海市经济和信息化委员会印发《上海市推进企业上云行动计划（2018—2020年）》，明确以下目标：到2020年实现企业全流程上云支持能力，新增10万家上云企业。2018年7月，上海市发布《上海市工业互联网产业创新工程实施方案》，明确了未来3年上海工业互联网发展的路线图。到2020年，通过实施上海工业互联网"533"创新工程，即构建"网络、平台、安全、生态、合作"五大体系，落实"功能体系建设、集成创新应用、产业生态培育"三大行动，实现"全面促进企业降本提质增效、推动传统产业转型升级、助力国家在工业互联网发展中的主导力和话语权"三大目标，全力争创国家级工业互联网创新示范城市，并带动长三角世界级先进制造业集群发展。

2019年7月23日，上海市商贸委联合上海市发展和改革委员会、上海市经济和信息化委员会等9部门发布了《上海市数字贸易发展行动方案（2019—2021年）》（以下简称《行动方案》）。这是全国首个省市发布的数字贸易发展行动方案，率先提出了打造上海"数字贸易国际枢纽港"，建设数字贸易创新创业、交易促进和合作共享中心的总体思路。《行动方案》旨在进一步激活上海数字贸易的发展潜力，加快提升数字贸易的核心竞争力和全球影响力。此次发布的《行动方案》围绕"一港三中心"的建设目标，提出了12项主要任务。2020年5月，上海发布《上海市推进新型基础设施建设行动方案（2020—2022年）》，提出到2022年底，推动上海新型基础设施建设规模和创新能级迈向国际一流水平，目前已初步梳理排摸了未来3年实施的第一批 48 个重大项目和工程包，预计总投资 2700 亿元。上海特色"新基建"行动方案涉及四大重点领域，分别是"新网络""新设施""新平台""新终端"。

最后，深圳对数字经济产业的支持主要包含 5G、人工智能、工业联网、大数据、云计算等新基建项目。近年来，深圳在数字经济产业的各个细分领域相继制定并实施了许多政策和措施，从而带动了相关领域的发展。根据工业和信息化部统计口径，深圳 2019 年软件业务收入 6935.6 亿元，同比增长 16.9%，规模继续保持全国大中城市第二位；软件出口额 207.2 亿美元，连续多年位居全国首位。2019 年，深圳战略性新兴产业增加值超过 1 万亿元。高新技术作为支柱产业之一，贡献了深圳市 32.8% 的 GDP。

2018 年 11 月，深圳率先出台了《深圳市人民政府印发关于进一步加快发展战略性新兴产业实施方案的通知》《深圳市人民政府关于印发战略性新兴产业发展专项资金扶持政策的通知》，将数字经济产业列为七大战略性新兴产业之一。2019 年，深圳市工业和信息化局发布 2020 年数字经济产业扶持计划申请指南，明确了"数字经济产业链关键环节提升扶持项目"和"数字经济产业服务体系扶持项目"两大支持领域。2019 年 8 月 18 日，《中共中央 国务院关于支持深圳建设中国特色社会主义先行示范区的意见》发布，提出建设中国特色社会主义先行示范区，深圳未来要实现 30 个发展目标，其中一个重要目标就是打造深圳数字经济创新发展试验区，该发展目标在 30 个发展目标中被列在第四位，其重要性不言而喻。2020 年 6 月，深圳市工业和信息化局发布了关于公开征求《深圳市数字经济产业创新发展实施方案（征求意见稿）》意见的通告，表示将努力建成全国领先、全球一流的数字经济产业创新发展引领城市。2020 年 7 月，深圳市出台《关于加快推进新型基础设施建设的实施意见（2020—2025 年）》（以下简称《实施意见》），明确提出将加快"研发+生产+供应链"的数字化转型，构建"生产服务+商业模式+金融服务"跨界协同的数字生态，支持线上线下融合、"宅经济"、非接触式消费等新消费模式发展，加快培育"智慧+"等新业态。力争到 2025 年，深圳新基建的建设规模和创新水平居全球前列，数字化、网络化、智能化与经济社会发展深度融合，智能泛在、融合高效、科产协同的城市发展格局基本形成，为带动信息产业升级提供崭新机遇，并且为拉动新一轮经济增长提供强大动力，为推动高质量发展提供重要支撑。值得关注的是，《实施意见》还从资本、数据、技术和人才等四大要素出发，强调充分发挥市场主体作用，通过 PPP、REITs、专项债、贷款贴息等方式激发社会投资活力；从加强统筹协调、建立项目库、优化发展环境和强化安全保障四个方面，提出了有针对性的措施。为加快深圳市新基建建设进度，目前深圳市、区两级联动谋划梳理出了首批新基建项目总计 95 个，总投资 4119 亿元。其中，社会投资项目 34 个，总投资 2447 亿元，投资占比 60%；政府投资项目 61 个，总投资 1672 亿元，占比 40%。从项目的类型看，5G 网络、卫星通信、算力设施等信息基础设施 28 个，总投资 2452 亿元；集成电路、8K 超高清、生物医药等创新基础设施 42 个，总投资 1016 亿元；智能制造、智慧能源、智能交通等融合基础设施 25 个，总投资 651 亿元。

2.3.2 我国数字经济发展的地域特征

我国数字经济发展在地域特征方面呈现东、中、西逐渐递减的规律，东部地区数字经济发展水平较高，中西部地区数字经济发展进程较缓慢，并且东、中、西三大区域数字经济发展存在较大差异。

根据工业和信息化部发布的《2022 中国数字经济发展指数报告》，东、中、西部地区数字经济发展指数各有特色。东部是中国数字经济发展的引擎，东部数字经济发展指数由 2013 年的 1218.34 增长至 2021 年的 7818.25，8 年间增长了 5.42 倍，2013—2021 年数字经济发展指数的均值为 3729.08。中部是中国数字经济发展的桥梁，中部数字经济发展指数从 2013 年的 712.23 增长至 2021 年的 3066.77，8 年间增长了 3.31 倍，2013—2021 年数字经济发展指数的均值为 1598.77。西部是中国数字经济发展的洼地，西部地区在电力和人力成本等方面具有优势，发展数字经济的潜力较大。数字经济发展指数从 2013 年的 755.04 增长至 2021 年的 2855.36，8 年间增长了 2.78 倍，2013—2021 年数字经济发展指数的均值为 1565.28，数字经济发展后劲较足。同时，北上广等东部经济发达地区的数字经济指数明显高于经济落后的中西部及东北地区；中部六省中河南、安徽、湖北三个省份的年均综合指数均接近全国平均水平，西部及东北地区除四川与辽宁以外其余省份数字经济发展水平明显落后于全国平均水平，尤其是甘肃、青海、宁夏等地区，这意味着我国的数字经济水平存在严重的两极分化态势。

区域差异测算结果显示，区域内差异是我国整体数字经济差异的主要构成。近年来，随着互联网、4G 的普及，落后地区搭上了数字时代的顺风车从而实现了经济的飞速增长，发达地区的经济发展则逐渐趋于平稳，区域间经济差距由此缩小。我国数字经济总体差异性也逐渐降低。

2.3.3 我国数字经济发展的挑战

在国家层面，制造业的数字化转型不平衡，中小企业数字化转型明显滞后；工业互联网平台融合应用仍需向纵深拓展，数字技术领域原创能力不强，高端芯片、工业软件等关键核心技术仍然受制于人。在终端产品领域，比如移动终端、通信设备、5G 等，已经形成了比较强的竞争力，但承载关键核心技术的零部件、元器件、基础材料等中间品依然是短板。在世界层面，美国在 5G、人工智能、数字平台等领域与中国展开了激烈竞争，加强了对美国技术产品的出口管制，通过"技术和技术产品清单"等制度在数字经济领域对中国进行遏制和打压。

2.4 中国企业数字化转型现状

不同规模的企业，在数字化转型方面存在较大差异。基于此，本书分别对中小微企业和大型企业的数字化转型现状进行了分析。

2.4.1 中小微企业数字化转型

中小微企业对国民经济贡献呈现"5678"特征：税收贡献超过 50%，GDP 占比超过 60%，发明专利占比超过 70%，吸纳就业超过 80%。中小微企业作为国民经济的重要构成，对缩小收入差距、解放与提高生产力、提升经济质量等方面的影响均十分重大。当前中小微企业发展模式仍以外部政策引导和国家机构帮扶为主，部分中小微企业发展存在"等、靠、要"模式，单纯依靠政府支持促发展，而企业缺乏长效发展的内生因素。数字化转型是实现从由外部因素驱动企业发展到内部能力推动企业发展的关键路径，能够帮助中小微企业降低外部环境依存度，扩展企业的生存空间。

根据研究机构测算，中国的企业数字化转型比例约为 25%，远低于欧洲的 46% 和美国的 54%。而中小微企业在数字化转型中面临的困境则更加突出。这些企业大多对数字化的了解程度较浅、网络设施配备少、应用基础薄弱，企业往往需要进行多轮调研评估才能确认自身需求与产品、技术的选择，但对于缺乏 IT 人力的中小微企业，从前期选型到接入业务全流程都存在较高的技术门槛，加之规模所限投入成本较少，无论是对产品的应用还是平台的搭建都较难上手，在产品与服务的选购中也难以抉择。

从动态发展的视角看，企业在不同生命周期阶段的关注重点存在差异，对此，可从初创期、探索期、发展期和成熟期四个阶段分析企业数字化需求的特征。对初创期企业而言，"存亡"是最大的问题，因此企业十分重视成本，公司业务尚处于萌芽期，此时数字化所涉环节较少。进入探索期的企业开始获得一些新的增长点，主营业务也保持不错的势头，一直到发展期初期，都处于野蛮生长阶段，这两个阶段的企业对数字化的需求集中在如何获得增量市场，自身业务体系不断壮大，期待短期投入以收获成效。正式进入发展期后，企业开始关注效率和质量的提升，而成熟期的企业则更看重资源配置优化和组织系统，寻求服务商更具开放的生态，将数字化融入企业的"毛细血管"，从成本管控、效率提升、资源拓展、架构灵活、创新赋能等方面综合实现企业发展质量的进阶。

2.4.2 大型企业数字化转型

大型企业的数字化需求旺盛、购买力充足，因此国内成熟的数字化服务商普遍以大型企业为核心客户。大型企业与数字化服务商的供需磨合决定了我国数字化市场的形态，造就了我国数字化市场与海外市场的差异。经艾瑞咨询核算，2021年中国大型企业数字化支出规模约为2.8万亿元，估算2021—2026年中国大型企业数字化支出平均复合增速将达到12.3%。[①] 整体来看，由于大型企业数字化转型需求具备相对刚性，且大型企业自身抗风险能力较强，市场增速整体平稳。

不同行业的企业，数字化转型关注点存在较大差异。在农业类企业中，建设数字化种植园、数字化养殖场一类的数字化产线是大型农业企业开展数字化转型的首要任务，对照发达国家水平，我国的农业生产在自动化和数字化方面还有非常大的进步空间，智慧农场解决方案成为农业数字化领域的长期需求。企业普遍对数据平台和物联网软硬件基础设施有明确的需求，一定程度上反映出农业行业整体的数字化水平在众多行业中处于初期水平，基础设施的完善将有助于行业数字化生态的搭建。在其他场景应用方面，数字化赋能的产品质控、基因优化/良种选育、产线安全防护、仓储物流、产品溯源等应用也受到了头部企业的关注。

---

① 资料来源：艾瑞咨询《2022年中国大型企业数字化升级路径研究》。

在制造业企业中，制造业头部上市企业数字化战略覆盖了制造企业生产销售经营的主要环节，包括市场调研和产品研发、产品的设计和生产以及产品的市场营销等。其中，日常经营的流程化、精细化管理和基于数字化的柔性、智能生产是制造企业数字化战略的重点，上述需求对应的重点数字化产品包括企业 ERP、工业软件、智能工厂解决方案等。其他值得关注的数字化战略方向包括 O2O 理念下的仓储、物流、门店等场景的数字化转型，以及"双碳"政策引领下，以绿色制造和节能环保为目标的数字化升级。

相较于制造业，采矿业样本企业更加注重数字化产线的升级改良，智慧矿山是被采矿业企业最频繁提及的数字化场景，企业的核心需求是通过机器人、无人驾驶卡车等一体化解决方案来提升采矿工作效率和安全性。与智慧矿山解决方案协同配合的其他场景还包括货运、仓储和物流等环节的数字化升级，数字化港口建设对采矿业企业也有着积极意义。相较于其他大类行业，采矿业普遍对环境有着一定的破坏，在持续的环保政策和"双碳"政策指导下，利用数字化手段帮助企业开展精细化经营、矿区恢复等工作成为大型企业的重要战略。

建筑业企业数字化仍然以提高工程效率和降低成本为核心。建筑企业在数字化战略中普遍提及的绿色建造、节能减耗主要是通过数字化赋能原料管理精细化、建造排程高效化来实现的；在场景方面，借助 BIM 等软件和各类物联网机器人设备对工地进行智能升级是建筑业企业普遍关注的领域。

能源行业企业以电力企业为主，但能源企业也可能涉及水利和矿产业务。经统计分析，能源行业头部上市企业最为普遍的数字化转型场景是数字运维，此处的数字运维泛指通过数字化软硬件，如数字平台、无人机等，对电力生产和输送设备进行监控、告警和维护。数字运维和智能调度、智能发电等能源企业核心数字化应用息息相关，均为数字电站、智慧电厂解决方案中的关键应用。能源行业是影响国计民生和经济发展的重要行业，2022 年夏季由于高温天气，四川等地出现电力供给不足等问题，促使"虚拟电厂"这一概念受到关注，也凸显了数字电站和智慧电厂解决方案对能源安全稳定的重要意义。

第3章

中国铝业财务数字化转型案例研究

3.1 引言[①]

2021年2月,国务院办公厅印发《关于加快推进国有企业数字化转型工作的通知》,其中提到数字化转型将成为公司高质量发展的关键引擎。这一政策为国有企业探索数字化转型指明了方向,驱动国有企业利用数字技术实现产业转型。数字时代的到来使得各行各业产生了颠覆性的变革,许多国有企业也纷纷升起了数字化变革的旗帜,但是由于国有企业本身在数字技术的发展方面较为落后,真正能成为转型领军者的企业寥寥无几。根据埃森哲发布的《中国企业数字化转型指数》[②],中国数字市场上只有3%的国有企业打破了业务升级转型的困境,成为"高质量发展领导者"。

中国铝业集团有限公司(以下简称中国铝业)作为一家改革较为成功的国有企业,基于内外部复杂的环境分析及发展需求,在进行财务数字化转型时采取的主要思路是以实现所有组织的价值创造目标为基本原则,通过财务管理组织的重构、流程再造与业务财务一体化等,打造流程标准化、业务智能化、信息数字化平台,通过财务数据集市平台的搭建实现对集团财务数据的有效管理,进而深层次地管理和挖掘财务数据的内在价值,真正做到"用数据说话",从而为集团制定战略发展方向提供便捷、准确、靠谱、及时的数据资源。

本章基于中国铝业的数字化转型实践,对国有企业实施财务数字化转型升级的内外部动因、转型的路径及其结果进行研究。首先,讨论了中国铝业实施财务数字化转型升级的动机,分别从行业和企业两个角度进行分析。

[①] 案例分析数据来源于上市公司年报、官网等公开渠道。由于数据分析截至2021年,可能无法反映企业的最新动态,提请读者注意。

[②] 《中国企业数字化转型指数》,https://www.cnblogs.com/dashujufenxi/p/15344227.html。

其次，分析了中国铝业具体实施财务数字化转型的路径选择，分别从财务管理组织重构、流程再造和业财融合三个角度进行了转型。最后，从企业竞争力、创新能力、治理水平和融资成本多个角度探讨中国铝业财务数字化转型的效果。

3.2 中国铝业财务数字化转型动因分析

本节介绍中国铝业实施财务数字化转型的动因，从行业和企业两个角度来分析。就行业角度而言，主要原因在于：一是原铝产量过剩，高端铝制造技术有待提高；二是铝产品生产供给和消费需求之间存在空间上的不平衡。企业原因主要有如下两点：一是当前财务系统无法满足集团对财务信息的需求；二是"数据孤岛"大量存在，无法为企业创造实质性价值。

3.2.1 行业角度

（1）原铝产量过剩，高端铝制造技术有待提高

2015年以来，中国原铝的消耗增长速度从十位数减少到了个位数；2018年，原铝耗费量3700万吨，比2017年增长4.3%，增速下降了3.3%；2019年，原铝耗费量30年来第一次出现向下增长趋势，降至了3662万吨，下降1.0%。汽车等传统消费领域和新一代消费领域的增长速度也在交替下降。2016年，中国铝耗费水平达到峰值，为5.45千克/万元；2024年单人铝耗费量将达到最高水平，预计为33.5千克/人，中国境内铝耗费总量最高值为4760万吨。图3-1所示为原铝的需求量和增长率。

目前，原铝已基本达到消费饱和，但是高端铝材却处于供不应求的状态，中国铝业的工艺在制造高端铝材上稍有欠缺，针对这一现象，中国铝业发展重心放在突破高端铝业制造技术上，公司高管想出了通过智能制造来推进先进技术进步的办法，有效利用物联网等高端数字化技术促进铝制品加工定制化的生产，加快流程生产等一系列重要工序的多元化建设，并且让核心作业采用机器人取缔工程的办法，进一步完善并且促进"智能工厂""数字工厂"的构造。

（2）生产供给和消费需求之间仍存在空间上的不平衡

虽然国内铝产量相对充分，然而，生产供给和消费需求之间的空间匹配

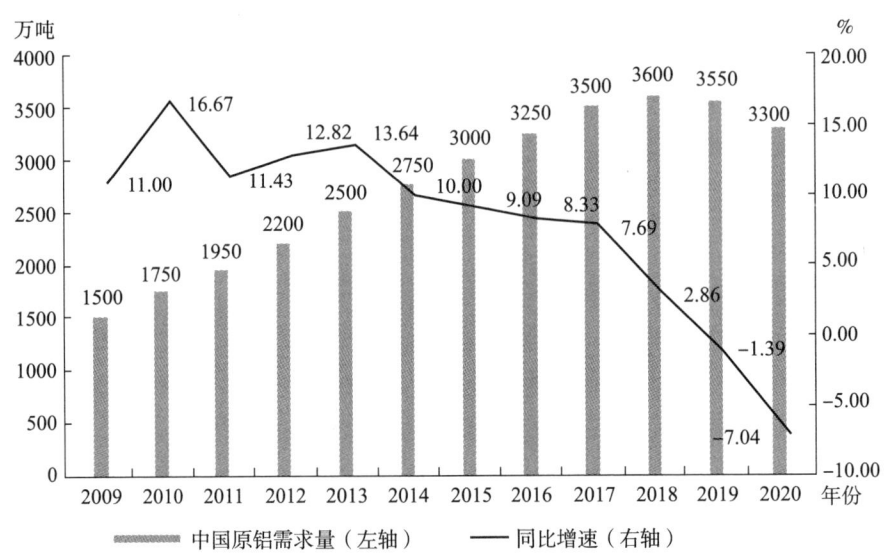

图 3-1　中国原铝需求量及同比增速

资料来源：东证衍生品研究院；我的有色网。

度依旧严重失衡。由于中西部地区的能源价格相对较低，所以制造铝的公司大多位于中西部地区，但70%的耗费主体却在中东部等相对繁华的区域。耗费场景主要为建筑、交通、轻工业、电气等，运输成本在原铝价格中占比很高。图3-2所示为2020年中国铝材消费结构。

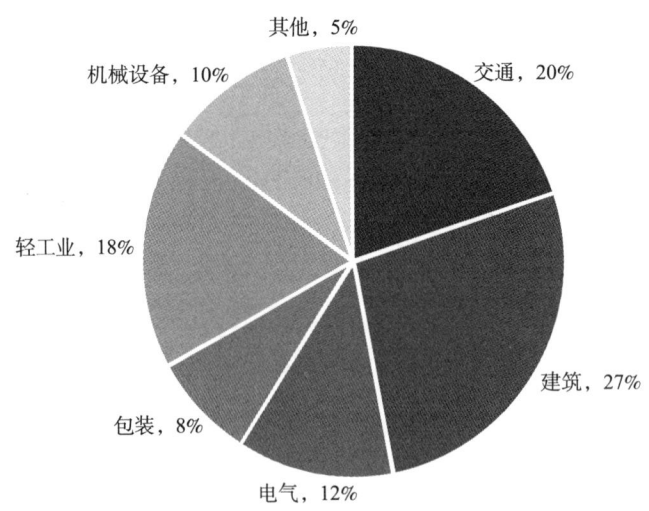

图 3-2　2020年中国铝材消费结构

资料来源：Wind 数据库。

针对传统铝产业和供应链中存在的消费匹配、运输、技术等问题，数字化转型可以在一定程度上进行解决。在消费匹配层面，数字化转型帮助企业进行数据整合，通过消费大数据了解客户对铝的需求并预测未来铝材的动态及发展方向，从而可以更加精准地制造出客户所需要的铝材；在运输层面，数字化转型可以帮助搭建物流平台，有利于铝厂更加高效地对接客户端，还可以让运输过程更智能化；在技术层面，数字化转型企业一般拥有技术团队，会把所有技术部成员集中在一个中台部门，并进行专业的培训，从而快速地帮助企业进行技术迭代与更新，提高技术的研发效率，满足客户对高质量铝的需求。

3.2.2 企业角度

（1）当前财务系统无法满足集团对财务信息的需求

随着中国铝业的不断发展与壮大，现有的财务体系已经无法满足集团对财务信息的需求，中国铝业财务管理部门的主要任务是事后反映和监督经济事务，存在信息传递滞后的问题；而且，业务线和财务线完全分开，会导致信息不准确，使会计信息质量大打折扣，导致财务管理效率低下，不能充分提升财务效率，集团无法从财务部门获得有效的信息，整个财务部门完全是一个售后职能部门，不能起到增值作用。数字经济建设至今，数据信息是数字经济的关键驱动力和基本特点，计算机网络系统是数字经济的主要媒介，过往的财务管理方式面临着巨大的挑战，会计信息的处理方式和承载主体都有了翻天覆地的变化。财会部门的工作内容再也不是简单的整合数据、核算和事后预测，而是会把重点放在分配资本、增加附加值、服务于公司其他业务发展和为公司进步提供战略帮助等事项上。原有的落后财务管理办法已不能满足公司进步的要求，为了更好地适应发展，有必要调整为依托高科技、大数据等工业互联网技术的智能化、多元化、定制化财务管理新方式。组织唯有高度重视大数据技术的价值，才可以有效地展现出财务管理的效果，提高财务管理的质量。

（2）"数据孤岛"大量存在，无法为企业创造实质性价值

数据孤岛，是指数据在不同部门相互独立存储和维护，并相互隔离。数字化的根基是数据。但是，中国铝业集团内部的信息化架构非常分散，公司的 IT 系统由一系列打包的软件系统组成，包括企业资源计划（Enterprise Resource Planning）系统、客户关系管理（Customer Relationship Management）系

统、人力资源管理（Human Resource Management）系统等。由于集团非常庞大，每年存储的数据非常多，所以为了防止数据的混乱，每一套系统之间都是单独运转且自带存储逻辑，互不干涉。各个系统都有一套完善的架构，这样就导致大量重复建设和"数据孤岛"现象，给统一处理信息带来很多不便。许多数据信息在各种信息系统平台上重复、无序地分散，财务部门很难对其进行综合收集，难以进行有效的挖掘和应用。

由于中国铝业在2001年就已成立，当时数据技术尚未大力发展，数据不被重视，企业也不注重建设高效的数据管理平台，这导致企业内部数据非常混乱，不能被很好地利用以提升效能。具体表现如下：一是总体数据管理不够规范，业务和财务系统间的基础数据变更法则没有统一的规定，基础数据的协同性需要加强；二是业务和财务数据非常分散，来源多样化，没有规范化的数据集成平台，急需建立一个完善的业务和财务数据集成管理平台；三是数据质量参差不齐，只有问题频发才对数据质量进行检查，所以有必要构建一个从数据来源到数据最终利用整个循环过程的质量监督体系。上述问题严重影响了中国铝业对数据的利用，企业内部急需通过技术变革以改变"数据孤岛"的现状。总而言之，财务部门作为一个数据汇集的地方，急需对内外部数据进行整合改进，为企业发展创造价值（见图3-3）。

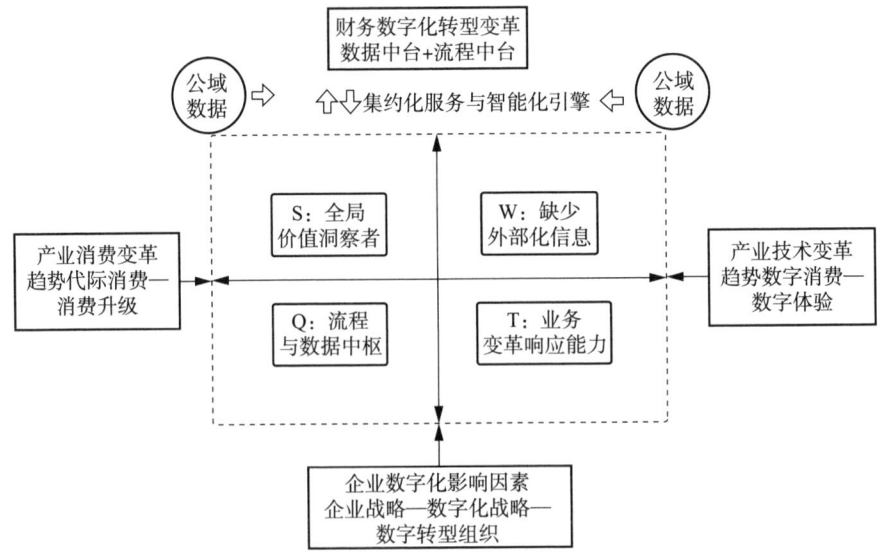

图3-3 中国铝业财务数字化转型动因分析

资料来源：笔者根据中国铝业的官网内容整理。

图 3-3 利用 SWOT 模型总结了中国铝业进行财务数字化转型的动因。中国铝业面临的弱势主要是内部数据整合能力较弱，大量外部有效信息无法及时获取，从而导致生产效率低下、运输成本过高、高质量铝无法批量生产等一系列问题。面临的主要威胁是中国铝业内部一些人员不愿意革新，所以数字化转型进程中将会面临来自内部人员的阻力。而中国铝业的优势是拥有一批坚定实施数字化转型的管理者，他们善于从长远角度看待问题，具有全局视野，并且有坚决的动力和决心实施转型；在转型的机会上，中国铝业内部有一些较为便利的中台和数据存储软件，方便在转型时直接调取与利用。

3.3 中国铝业财务数字化转型路径分析

本节对中国铝业实施财务数字化转型的路径进行了分析，主要有四个步骤：第一，对财务管理的组织进行重构，将当前的财务工作内容进行整合，对财务人员实施专业化培训，对财务管理人员的工作内容进行重新规划，并根据数字化转型的规划将公司内部财务部门职员分成业务财务和战略财务两类，提高财务部门工作效率。第二，财务管理流程再造，使用 PDCA 循环研究法（Plan，计划；Do，执行；Check，检查；Act，处理）对现有财务管理流程进行改造，去除冗余步骤进而降低成本。第三，业财融合，将企业内部的财务部门与其他业务部门有机融合，对归属于数字范畴的信息利用财务平台进行采集、处理、完善，为企业创造价值。第四，技术保障，中国铝业在实施财务数字化转型过程中还为数字化转型的实施增添了技术保障，主要包括流程自动化、业务智能化和信息数字化，以保障财务数字化转型顺利开展。

中国铝业在进行财务数字化转型时采取的主要思路是以实现所有组织的价值创造目标为基本原则，通过财务管理组织的重构、流程再造与业务财务一体化等，打造流程标准化、业务智能化、信息数字化平台。结合中国铝业内部财务管理特点与要求，创建财务管理数字化模型，如图 3-4 所示。

对图 3-4 的解释如下：

（1）财务管理数字化的主要目标是能够为企业创造价值，关注企业整体价值的创造与企业价值的提升。

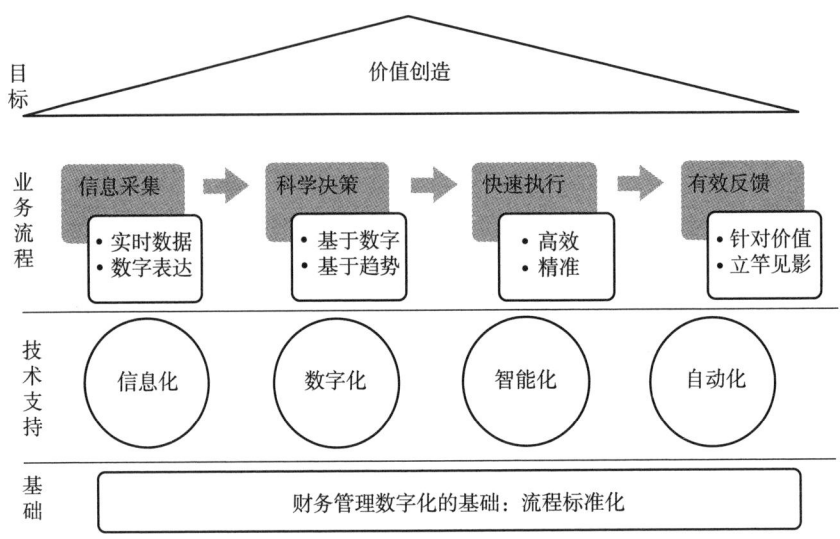

图 3-4　中国铝业财务数字化转型模型

资料来源：笔者根据中国铝业的官网内容整理。

（2）在业务流程上，把"信息采集—科学决策—快速执行—有效反馈"作为基本业务流程，并据此对现有流程进行再造。

（3）以信息化、数字化、智能化及自动化进行技术支持，确保业务流程的高效运行。

（4）整个财务管理的数字化以流程的标准化为基础。

3.3.1　财务管理组织重构

实施财务管理数字化转型需要对现有财务组织重新进行建设。图 3-5 和图 3-6 分别显示中国铝业实施财务数字化转型前后的财务部门组织架构变化。此前，由于中国铝业非常庞大，共有 5 家分公司、13 家全资子公司、12 家控股子公司，分/子公司均分布在不同地区，覆盖全中国，业务线之间在地理位置上相隔较远。而且不同的业务都是独立运行，分/子公司从事的业务可能完全不相关，不同的分/子公司都拥有自己的财务部门且单独进行核算，均由各分/子公司财务总监领导。所以，中国铝业需要对现有的财务管理流程进行规范，第一，将当前的财务工作内容进行整合，对财务人员实施专业化培训，并且把业务按照统一标准进行集中管理，对财务人员进行专业化的培训，这样可以促使他们在工作时保持数据信息的完整性与一致性，对业务进行集中管理，减少因为多次独立管理带来的人力和物力损耗。第二，对财务管理人员的工作内容进行了重新规划，并根据数字化转型的规划将公司内部财务部门职员划分成业务财务、战略财务两类。业务财务承担较为常见的业务处理工作，在机器人流程自动化（Robotic Process Automation）的辅助下利用建立的标准自动化业务流程处理步骤，尽可能高效率地完成日常工作；战略财务则主要利用所获得的财务数据对公司未来的经营管理情况进行预测，并且分析当下业绩出现差异的原因，以期帮助公司管理层进行更好的决策。把中国铝业的财务部门按照以上方法进行分割，企业会对财务部门职员的业务能力进行考核，然后依据考核结果进行工作分配。除此之外，企业还会为财务人员设定合理的薪资标准和考核晋升方式，让他们能够有一个清晰的职业上升通道。通过这种方式可以使以往不统一的财务管理体系更加具体化和明确化，从而提升财务工作效率。

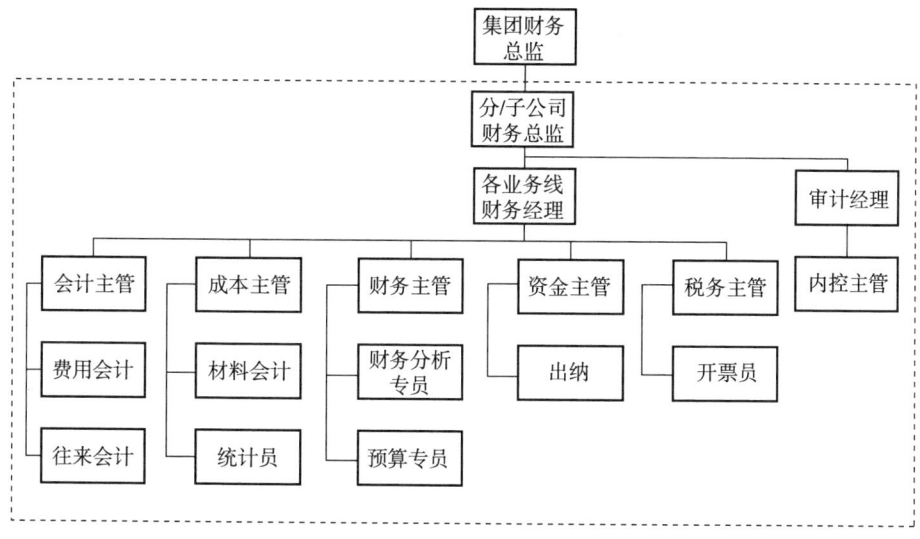

图 3-5 中国铝业转型前的财务部门组织架构

资料来源：笔者根据中国铝业的官网内容整理。

中国铝业在进行组织重构时始终牢牢把握对组织管理者的软实力要求，选择的财务管理者均有非常清晰的使命、良好的心态和人生观，并且要求这些管理者有终身学习的态度，努力提升自己的眼界和格局，还要求他们拥有坚忍不拔的精神和面对挫折不轻易退缩的勇气。

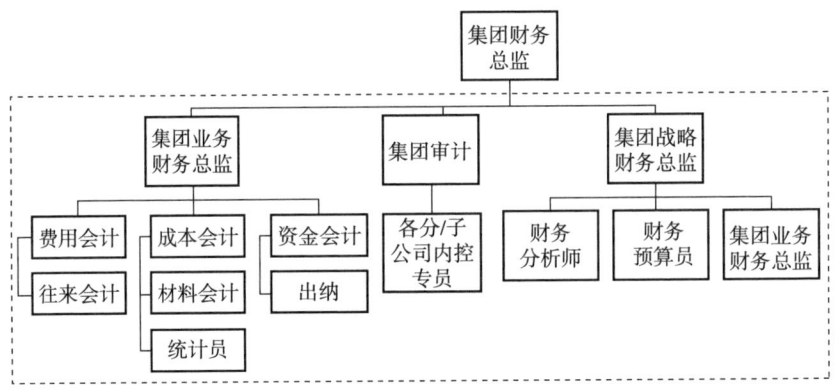

图 3-6 中国铝业转型后的财务部门组织架构

资料来源：笔者根据中国铝业的官网内容整理。

3.3.2 财务管理流程再造

流程的标准化是财务管理数字化转型的基础。此前，中国铝业的各个分/子公司财务都处于非统一标准管理之下，各司其职、互不相干，流程的差异化非常大，与将来想要实施标准的业务流程相去甚远。所以集团总部决定对财务管理的流程进行重新设计。一般来说，企业会考虑以价值链分析的流程再造为基础的办法。对于这一环节，集团的首要任务是研究出一份当前业务的价值评估体系，也就是哪些业务价值高、哪些业务价值低，评估标准应该与集团的整体发展目标一致。由于中国铝业当时主要的战略是加快企业数字化转型，并保留核心流程，去除重复的流程，为企业减负，所以要将当前已有的业务处理流程进行细化，直到无法继续细化为止，然后依据上一步讨论出的价值评估体系进行评分，接着按照流程目标将所有环节进行分类，最终实现沿袭或添加重要环节，去掉无用和用处较少环节，从而让整体流程更加高效。中国铝业在这一环节中用到了 PDCA 循环研究法，它把质量管理分为"计划—执行—检查—处理"（Plan-Do-Check-Act）四个阶段，方便公司更有效地开展工作，持续搜寻并为遇到的困难想出解决办法，一直这样循环下去。在流程再造中也需要落实上述"循环"处理办法，也就是把流程再造当作一个一直持续的过程，利用 PDCA 循环研究法来不断提升财务管理质量。

中国铝业在进行改造之前财务流程非常混乱，由于下属分/子公司数量非常多，每个分/子公司有多条不同的业务线，每条业务线都有自己所属的财务部门，整个集团的财务部门数量非常多，且每个财务部门都有自己的运作流程，人力成本非常高，管理起来也非常复杂。财务流程运作起来就是先由集团总部财务部门发出某一任务，然后下达到各分/子公司，各分/子公司再传递到各条业务线所属财务部门，之后再一级一级汇总，每一级还要设置一个负责人。整体步骤非常繁杂且冗余，一项简单的财务工作至少需要一周才能完成，效率非常低下。经过改革，将每条业务线的财务部门取消，按照公司维度来设置财务部门，统一以公司口径收口工作，并将财务部门日常任务拆分成业务财务和战略财务两大板块，业务财务主要负责简单的核算工作，战略财务做的事情则相对复杂，要对财务会计中台进行统筹监管，并对数据进行分析和预测，省略非重点工作内容，从而实现整个财务工作流程重新变革。

3.3.3 业财融合

业财融合是指将财务线与业务线进行有机融合。站在财务管理数字化的角度，就是把归属于数字范畴的信息利用财务平台进行采集、处理、完善，给企业创造利用价值。图3-7为中国铝业转型过程中建立的业财融合系统。在实施数字化转型的过程中，中国铝业的业财融合遇到的困难主要有以下四点：

一是集团部分管理人员对财务管理的传统观念思想仍然没有转变，他们认为财务管理的日常工作就是普通的记账，而业财融合对企业没有价值。

二是业务部门比较强势，尤其是技术研发部门，他们认为现有阶段研究高端铝材才是更为重要且紧迫的事情，未考虑到财务管理部门进行数字化转型后也会给技术研发部门带来帮助。

三是现有财务部门职工不能利用新建的财务数字化中台系统完成数据分析这一任务，不能为公司管理人员提供决策性意见。

四是虽然当前有能力将财务系统和业务系统进行整合，但是在实施财务数字化转型之前的数据却无法全面获取，导致财务部门提出的建议不全面甚至给出错误的建议。

为了应对上述难点，中国铝业构建了一个中心化的信息平台。构建中心化信息平台的主要目的在于从根本上消除"数据孤岛"并且打通各大系统之间的联系，使之成为一个整体，全面提升财务信息的利用效率，消除分/子公司之间存在的"信息孤岛"，尽可能降低相同数据在不同业务之间的录入次数。除此之外，各部门人员还可以依照自己的工作向信息集成平台发起授权申请来获取工作所需的分析数据。另外，中国铝业财务管理数字化转型团队在实施过程中还致力于加强集团整体对业财融合的重视，转变有些管理人员"重业务轻财务"的想法。最后，中国铝业还专门开设很多培训课程来增强财务部职员服务公司整体战略的能力，如信息搜寻能力、决策分析能力、团结协作能力等。

3.3.4 技术保障

除了对财务组织和流程进行改造，中国铝业在变革过程中还为数字化转型的实施提供了技术保障，主要包括流程自动化、业务智能化和信息数字化。

(1) 流程自动化

流程自动化最大的优势是能够很大程度上加快财务部门处理业务的速度，让财务部门职员在琐碎繁杂的事情上花费更少的时间，从而把更多的精力放在支持公司战略业务上。对于资金管理业务，中国铝业资金管理不再像之前那样需要进行审核，改革后归属于母子公司的资金池能够在保留系统设定金额的情况下，让系统自动将子公司的资金进行归集，不需要财务出纳再单独付款，也不再需要审核人员对上述步骤进行审核。采用上述自动收付款的方式，系统能够智能地将客户或者供应商进行分类，并根据所分类型自主采用相应的记账模板，大大节省了财务部门人工成本（见图3-7）。

(2) 业务智能化

业务智能化是指将一些有规律可循的业务采用机器辅助的办法来让其自动完成，不需要人工参与。中国铝业内部引入机器人流程自动化软件，这一软件能够辅助完成流程处理中的智能识别与评估，减少财务部门对有规律业务的人工投入量。对于财务部门来说，有规律的业务占主要部分，引入机器人流程自动化软件可以在很大程度上减少对财务部门人员的投入，极大地降低公司的成本。除此之外，人工处理相比机器处理主观意识更大，利用机器人则可以减少人工误差。

第3章 中国铝业财务数字化转型案例研究

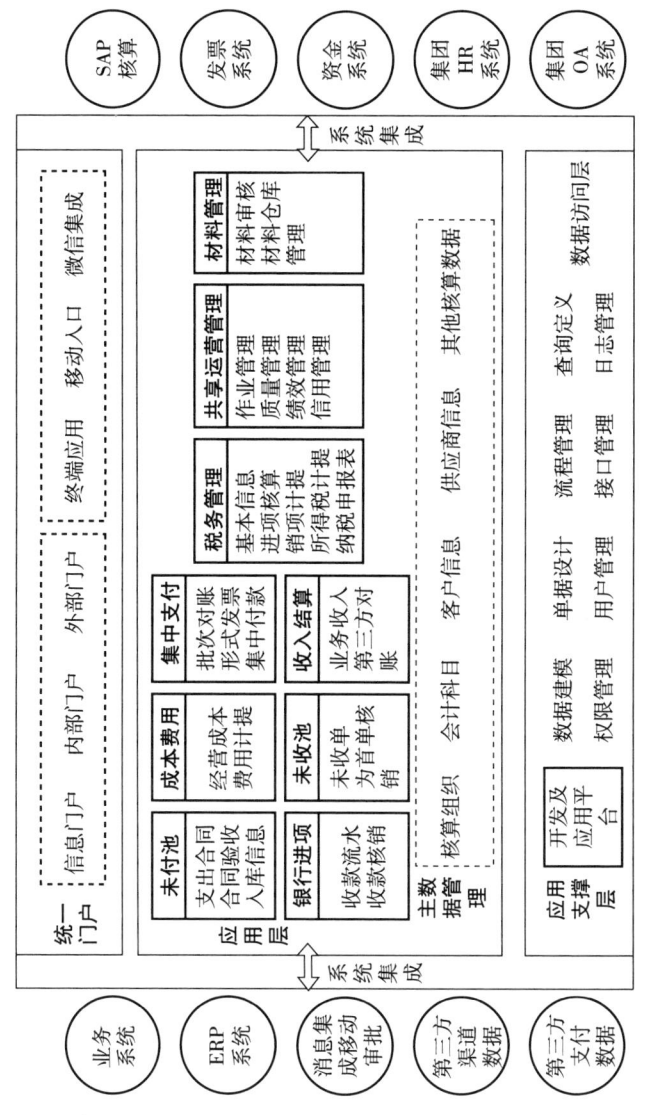

图3-7 中国铝业财融合系统

资料来源：笔者根据中国铝业的官网内容整理。

（3）信息数字化

信息数字化针对的是数字信息的来源路径。它是财务管理数字化转型升级的基础技术。中国铝业内部引入了光学字符识别（Optical Character Recognition）技术，该技术能够将视频转化为数字字符进行传输、应用和存储，保证了数据存储的简约性。在未来，中国铝业还会引入更多的信息数字化技术对企业数字进行传输和存储，最大化地保证数据的可利用性和标准度。

3.4 中国铝业财务数字化转型效果分析

本节分析财务数字化转型给企业带来的效果，主要从五个角度来进行分析，分别是期间费用、盈利能力、创新能力、治理水平和融资成本。这五个角度可以直接体现出财务数字化转型给中国铝业带来的影响。

3.4.1 期间费用

自实施财务数字化转型以来，公司的销售费用和管理费用都有所减少（见图3-8）。对于销售费用，2019年和2020年相比上一年均有所减少。由表3-1可知，2019年和2020年相比上一年在运输及装卸费用上均显著减少，很好地解决了中国铝业运输成本偏高的问题，主要原因在于中国铝业进行了数字化的转型和升级。首先，在配送效率上，中国铝业通过内部构建网络运输平台、大数据分析等手段，在运输过程中科学规划路线，降低装载频率，大幅提高装车率，高效率安排货车分配计划，陆续降低运输成本。其次，在物流管理系统上，中国铝业建立了现代化信息物流管理系统，过往的纯人工管理模式有很多限制，比如物流过程不透明、运输时长不可控等，这些现象都大大降低了运输效率，并且给客户带来了非常不好的体验，建立新的物流管理系统，不仅可以提高送货的效率，还可以通过大数据的汇总来进行估算，从而对运输成本进行把控。最后，在信息反馈上，中国铝业安排了专门的人员来对物流信息反馈进行跟进，凡是客户反馈的问题，员工都会及时进行改进，这样会给企业进一步带来"更及时的反馈"。

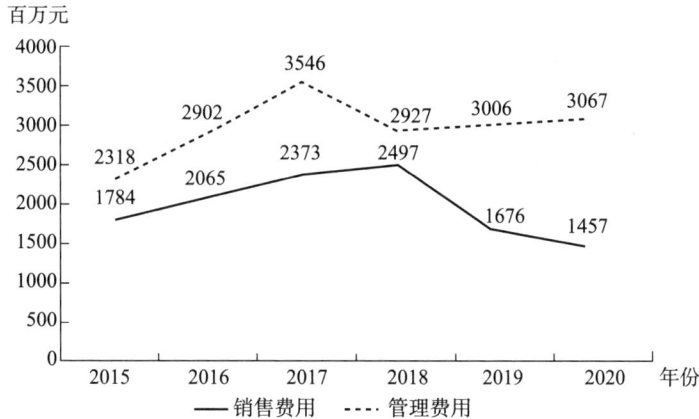

图 3-8　2015—2020 年中国铝业相关费用

数据来源：2015—2020 年中国铝业财务报告。

表 3-1　2018—2020 年中国铝业销售费用明细　　　　　　　　　　　　单位：元

项目	2018 年发生额	2019 年发生额	2020 年发生额
运输及装卸费用	1893659	950716	816081
包装费用	261626	277758	294359
工资及福利费用	85416	110502	103758
港口杂费	51770	810956	78402
仓储费	31875	58510	37825
销售佣金及其他手续费	29432	24945	16214
固定资产折旧费用	6532	6589	5135
使用权资产折旧费用	—	903	1075
市场及广告费用	2936	3347	1154
其他	133689	158886	103053
合计	2496933	1675869	1457056

资料来源：笔者根据中国铝业的财务报告整理。

对于管理费用，2018 年较上一年管理费用减少了 6.19 亿元，主要是公司 2017 年计提较多辞退福利所致。2017 年是公司进行数字化转型的初级阶段，在这一年里，公司进行了很多人员上的优化。例如，对于财务部门，以前是每个子公司都有一个自身独立于集团的财务组织，经过优化之后，子公司的财务组织被撤销，所有财务人员都统一转移到集团进行财务工作，这样一方面极大地降低了对于财务人员数量上的要求,另一方面也使财务工作更加整合,效率更高。

3.4.2 盈利能力

归属净利润即归属于母公司所有者的净利润,可以用来反映母公司的盈利能力。由图3-9可知,中国铝业2021年的净利润增幅较大。主要原因是高端氧化铝板块的收入占比从10%增加到35%,另外,得益于数字化转型的实施,用于航空甲板的高端铝技术也得到了突破,相应的生产成本也大幅降低。中国铝业已建立起完整的数字产业链,在整个行业里有很强的竞争力,创建了以多种铝产品为主的生产供应链,并且所开展的业务极为广泛,在全球都有合作伙伴。中国铝业积极响应国家国有企业数字化改造政策,积极建设数字化生产线,主动摒弃落后、低创造力的产能,把产出供给迁移到矿产资源丰富的位置,不断提高高附加值精细氧化铝的生产能力,提升中国铝业在铝行业的地位。

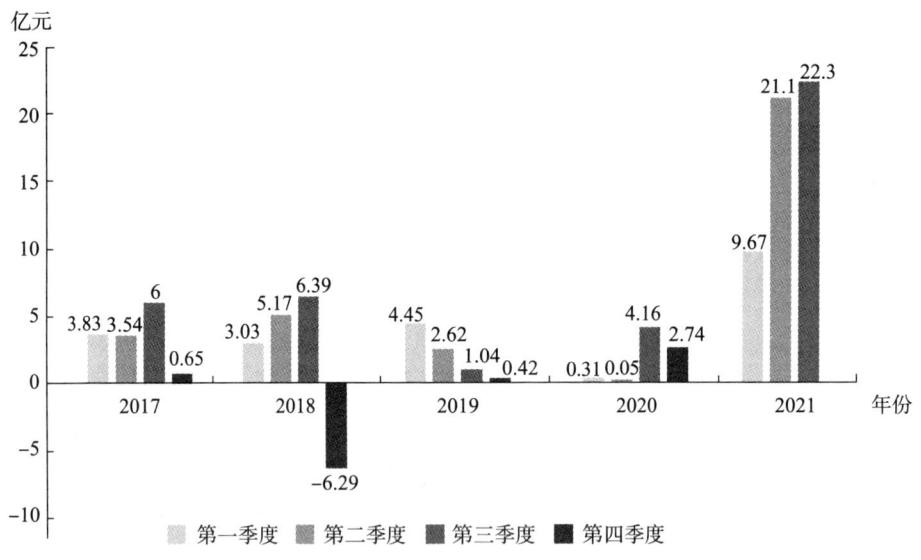

图3-9 2017—2021年中国铝业归属净利润

资料来源:笔者根据中国铝业的财务报告整理。

图3-10是海通证券、华泰证券和兴业证券行业研究专家对中国铝业未来3年的盈利进行的预测,得益于数字化转型成果的逐步显现,中国铝业未来在净利润上将会有极大突破。中国铝业是我国最大的铝产品生产厂家,公司在

各种铝产品的生产能力上都处于行业头部水平，凭借丰富、便捷、可持续的铝土矿物质和精炼手段，具备健全的产业链，可以更好地抵御风险和隐患。中国铝业数字化转型的实施，使其头部地位更加稳固。

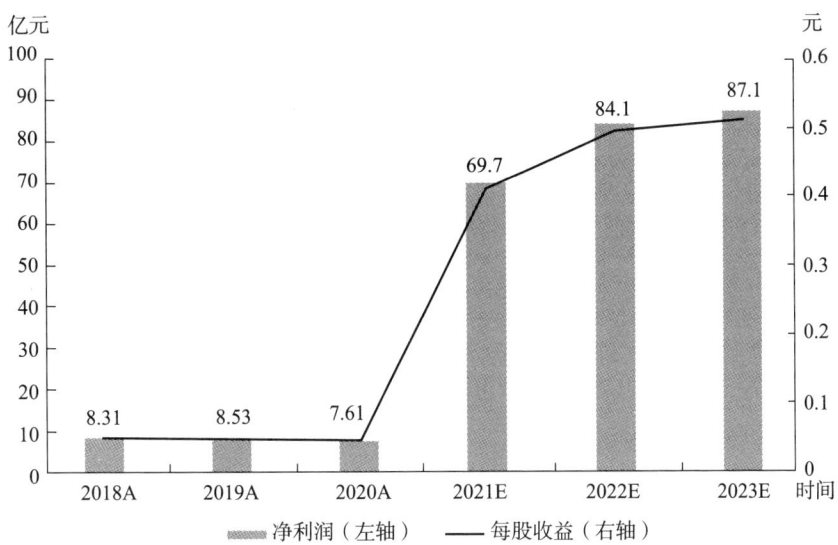

图3-10 中国铝业未来盈利预测

数据来源：海通证券、华泰证券和兴业证券对中国铝业发展的研究报告。

3.4.3 创新能力

财务数字化转型既提高了中国铝业商业模式的创新、公司在数据使用上的创新以及科研创新能力，也使公司数据得到更充分的利用。

首先，财务数字化转型推动了中国铝业商业模式的创新。从企业内部看，数字化转型给组织内部的业务流程带来了翻天覆地的变化，采用改变业务流程的方式来打造技术研发、车间生产和产品营销这一系列流程的融合，进一步促进商业模式创新。从企业外部看，数字化转型借助建立新体系、新技术和高端物联网产品等维系技术，达到与上下游供应商、交易对象乃至政府的互联互通，创建多主体合作的数字环境。企业利用维系技术强化与外界市场的交流合作，推动信息技术、商品等生产资源互换，深入探索未来创新方向，达到全行业、多城市合作进步的目的，重新构造商业模式。

其次，财务数字化转型提升了数据创新使用能力，通过进一步明确中国铝业对内管控和敏捷产品方面的诉求，打造信息客观、指标数据精准、产品装置敏捷、能够把握关键因素的管理委员会平台产品和现代自动化场景装备。在投资决策探讨、解决办法改进、电解铝生产结果监测、产权管理优化等业务中，要求各大部门积极利用数据中心的数据进行分析和评估，提升数据资产管理收益。利用集团业财一体化数据中心的高品质数据，定期智能化发布企业对内管理公告，主要包括如下四类报告——业绩管理报告、对齐文件、风险控制通报、信息质量报告；四种管理工具用于支持产权价值管理、SEC 供应量资产评估、"三位一体"判断支撑工具。将合同结构、风险管理数据库和即时运营数据相结合，达到智能化风险监督和管理目标，提升整个部门的风险管理水平。

最后，数字化转型的实施促使中国铝业进一步提升数智创新水平，并被认定为国家级企业技术中心。中国铝业从 2017 年开始进行财务数字化转型，在研发投入上，由图 3-11 可知，从 2017 年起，中国铝业研发投入不断加大，2021 年的研发费用相较于 2017 年增长了约 412%。在专利数量上，2017 年，公司完成科技项目 139 个，其中自主研发项目 70 个，重大科技专项 57 个，重点专项技术推广项目 12 个；有 105 项专利正在审批阶段。截至 2017 年底，企业共持有有效专利 1403 项，公司在创新上的投入和对新技术的推广上处于行业领先地位。而在 2016 年及以前，即公司进行财务数字化转型之前，研发费用并未算作公司重大费用支出项目。

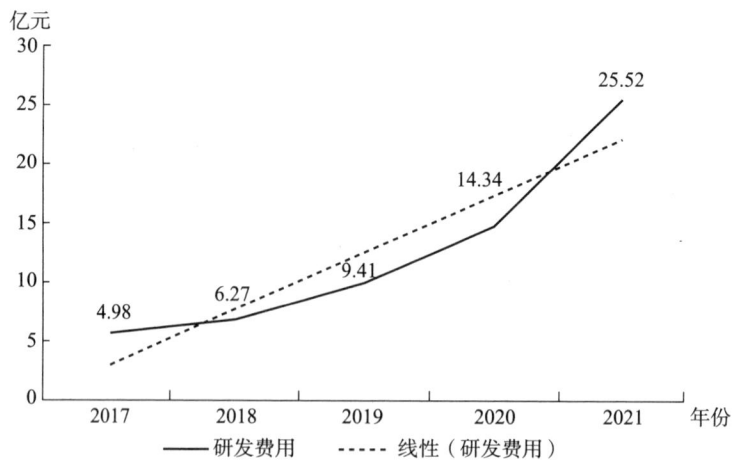

图 3-11 2017—2021 年中国铝业研发费用

数据来源：2017—2021 年中国铝业财务报告。

3.4.4 治理水平

中国铝业主要从以下三个方面提升了治理水平：

第一，财务数字化转型通过降低信息不对称程度提升了公司治理水平。进行财务数字化转型之前，企业没有明确的信息披露规则，无法最大化降低信息不对称程度。实施了财务数字化转型之后，公司年度信息披露等级为A级，公司制定了《中国铝业股份有限公司信息披露管理制度》和《中国铝业股份有限公司内幕信息及内幕人员管理制度》，全面限定了信息披露的甄别、信息的传播和使用，以及备案记录内部信息知情人员的保密责任和处罚措施。中国铝业对即将对外发布的信息的审批流程一般如下：首先由董事会办公室和与信息有关的业务部门的发起人、证券事务代表、董事会秘书、总裁、董事长和董事会（根据授权确定）等初次审核。经复查的信息披露草案经证券事务代表和董事会秘书签字确认后就可以对外进行公布，监事会会不定时地对披露的信息实施复核，董事会会对该年的信息披露实施自我考核，最后把考核意见汇总进企业内部审计报告，以保证信息披露的准确性。

第二，财务数字化转型促使公司建立更加完善的法人治理结构以保证治理水平的提升。图3-12显示了中国铝业进行财务数字化转型后建立的法人治理结构。自2017年实施财务数字化转型以来，中国铝业逐步建立了完善的治理结构，公司董事会、股东大会、高级管理人员和监事会遵循有关法律、法规和公司章程赋予的职责和权限开展工作，并通过相互制衡来保证治理水平

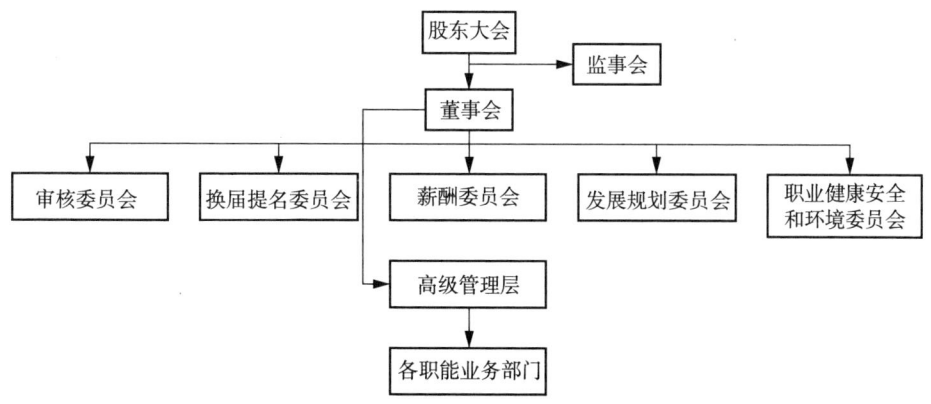

图 3-12　2020 年中国铝业法人治理结构

资料来源：2020 年中国铝业财务报告。

的提升。股东大会拥有企业的最高权力；董事会为公司的战略发展提供方向，同时需要对股东大会承担一定的责任，实施股东大会中做出的商讨与决定，董事会下面建立了五个专业的委员会，委员会主要对董事会负责，给董事会制定战略方向等提供意见；监事会属于企业的监督部门，需要对企业的财务人员、董事会和高管的行为处事方式实施监督；高管需要将企业董事会做出的战略发展规划进行具体的落实和实施，并且需要实时向董事会报告工作进展，需要接受董事会的领导和监事会的监督。

第三，通过建立财务数据中台和引入优秀的财务管理人才来提升公司的治理水平。在进行财务数字化转型的过程中，财务部门的组织架构和考核方式都进行了很大的调整。以前的财务链条非常长，很多财务工作都是采用手工计算的方式，很容易导致舞弊行为出现，财务数字化转型后，构建了财务数据中台，并且引入了优秀的管理人才。他们具备专业的知识，有丰富的管理经验和行业从业经验，知道该如何治理公司，如何管理团队。除此之外，为了保证财务数字化转型的顺利进行，中国铝业还聘请了专业的专家团队，全方位对公司进行评审，发现公司存在的问题，寻找合适的优秀管理人员，内外结合提高公司的治理水平。

3.4.5 融资成本

由图3-13可知，自2017年实施财务数字化转型以来，中国铝业的债券融资成本逐步呈现下降趋势，从2016年的2636万元降低到2020年的1953万元，降低了约1/4。数字化转型降低了融资成本，能够更加精准地监测到企业财务状况与现金流的流动情况，给企业安心经营主营业务创造了非常好的财务环境。数字化转型升级的真正意义是用数字技术帮助企业更好地实施企业管理，并且对原来低效的管理模式进行改进，彻底去除公司内部不同业务线之间的"数据壁垒"，推动公司重新构造其治理机制和运营模式，促进企业提高资源利用率。数字化转型能够帮助企业提高信息可利用性，降低信息不对称风险，提升企业信息的可信度。在信息噪声减少的情况下，投资机构选择投资项目时因信息不对称导致的风险承担会大大降低。除此之外，实施了数字化转型的公司可以更快速地向投资市场传播利好的信息，从而吸引更多的投资商，可以在一定程度上降低企业的融资成本。更进一步来讲，数字化转型完善了企业管理制度，反过来也会促进对财务部门的规范。换句话说，财务数字化转型可以把财务部门有限的资源在整个公司中进行最大化的利用，提高财务资源的利用率（如降低无用的资金需求，随之减少融资费用），进而增强企业本身的财务稳定性。较低的融资成本和长期稳定的财务背景让企业真正信赖财务部门，把更多精力和资源用于主营业务，最终达成提振业绩的效果。

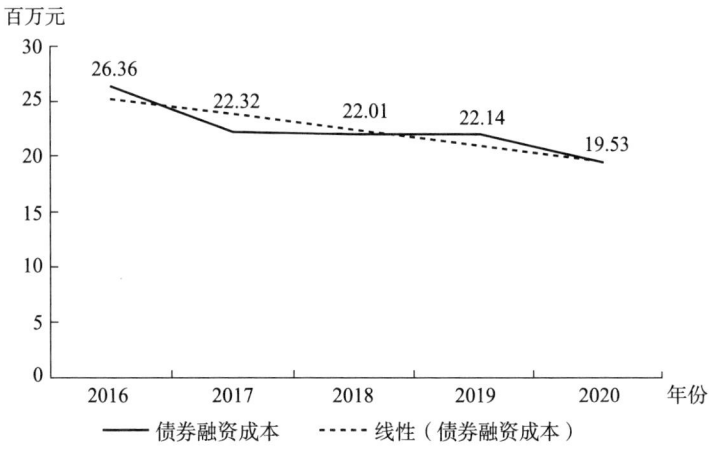

图3-13 2016—2020年中国铝业债券融资成本

数据来源：中国铝业财务报告。

3.5 研究结论与启示

本章将中国铝业作为案例研究对象，采用案例研究法对中国铝业的财务数字化转型的动因、路径及效果进行了较为细致的分析与说明。结合财务数字化转型成效来看，中国铝业的转型是成功的。完成财务数字化转型后，中国铝业财务部门工作流程及分工更加明确，期间费用和融资成本有所降低，企业的盈利能力、治理水平和创新能力得以提升。本章的研究结论主要有以下几方面：

第一，中国铝业财务数字化转型前面临的行业情况与内部管理状态决定了其必须进行财务数字化转型，中国铝业内部混乱的财务管理流程和大量的"数据孤岛"为其财务数字化转型提供直接动因，国家一系列的财务数字化转型政策为中国铝业实施转型提供指引。中国铝业虽是传统的国企，但是中国铝业愿意紧跟国家数字化转型政策，具备强烈的危机意识，为了未来发展，中国铝业始终走在国企改革的前沿，愿意对现状做出改变。

第二,中国铝业选择以实现所有组织的价值创造目标为基本原则,通过财务管理组织的重构、流程再造与业务财务一体化等,打造流程标准化、业务智能化、信息数字化平台的财务数字化转型路径是合理且正确的,符合其降本增效的战略目标。中国铝业进行财务数字化转型的目标是运用数字技术,剔除现有冗余的财务管理流程,且能搭建数据中台,进行业财融合,让财务管理流程更加简约清晰明朗化,让业务数据集中起来能够让财务部门对业务数据进行合理的分析,为公司运营带来价值。同时,中国铝业还重视对人才的培养,借助人才优势更好地推动数字化转型。

第三,进行财务数字化转型有助于降低公司的期间费用和融资成本,提升盈利能力、创新水平。在转型之前,由于中国铝业财务部门非常多,每个分/子公司业务线上都有一个财务部门,非常分散,不利于日常财务的管理和数据的整合,通过改革,将财务管理职能划分得更加清晰,去除掉冗余的财务流程,并搭建财务数据中台,使财务部门成本大幅降低,并且通过数据分析为业务部门提供了数据支撑。

通过对中国铝业财务数字化转型案例的研究,可以给同类型国企进行数字化转型提供一些借鉴和启示:

(1)在转型过程中要深化与专业企业的交流和合作。在数字化转型初期,中国铝业选择了与普华永道和久其企业云等有一定数字化转型经验的公司进行合作。主要原因是数字化转型处理办法不只是停留在IT服务领域,还有一些咨询工作。对轻资产行业来讲,对垂直产业有清晰的认知以及处理办法与公司当下现状的契合水平是最为关键的。普华永道在开展市场咨询业务和思维模式革新上拥有丰富的专业知识经验,对国有企业、物流配送业、金融业等垂直行业,在创新和管理相结合方面有不可多得的实践经验。

这样看来,对于没有数字化转型经验的国有企业,在刚开始实施数字化转型时,为了更好地实施数字化转型,可以与有一定经验的企业进行合作交流,后者在资产评估、财务流程变更、业绩管理等领域已经有了很多非常可靠的处理办法,能够很轻松地应对企业在数字化转型过程中遇到的困难。只有有针对性地制定出与企业自身最匹配的转型升级方案,才能尽可能地帮助企业减少转型所带来的资本投入。

(2)提高财务信息系统数字化水平。在进行财务数字化转型时,中国铝业花费了大量的资源在构建财务信息系统上,财务系统的建设帮助中国铝业极大地提升了财务信息流转效率和业务数据的利用率,对中国铝业的发展有着非常明显的促进作用。中兴新云的一项调查显示，我国国有企业能够利用人力资本、运营管理、信息技术、流程创新四个细化措施，考虑公司本身职能划分和财务共享服务中心的运营规则，对其岗位设置、工作内容和人力资源要求等内容制定合适的安排；以任务分配为基准，把创造和构建可靠的数字化财务系统作为根本方向，利用自动盘点、财务人工智能等先进的高科技，重塑财务工作内容与步骤；深入调研当前公司内部所用的财务系统，并基于以后实际工作对财务系统的要求对财务系统进行重新改造和优化；把"精准、全面、便捷"作为基本原则来对运营管理的规章制度实施修改和补充，让财务共享服务中心的员工可以直接在财务系统中方便快捷地找到自己所需做的工作以及工作目标，以此来保证财务共享服务中心可以精准、持续、低成本地运作。

（3）重视财务人员再培养。在实施财务数字化转型的进程中，财务人员有必要改变以往的工作方式和方法，因为实施升级转型会引发员工对未来工作的不确定性焦虑。首先，财务数字化转型的实施，让财务部门从过往的支持性部门向关键部门转变，让财务人员的工作职责从执行者过渡到创造者。需要他们全面熟悉公司的各个部门，并且能够适当地开展风险隐患预测，不仅要他们改变过往陈旧的思想，还希望他们能够在运营管理技能上有所提升。其次，财务数字化转型在很大程度上依托于信息系统，使人们当面交流的机会减少，容易机械化，失去"人情味"。很多人在面对新事物时会有抗拒心理，财务人员的抗拒会给实施财务数字化转型带来很多障碍。最后，假如财务数字化转型和企业价值观不符，将会给其战略的推进带来阻碍。

因为财务数字化转型使得财务人员的工作内容和对其胜任能力的要求产生翻天覆地的转变，所以急需一批满足新要求的财务人员。过往的招聘方式有人才引进、员工内推等，但是这些方法效率较低且往往招到的员工并不是最了解公司当下背景及发展目标的人，所以鼓励企业自己开展培训班来对公司目前现有的财务人员进行培训，使他们尽可能达到企业所要求的标准。例如，中国铝业在刚开始实施数字化转型时，需要大量了解数字化转型的技术型人才，但是社会上并没有那么多合格的人员恰好符合企业要求，所以中国铝业在自己内部建立了一个培训中心，从而有针对性地培训急需的人才。

政府应该努力加大对国有企业数字化转型政策的支持力度，提升政府服务的品质，让政策支持更加精准化，让国有企业真正能把政府作为数字化转型的"后端服务器"。政府要全面探索并出台促进国有企业数字化发展的支持性文件，统一财政税务、商业、人力资本、产权、生产资源等政策手段，大力推进国有企业数字化转型。对于财政税务方面的保障，政府应该加强对财政资金的合理布局，鼓励各级单位增加对国有企业数字化改造的斥资，同时增加对数字经济发展有推动性的项目的投资。尝试建立国有企业数字发展基金，促进各省、市级政府产业基金与外界投资商进行交流与合作，遵循市场发展规则，创立支持数字经济发展的投资子基金。人力资本方面，设立股权激励机制，鼓励龙头人才转化，鼓励利用股权激励等相关因素支持龙头企业转型，加强国有企业数字化改造领域土地、能源、排放、创新等关键资源的优化配置和重点保护。

第4章
一汽集团财务数字化转型案例研究

4.1 引言[①]

财务数字化转型是在数字化转型的大背景下，运用数字技术进行企业内部管理变革的一个重要过程。财务数字化是充分运用大数据、智能化、移动互联网、云计算、物联网和区块链等技术实现对公司经营资讯的收集与加工管理的过程，获取有价值的数据并加以转化和储存，再根据公司内部、外部环境的改变以及业财融合的需要，通过输出数据实现企业价值决策。它包括两方面的含义：一是财务数字化通过对数字技术的运用，实现了数字采集加工效果的提高；二是通过企业财务数字化系统的建立，完成了公司内部信息的收集、转化和储存工作，在业财信息融合的基础上，利用部门之间的协调打通"数据孤岛"，完成对数据的价值决策和价值实现的整个流程。财务管理的数字化变革要求公司在财务管理方面利用云计算、大数据分析等信息技术来重建财务管理组织、重塑流程结构，提高财务服务质量和财务运作效能，从而更好地赋能服务、支撑经营、辅助管理和支持决策。在路径上，财务共享中心的建立是财务管理数字化变革的重要起点，也是业财融合的重要举措。财务管理向数字化转变的具体路径为：从财务管理共享服务平台向采购、信息、人力、税收等大共享平台过渡，融入现代管理会计工具，以提高大数据分析、计算能力以及算法等相关方面的综合能力，并持续地为企业带来更高质量的大数据服务。

在公司财务数字化转型实践中，中国第一汽车集团有限公司（以下简称

[①] 案例分析数据来源于上市公司年报、官网等公开渠道。由于数据分析截至2021年，可能无法反映企业的最新动态，提请读者注意。

一汽集团)作为一家汽车生产制造企业,以企业数字化转型为目标,成功实现了公司的财务管理数字化转型。在公司转型过程中,一汽集团展现了较强的战略规划能力和转型能力。一汽集团的财务数字化转型具有连续转型的特征:第一阶段通过财务共享中心建设,实现数据中心的集成,加速了业务型财务的构建,促进了业财融合,为集团管理数字化以及后期的进一步转型奠定了良好的基础;第二阶段的转型发生在新冠疫情冲击下,企业认为数字化战略是决定企业生存的关键,并进一步实施财务智能化转型,推动了财务数字化的进一步升级。案例研究能够更好地回答为什么和怎么样的问题,对现实中的具体问题进行深入研究,从而探讨其中潜在的理论贡献。一汽集团的财务数字化转型实践为本章的研究问题——财务数字化转型提供了一个较好的案例样本,有利于深入探讨财务数字化转型的机制与演进过程。因此,本章从一汽集团的财务数字化转型案例出发,构建企业实施财务数字化转型的动因、过程以及后果的演进过程和转型机制框架,从而得出财务数字化转型方面有益的结论和建议。

选择一汽集团作为财务数字化转型的研究对象,原因如下:

(1) 案例企业具有典型性。作为市场份额靠前的汽车生产集团,一汽集团2018年明确将财务数字化转型作为发展战略,2020年提出进行财务数字化转型的建设,通过数字化转型提高了自身的竞争优势和市场份额,在竞争激烈的市场环境和不确定性环境下,其财务转型的举措体现了同行业或类似企业在经营过程中财务建设的诉求,一汽集团财务转型的战略选择具有前瞻性和借鉴意义。

(2) 案例企业具有特殊性。一汽集团的财务数字化转型的发展历程有明显的两个阶段,属于持续性的财务数字化转型。对于大多数企业来说,实施某一阶段或某一类型的数字化建设较为普遍,因此在转型路径上一汽集团的财务数字化转型具有一定的特殊性,其转型在当前提倡财务转型的背景下兼有极端性和启发性。

(3) 数据来源的可得性。一汽集团的财务转型的相关信息较为丰富翔实,包括公司年报、媒体报道、券商研报以及高层人员在公开渠道发表的国资转型报告等,因此可以获得关于企业财务数字化转型较丰富的研究资料,实现研究的目标。

4.2 一汽集团财务数字化转型动因分析

4.2.1 企业外部环境分析

(1) 增量市场向存量市场发展

随着世界经济一体化新分工框架的建立以及国内汽车制造产业的战略转移，目前中国整车制造业已建立多类型、全系列的各类整车与零配件制造和配套服务系统，在整车工业规模、产品研发、结构调整、市场拓展、对外开放等领域都取得了跨越式增长，已成为世界整车产业系统的主要部分，并逐渐从整车制造大国向汽车产业强国过渡。从产销绝对数据看，2012 年我国首次位列世界第一，并在此之后一直处于世界第一的位置。从增长速率来看，自 2014 年中国汽车产量达到峰值以后，中国轿车产销量增长逐步趋缓。2015 年，国家为鼓励小排量汽车销售出台了 1.6 升购置税优惠政策，该政策的实施使得 2015 年第四季度至 2017 年底人们对汽车进行了提前消费，2016 年中国轿车产销量大幅上升，但从中长期来看，总体产销增速趋缓。图 4-1 展示了我国汽车行业的产销情况。

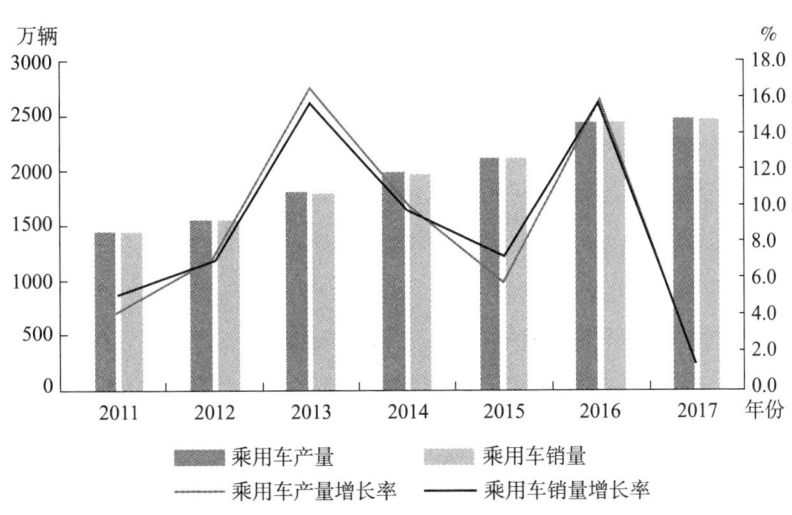

图 4-1　2011—2017 年我国乘用车市场产销情况

数据来源：中国汽车工业协会官网。

从购车人群来看，我国以首购为主的增量市场已经切换为以增换购为主的存量市场。如图4-2所示,我国首次购买乘用车的人群占比下降明显,而换购的比例上升较快,增购的占比也缓慢上升。汽车企业间的竞争从新增需求用户的竞争量变为换购、增购的存量竞争。

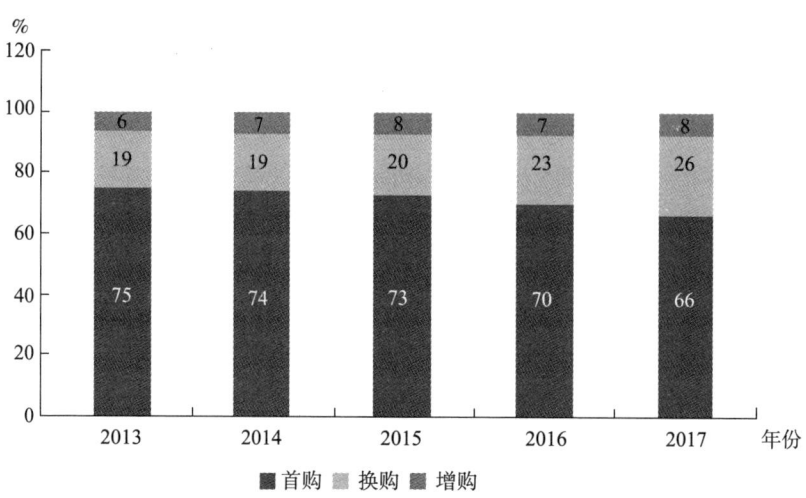

图4-2　2013—2017年我国乘用车市场首购、换购及增购趋势

数据来源:中国汽车工业协会官网。

在此背景下,在财务数字化转型前,一汽集团的汽车销售在市场上总体的竞争力较强,主要依靠实力强劲的合资品牌,但其自主品牌销售乏力。表4-1展示了一汽集团在市场中按集团和品牌统计的销售份额情况,在销量前十的汽车品牌中,一汽集团的大众品牌排名第三,集团总体销量位列市场第三,旗下的一汽大众、一汽奥迪、一汽丰田三大合资品牌,占集团总销量的80%,长期以来成为集团的利润奶牛。在2017年整体市场下行的情况下,集团保持了较高的增长率,主要来源于三个合资品牌贡献的业绩。

表4-1　2017年汽车企业的市场份额

按集团统计		按品牌统计	
集团名称	销量(万辆)	品牌名称	市场份额(%)
上汽集团	691	上汽大众	7.1
东风公司	412	上汽通用	6.9
中国一汽	334	一汽大众	6.8
中国长安	287	上汽通用五菱	5.4
北汽集团	251	东风日产	4.3

续表

按集团统计		按品牌统计	
集团名称	销量（万辆）	品牌名称	市场份额（%）
广汽集团	200	吉利汽车	4.3
吉利控股	130	长安汽车	3.7
长城汽车	107	长城汽车	3.3
华晨汽车	75	长安福特	2.8
奇瑞汽车	67	北京现代	2.7
市场份额总计	88.5%	市场份额总计	47.3

数据来源：中国汽车工业协会官网。

(2) 产业调整升级，产品结构转型

随着产业政策变化以及科技的发展，汽车产品结构也在发生改变。以新能源汽车为例，新能源在汽车上的运用代表了未来低碳出行的必然趋势，其发展与国家低碳减排的目标相契合。2012年6月，国务院办公厅印发节能与新能源中国汽车行业发展的第一个计划——《节能与新能源汽车产业发展规划（2012—2020年）》，确定了两个综合发展目标：到2015年新能源汽车保有量50万辆，2020年新能源汽车保有量达到500万辆。国家已明确，对符合规定的、全新设计研发的可再生能源汽车车型和动力电池产品等重要零部件的科技研究项目，予以国家专项资金扶持。环保和新能源汽车技术标准管理体系将更加健全。同年，工业和信息化部颁布了《电动汽车综合标准化技术体系》，并确定了电动车辆综合技术标准管理体系建立要点。从新能源汽车增长情况看，2013年我国新能源汽车的产量只有1.75万辆，而到了2017年已经实现了近80万辆，在汽车市场的占比进一步提高。新能源汽车在2014年、2015年以平均3倍的速度实现了增长，图4-3展示了我国新能源汽车的产销量变动趋势。

在传统车企加码投入新能源汽车领域的同时，不断有市场新进者加入竞争，在该细分领域与原有厂商竞争。从表4-2中显示的2017年中国国内市场前十强新能源汽车品牌状况来看，除去北汽新能源BC系列在新能源汽车市场份额占比10%以外，新能源汽车市场总体集中度较低。同时对于一汽集团来说，新能源汽车的发展属于集团短板，因此，2017年集团提出要加快新能源汽车平台建设，实现红旗品牌全系电驱化和集团自主乘用车全系电驱化，并计划于2018年推出首款红旗品牌电动汽车,在2021年达到国内新能源汽车行业前五的目标。

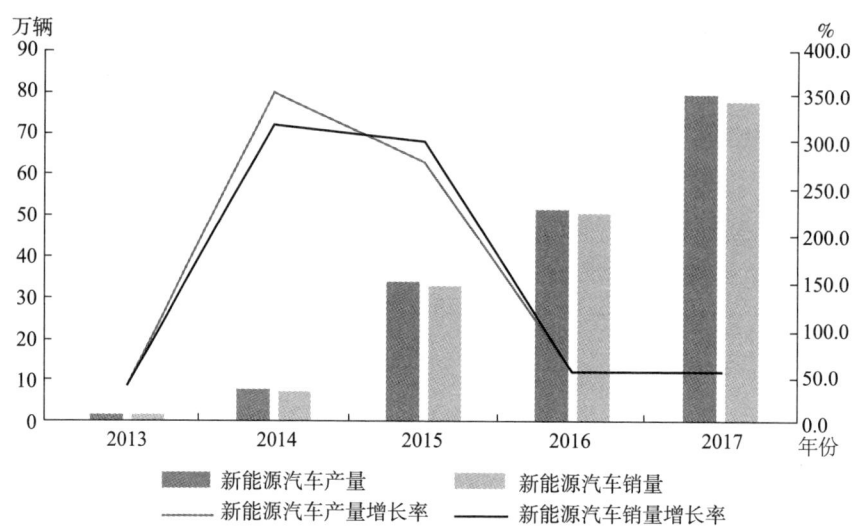

图4-3 2013—2017年我国新能源汽车产销量

数据来源:中国汽车工业协会官网。

表4-2 2017年国内前十强车型销量

畅销车型排名	车型名称	销量(万辆)	市场份额(%)
1	北汽新能源BC系列	7.81	10
2	知豆D2	4.23	5.44
3	宋DM1.5T	2.94	3.78
4	奇瑞EQ电动车	2.51	3.23
5	帝豪EV	2.32	2.99
6	江淮IEV	2.31	2.97
7	比亚迪e5	2.24	2.88
8	奔奔EV	2.1	2.70
9	比亚迪秦	1.97	2.54
10	荣威RX	1.95	2.51
	十大车型市场累计份额		39

数据来源:成都汽车产业研究院。

除了新能源汽车,中国汽车制造业也正走向智慧时代,逐步实现汽车和互联网的融合。市场观点认为，半个世纪以来，我国的汽车行业已经完成了由仿制到创造的转型，而车辆智能化是我国汽车行业能够实现大弯道超车的新机遇。车联网、人工智能和自动驾驶是智能互联汽车的三大技术，而自动驾驶正是三者融合的方向。自动驾驶已成为全球汽车企业未来最主要的发展趋势。我国政府部门在《节能与新能源汽车技术路线图》中，将发展智能与网联汽车技术视为我国车辆制造业实现重大科技突破的主攻方向之一，期待在 2020 年前后完成对自动驾驶汽车量产的最后冲刺，并夺取中国自主驾驶领先地位。几家头部企业也相继发布了智能汽车型号：比如美国外企特斯拉汽车于 2017 年 7 月将首次量产的 model3 交付，中国蔚来汽车于 2017 年发布了四款智慧汽车，与此同时，以传统汽车为代表的上汽集团将和中国互联网公司阿里巴巴共同打造互联网汽车市场，在硬件与软件领域展开战略联合，共同开发智慧车辆；北京汽车作为传统车企的代表则于 2017 年 1 月和百度公司达成了战略合作伙伴的框架协议，双方将在数字汽车信息服务、智能网联车辆、智慧驾驶技术等领域展开更广泛的战略合作。智能汽车的蓬勃发展，也倒推着行业政策法规的出台。2016 年 11 月，全国车辆标准化理事会制定的《智慧网联汽车行业标准体系建设方法》（第 1 版）确定了智慧网联汽车行业标准体系建设的目标和原则。2017 年，《国家车联网产业标准体系建设指南（智慧网联汽车）（2017 年）》中对智慧网联汽车技术标准体系构建情况作了详细说明。在智能网联汽车领域，一汽集团启动了智能网联"321"建设工程，推动智能网联汽车建设能力的提升。2018 年，百度公司和一汽集团达成了车载信息系统融合服务的战略合作协议，旨在为用户提供汽车内一站式服务，并在高度的自主驾驶方面进行技术合作，以促进人工智能、大数据分析，以及云计算技术在车辆整个产业链上的有效运用。

产业的调整升级，使得行业内车企需要持续不断地进行新业务的布局、传统业务的管理调整和投入研发合作的布局。这对一汽集团以及行业内企业的研发能力、风险管理能力、资金能力和资产管理能力都提出了较大的考验。

（3）跨界竞争与合作并存

2017 年，互联网企业腾讯公司宣布与富士共同投资的中国汽车市场初创企业 Future Mobility Corp 成立。项目投入 116 亿元人民币（折合 17 亿美元）以兴建高端的智能电动车制造厂房。互联网巨头具备智能汽车软件建设的能力，不断有互联网巨头加入汽车市场。面对激烈的市场竞争，一汽集团需要提升市场份额以应对未来的市场挑战。一方面，汽车智能化、大数据思维冲击着整个行业，促进企业不断调整长期发展目标和方向。企业必须不断地提高创新能力与研发能力，除了在技术上进行创新，还必须从机制、动力、观念思想、管理方式以及发展途径等方面实现创新能力的系统性构建，从而实现创新的闭环管理。另一方面，一汽集团的财务数字化转型具有较高的环境丰富性，具体表现在汽车产业的行业资金、科技密集度比较高，给企业数字化转型带来了较好的外部环境资源。

4.2.2 第一阶段的数字化转型动因（2018—2020年）

由于财务转型属于内部管理部门，其转型主要驱动于企业整体战略、业务经营方向，因此从服务于集团内部管理、业务发展的需要以及从战略适配性角度出发，第一阶段的财务转型主要有以下几个驱动因素。

（1）业务战略驱动

在当前汽车行业发展"新技术、新产业、新消费、新业态"的形势下，汽车制造商必须"重构服务、提升能力"。一汽集团于2018年发布的《战略愿景2025规划报告》指出，集团公司要围绕"打造世界一流的出行服务企业"的目标发展。新兴行业发展必须做到"乘数效应"，海外业务要全面发展，生态服务要达到国内一流水平。随着新业务的不断涌现，业务量日益增加，急需更为敏捷高效的财务管理能力来支撑发展，这是一汽集团企业财务管理数字化的主要业务推动力。一汽集团董事长在战略指示上明确提出集团公司要"推进企业财务管理数字化转型，建设企业财务管理信息共享中心"。

（2）内部管理驱动

一汽集团具有多个子公司以及跨区域经营的显著特点，其子公司数量众多，地点相对分散，管控难度较大。截至2017年末，一汽集团共有6家控股公司。公司出资的公司旗下全资控股公司有9家，5家全资控股企业，形成东部到华中，再到西南、华南的区域布局，遍及吉林、北京、江苏、上海、辽宁等各省份。投资子公司行业跨度较大，图4-4展示了一汽集团分行业投资情况，表4-3展现了一汽集团旗下重要子公司、合营公司的情况。各审计会计主体之间在信息系统、流程、会计准则、政策实施情况等方面都存在一定差距，因此财务监管难度很大。统一信息系统的建立，能够确保不同会计信息主体的数据统一、精确、可用性强。信息系统的快速动态报告，也有利于集团子公司实现直接监控，提高控制水平。集团精益管理与公司数字化变革，需要财务部门协助来获取更加精确与真实的数据。

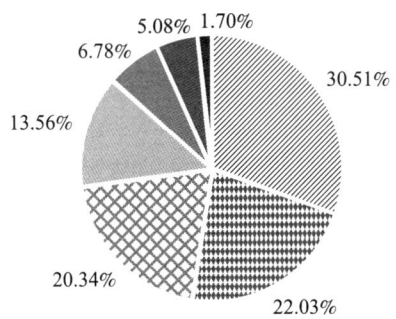

图4-4 一汽集团分行业投资情况

数据来源：根据中国第一汽车股份有限公司2016—2021年的年度债券报告整理。

表4-3 一汽集团子公司以及重要合营公司情况

序号	公司名称	成立日期	注册资本（万元）	持股比例（%）	注册地
1	长春一汽富晟集团有限公司	1985/6/19	7500	25	吉林
2	长春一汽富维汽车零部件股份有限公司	1993/6/28	8521	20	吉林
3	无锡泽根弹簧有限公司	1993/6/29	81.97（万美元）	60	江苏
4	一汽解放集团股份有限公司	1997/6/10	108150	66	吉林
5	长春一东离合器股份有限公司	1998/5/7	3866	39	吉林
6	长春汽车检测中心有限责任公司	1999/1/15	1000	100	吉林
7	一汽延边现通汽车有限责任公司	2000/6/28	3000	30	吉林
8	启明信息技术股份有限公司	2000/10/25	19885	49	吉林
9	长春一汽通信科技有限公司	2002/9/27	4236	49	吉林
10	一汽富华生态有限公司	2006/1/24	11000	100	吉林
11	一汽红旗（北京）特种产品展示及保障服务有限公司	2006/10/20	500	100	北京
12	一汽资产经营管理有限公司	2007/7/17	51000	100	吉林
13	长春一汽普雷特科技股份有限公司	2008/12/29	100	20	吉林

续表

序号	公司名称	成立日期	注册资本（万元）	持股比例（%）	注册地
14	吉林省汽车零部件研发中心有限公司	2010/4/12	300	30	吉林
15	中国第一汽车股份有限公司	2011/6/28	7800000	100	吉林
16	长春一汽汽车文化传播有限公司	2012/1/5	5000	100	吉林
17	一汽股权投资（天津）有限公司	2018/3/28	270000	100	天津
18	一汽出行科技有限公司	2018/7/25	500000	100	天津
19	一汽吉旅智行科技有限公司	2018/8/28	100000	50	吉林

数据来源：根据国家企业信用信息公示系统公布数据整理。

（3）数字化战略驱动

2018年，一汽集团明确提出以智能网联策略、企业经营管理工作数字化和新能源发展战略为核心，进一步提升企业全面价值链运营的发展策略。这表明新形势下，企业将破除固有思维，以创新求变，应对行业发展带来的新挑战。在路径上分两步实施，将2018—2020年作为战略调整转型期，将2021—2025年作为战略增长期。在公司数字化管理运营战略的大背景下，公司财务管理人员指出，财务拥有的大量财务数据信息能够为公司运营目标和经营绩效提供依据，因此财务在企业数字化过程中发挥了关键作用。在每一个信息化变革中，财务都是企业全面数字化的最好切入点。

4.2.3 第二阶段的数字化转型动因（2020—2021年）

（1）环境不确定性

2019年末，随着新冠疫情暴发，为加快推进数字科技全面渗入社会各个产业，数字化技术领先公司将获得先发的压倒性优势，从而带动企业数字化转型进一步加快升级。对企业而言，整个产业正在加快进行生产自动化、工业互联网建设。美国咨询公司埃森哲发布的《2021年中国企业数字转型指数研究报告》指出，数字化转型领军企业由于数字化基础设施比较完善，所以在疫情的打击和市场竞争压力下表现出了强大的韧性，能够将数字化优势逐步转变为财务优势，有效应对了环境不确定性的挑战。一汽集团在这一阶段的财务数字化转型的目标是实现不确定环境下的战略目标，提升财务的实时性和事前事中的控制能力，提高财务的敏捷性和对业务的高度支持能力。

(2) 数字化战略驱动

该阶段，一汽集团数字化转型的战略目标是将数字化转型作为"建设世界一流企业"的加速器，发布实施数字化总体战略，围绕"业务赋能、产品智能、生态智慧、数据增值"为客户创造极致体验的产品，聚焦于研发、制造、营销及管理四个方面，全面提升企业运营效率，推动财务在管理协同上的数字化转型，并制定财务的数字化转型战略，为了协同集团整体数字化转型，推动业务价值提升，在财务方面，一汽集团提出以"价值创造"为目标，以"体系化与数字化、业财融合、全面预算管理、全过程全域监控、管理决策分析"为关键，以前一阶段高效的财务管理体系和先进的财务信息系统为支撑加快财务转型的规划进程。

通过上述两个阶段的财务数字化转型的动因分析，可以发现环境的动态性是集团整体数字化转型战略的外部动因，财务作为集团管理协同的重要部分，需要进行相应的数字化转型。特别是在第二阶段，环境的不确定性的增强促进了集团整体数字化转型的进一步推进。为了支持业务价值的提升，促进财务数字化转型战略的进一步协同，一汽集团的财务数字化转型依托于企业的整体数字化战略，同时围绕业务价值的提升和内部管理的需要进行了财务数字化转型战略的协同，确立了财务转型的目标。

4.3 一汽集团财务数字化转型的过程及路径

本章接下来分析一汽集团财务数字化转型路径。在转型过程中，由于一汽集团在 2018 年和 2020 年先后开启了以财务共享中心建设为核心的第一轮变革和以财务智能化为核心的第二轮变革，因此对一汽集团的转型路径分析也基于两个阶段进行归纳，最后从组织变革理论中提炼企业财务数字化转型路径的启示。

4.3.1 第一阶段——财务共享中心建设

2018 年 3 月，一汽集团与中兴新云·财务云合作启动了财务共享服务的建设，正式开始了财务的数字化建设。中兴新云是一家中国财务数字化领域领先的管理咨询、信息技术及知识服务机构，曾为工信部、中国石油、招商银行、中信银行、中国旅游集团、中广核、中铁建、万科集团等 100 多家大型集团企业以及政府机构提供财务转型、财务共享服务及财务信息系统等整体解决方案,推动了财务数字化在中国的发展。

一汽集团的第一阶段转型以财务共享中心建设为核心,实现会计核算的标准化、业务流程的线上化、财务档案的电子化,基于财务职能的重构,推动财务组织转型。在实施上,财务共享中心分阶段建设,从2018年启动财务共享中心的项目以来,财务共享中心建设从试点公司逐步扩展,同时开拓新的业务单元,其建设路径可分为以下四个阶段:

(1)总部试点期。集团总部采取了在部分单位试点开展各项活动的方式,既减少了试运行的人力投入,又保障了试运行活动的完整性。试点期间分阶段开展:首先从集团总部的职能部门和主要业务模块(整车活动)开始,然后逐步向其他业务延伸。这种方式能够稳步支撑财务共享中心的业务适用性,通过不断优化,实现更高效、更优质的财务服务。

(2)全面建设优化期。通过各下属单位全面实现共享财务服务中心建设,部分单位自主建设共享中心,对已建成的共享服务中心进行优化实施。

(3)自主单元的整合期。推动自建单位的财务共享服务中心整合,成为集团总部的财务共享服务中心下属运营分中心。

(4)合营单位的整合期。通过整合合资单位的共享财务服务中心,最终建立统一的全球共享财务服务中心。

在建设的总体思路上,财务共享中心的建设主要从业务流程、信息系统、财务组织、财务职能四个层面发力。建设过程如下:

(1)业务流程标准化

首先是对公司业务流程的梳理。由于集团内业务类型众多,各业务业态规模不同,各公司的管理要求和程序不统一,同一公司的处理和核算方法也不同。因此,在业务流程梳理过程中,按照"求同存异"的原则,对同类型的业务流程进行归并优化,对差异化的业务场景进行逐一梳理优化,力求财务共享中心效率的设计稳定、规范。在建设过程中将所有标准财务核算业务纳入财务共享中心,这些标准化业务包括费用报销、采购到付款核算、订单到收款核算、投资到资产核算、总账到报表核算、薪酬核算、税金核算、会计档案管理、资金结算等核心财务交易处理业务。

其次是实现流程自动化。以员工差旅费报销线上化建设为例,员工报销时,只需要在系统中提交费用报销单,然后关联商旅订单填写相关信息,提交单据后,系统将自动生成报销单封面,员工再打印封面并将发票等附件资料粘贴装订后交至财务共享中心，由领导线上审批，然后交由财务无实物影像审核。审核通过后，报账系统就会自动对接到核算系统生成会计凭证，将支付指令同步到资金系统，最后通过银企互联无缝对接银行，完成支付。

（2）完善信息系统架构

财务共享中心的建设需要财务信息系统的有效支撑。通过打通业务信息系统和财务信息系统之间的"信息孤岛"，为财务数据化提供信息系统支撑，实现数据的单点录入、全程共享。日常运营中生成的各类经济数据以一定的规则形成数据仓库，实现了业务端的信息积累和集成，并最终汇集到财务系统，在建设过程中不断将信息系统融合到管理业务当中。

一汽集团的财务共享中心信息系统框架，按财务核算的主要职能，可划分为业财连接、会计核算、发票税务、资金管理以及共享核心五大模块。

业财连接模块用于采集员工报销、供应商采购、客户销售、资产采购、人力薪酬等业务活动数据，并将相关数据传输至报账系统，包括资产管理系统、采购管理系统、差旅系统和人力资源系统等。业务与财务对接模块用来采集员工报销、供应商采购、客户销售、资产采购、人力薪酬等业务活动数据，将相关数据传输至报账系统，涵盖了差旅系统、采购管理系统、资产管理系统、人力资源系统等。

会计核算模块用于对接报账系统，实现自动进行账务处理，保障财务数据的准确，为财务数据提供支撑。

发票税务模块实现了发票的全生命周期管理，包括进项发票的查重、验真和发票认证，从而为纳税申报、税收筹划、税务分析、风险预警等提供数据支撑。

资金管理模块通过银企直联达到资金的不落地收付管理，附加了票据管理、筹融资管理、资金调拨管理、资金计划等功能，进一步提升资金管控水平和使用效率。

共享核心模块是财务共享中心的统一作业平台，用于规范财务共享中心的业务运作和流程，提高基础财务交易的运行效率，主要包括共享运营系统、报账系统、电子影像以及电子档案系统等。

通过实现业财系统的有机连接，提升了集团数据效率。财务信息系统的不断优化和完善也为各财务职能提供了有力的工具，从而提高了财务作业效率和管控水平。

(3) 财务组织重塑

从整个财务组织来看，共享建成前，集团总部及一期上线单位的财务人员既要从事统计管理、税收筹划、资金管理等管理类财务工作，也要从事发票认证、财务核算、报表出具等基础类财务工作。专业化分工使财务组织结构得以优化。以集团总部财务管理部门为例，共享建成前，内部基础交易人员占比高达42%，共享建成后，这一比例缩小至27%。这加快了基础财务向业务财务、专业化财务的转型，也推动着财务管理体系的重构。

财务管理体系重构是为了实现财务专业化分工。通过将原本分散的、网状的财务职能进行重新界定以及合理切割，建立一套分工明确、框架完整的财经管理体系，搭建"高效、实时、创新"的大财务管理体系，强化业财融合。一汽集团打造了以交易处理为主的财务共享服务、全价值链财务管理支持的业务财务、集团总部层面控制管理的战略财务的分工格局。

(4) 财务职能架构

财务管理体系转型后，一汽集团的财务职能架构划分为战略财务、业务财务和共享服务中心三大板块，图4-5展示了财务数字化转型后的财务职能架构。

战略财务主要参与公司战略的制定与推进，将集团的战略意图和管理需求转化为详细的资源分配机制、绩效考核机制以及内控管理机制等方面，同时将业务财务和财务共享服务提供的信息转化为公司经营上的信息，从而支持战略决策的落地。战略财务的职能范围主要包括投资财务管理、资产管理、预算管理、税务管理、资金管理等内容。

业务财务主要是深度参与价值链各个环节。一方面，业务财务将公司战略向执行层推进、落实；另一方面，将执行层提供的财务数据转变为有效的财务信息，及时传递给战略财务。业务财务的职能主要包括预算编制与控制、资金计划管理、成本费用监控等内容。

共享服务中心则专注于财务核算，根据战略财务和业务财务制定的制度和规则，对全部核算主体业务进行统一的交易处理，并提供财务数据。其职能包括政策与规则制定、单体报表出具、资金结算、工会核算、会计核算等内容。财务共享中心内部岗位和人员也遵循专业分工原则，按照业务流程和专业职责分为业务交易和运营管理两个序列。业务交易岗位具体从事财务共享中心内的各项财务交易活动，包括总账汇总组、材料费用组、销售成本组、资金结算记录组；运营管理职位负责内部运营管理和能力提升，并提供外部咨询服务和外部会计培训。

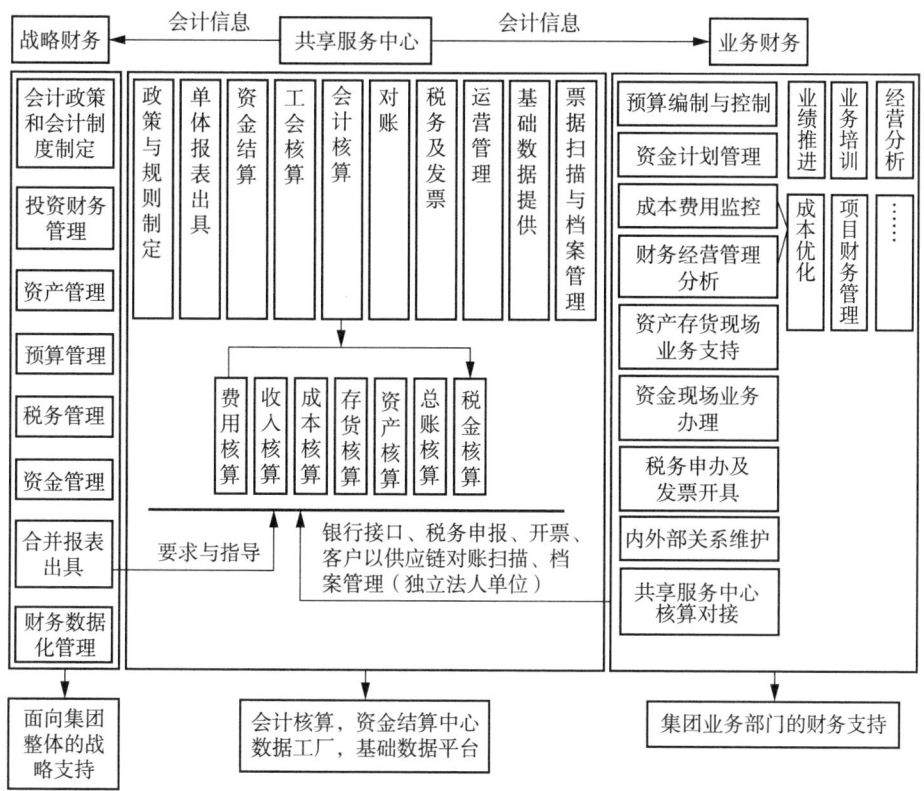

图4-5 转型后的财务职能架构

资料来源：《国资报告：央企财务变革进行时》，2020年6月。

4.3.2 第二阶段——财务智能化建设

第二阶段是财务智能化建设。2020年一汽集团为实施智能财务数字化建设，成立智慧财务工作组，全面开展智慧财务流程建设以及全过程变革。在该阶段，一汽集团提出以"价值创造"为目标，以"体系化与数字化、业财融合、全面预算管理、全过程全域监控、管理决策分析"为关键，以前一阶段高效的财务管理体系和先进的财务信息系统为支撑加快财务转型，体系数字化部和财务部将协同集团公司各相关部门，成立智慧财务工作组，全力开展智慧财务流程建设、智慧财务控制系统工程建设及全过程变革管理，快速推进基于业务价值提升的财务数字化转型工作，从而整合资源、提高生产效率、促进经济转型，推进集团公司战略落地和目标实现。

该阶段的目标是实现实时财务，通过财务技术、工作方式的改变让公司决策层根据实时的财务数据进行决策。将财务的职能从"后视镜"转变为"仪表盘"，进而转变为"导航仪"，即从对历史财务信息的记录和披露，转变为对信息现状的展示，以及对管理决策的指引，从而发挥财务在管理决策过程中的作用。

在这一阶段，集团的体系数字化部与财务部从管理行为数字化、业务架构资产数字化、数据治理三个方面，制订了数字化转型计划；在体系建设上，与技术和业务上的数字化转型工作同步，持续推进财务数字化转型工作。

首先，以价值创造为目标，围绕以业务为核心的主价值链，财务部与体系数字化部协同工作，对标先进财务体系，对财务全域进行企业架构梳理，提出领域愿景及构建业务全景，打造"135+N"的统一财务数智平台的愿景和财务数字化转型思路，通过价值层的梳理，划分了集团八大业务板块33条价值流，将目光聚焦在"九新"业务领域。从基础作业层、管控作战层、决策赋能层三个层面，实现业务与财务互联、运营与管控互联、管控与决策互联的财务会计、管理会计、决策支持三个层次的数字化体系。在平台数字化建设上，通过完整设计、迭代开发，构建集团财务数字化"五统一"平台，即统一数据监控平台、统一财务管控平台、统一业财融合平台、统一账务平台、统一财务数据中台，图4-6展示了一汽集团的统一财务平台。

在开展统一平台的建设上运用了构建数据中台的思路，数据中台最初来源于数字原生企业阿里巴巴的数字化实践。数据中台通过打通集团横纵业财数据链路，将传统的ERP升级改造，从以资源计划为中心转变为面向员工"极致体验、敏捷高效"、面向管理"实时分析、智能决策"、面向业务"稳定高效、业财融合"的运营中台化管理体系，从而实现大幅提升工作效率，以数据驱动业务模式的变革和创新。

其次是智能化技术的运用。在技术运用和创新方面，打造敏捷开发及工具链支撑，提供云原生的微服务框架、中台化技术支撑，引入大数据、人工智能技术组件。通过构建大规模数据计算研发模式，基于新平台和云数据库，通过多线程、分布式数据库技术应用，构建N个智能数字化场景，大幅提升业财端的工作效率，提高自动化和智能化水平。

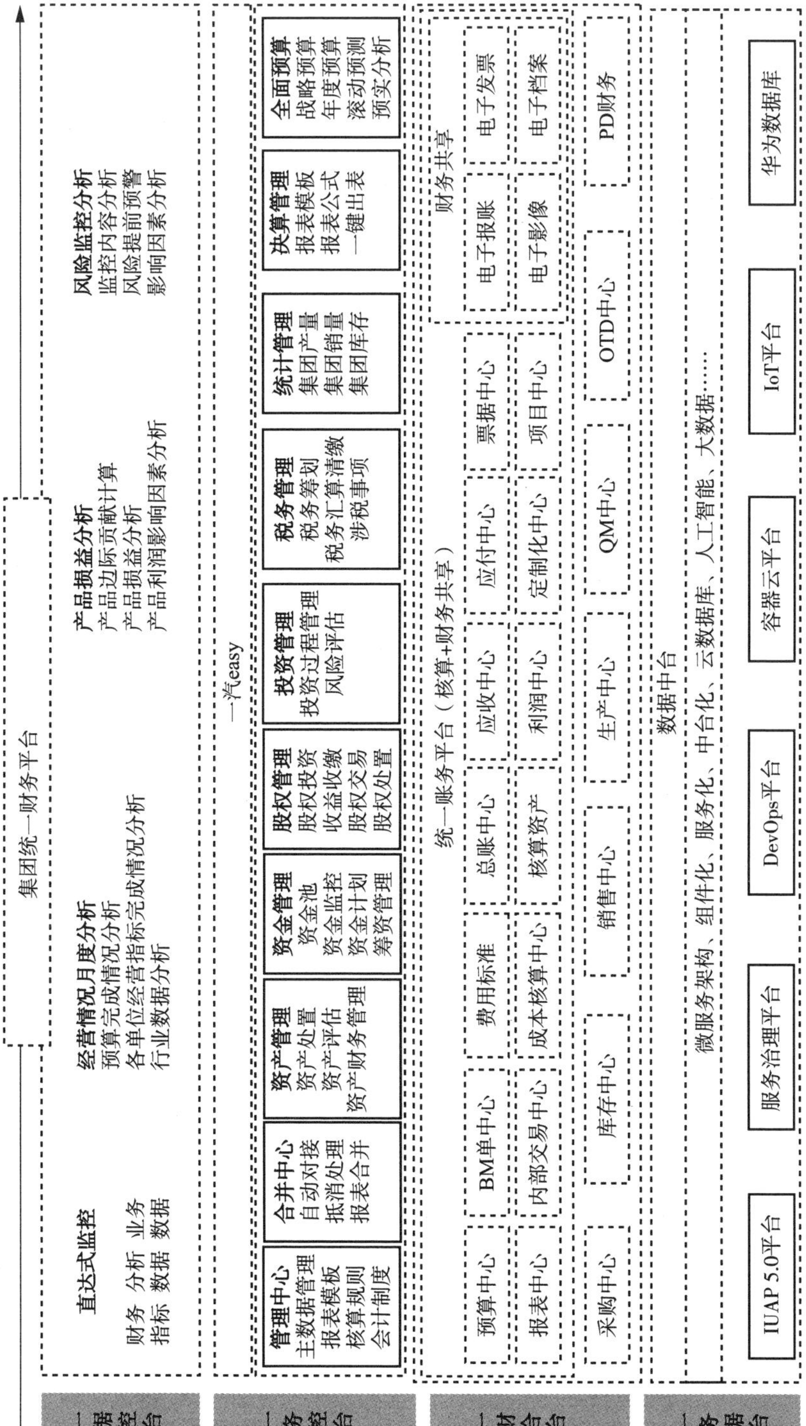

第4章 一汽集团财务数字化转型案例研究

图 4-6 一汽集团统一财务平台

资料来源：根据中国一汽集团官方微信平台"悦读一汽"数据整理。

在配套机制上，一汽集团需要打造数字化转型的软环境，变革已有的组织、文化、人才管理模式。以一汽财务公司的举措为例：组织机制方面，打通部门边界壁垒，以项目管理的方式，组建敏捷团队，并配套对应的绩效管理机制，将数字化落地成果产出收益直接与科技研发团队挂钩，不断激发科技人员的活力；文化建设方面，构建全员范围内的数字文化，深入理解"迭代、试错、开放、敏捷"的深层含义和核心逻辑，推动全员的创新思维和跨界思维能力的提升；人才管理方面，提高数字化人才比例，外招领军人才，内育项目经理，业务与技术相融合，将数字化人才和复合型人才的引入和培养，作为公司人力资源体系的核心工作。

4.3.3 转型路径分析

在转变途径上，从新资源获得的视角，一汽集团主要通过和外界数字化产业进行协同以获得企业财务数字化转型的总体解决方案，把新技术运用在企业信息系统的建设上。这使得企业能够在外部数字化行业的帮助下，实现根据自身行业、管理需求的财务数字化的解决方案，降低了试错成本，提高了财务数字化转型的成功率。利用外部资源提升数字化能力和新技术的建设，在打通企业的业务流程和体系的建设中，公司根据自己的业绩和管理成功经验，通过采取体制改革、人才管理等举措开展了财务管理组织方面的探索性培训，从而增强了公司财务管理团队对变化环境的适应能力，实现了财务数字化转型的目标。第二阶段的财务数字化转型是在第一阶段财务数字化转型的基础上，实现了新一轮"利用式+探索型"的财务数字化转型，从而满足内部管理的需要，推动财务数字化转型的不断持续深入。

4.4 一汽集团财务数字化转型后果分析

4.4.1 组织效率分析

（1）财务效率提升

随着企业财务共享中心上线推广的进度不断加快，企业财务共享中心的建设将有助于企业财务部尽快完成内部管理人效提升及运营效率提升。根据企业统计，在财务共享中心建成后，以子公司一汽有限公司为例，在红旗品牌加盟总公司后，财务的核算量由 2018 年的 10.3 万单提高到 2019 年的 13.6 万单，同比业务处理量增长了 32%。与此同时，工作时限也从 7 日缩短至 4 日左右，整体工作效率也提升了 40%。随着共享中心体系变得越来越稳定与完善，集团预计的处理时间也将进一步缩短。

（2）业务支持能力提高

财务管理流程的优化，也增加了对财务管理专业的分工。通过将业务财务和战略财务管理中的交易管理功能剥离至财务共享中，就可以将企业财务人员从最基础复杂的财务会计核算工作中解放出来，进而促使企业财务管理系统实现向业务财务和战略财务之间的有效过渡。而且，还可以借助与财务共享中心的集成信息这一功能，进行跨部门协作与部门间的合作，更为重视业务财务职能的充分发挥，进而加强业务与财务的融合，为促进财务系统由核算会计向经营管理决策过渡打下了扎实的基础。

（3）服务质量提升

更广泛的经营与财务的整合，使公司能够共同为客户、销售商与员工带来优质的财务服务，进而大大提高了业务流程工作效率，从而达到信息管理的透明化，降低了培训成本和沟通成本。以企业对国内采购的核算过程为例，在财务共享中心成立以前，结算流程的内部和外部之间不能直接联系，供应商没办法跟上财务核算的进度，而财务部门工作人员也无法完成信息验收。但在财务数据共享中心上线后，将财务数据通过共享的社交服务平台和供应商门户相连接，就可以对结算单据的多维信息进行检索。供应商可掌握即时结算进度，而财务审核员更可使用系统自动匹配订单信息，推动核算工作效率提升了大约 20%。

4.4.2 财务绩效分析

由于国有汽车企业集团在早期受政策扶持力度大，拥有强劲的合资品牌，具有较强的品牌车实力，在市场份额上也位居前位，具有市场的先发优势。在国有汽车集团中，一汽集团、上海汽车集团、长安汽车集团和东风汽车集团为中国四大汽车集团，因此该部分以四大国有汽车生产集团的销售业绩进行对比。

从同行业资产总额来看，上海汽车集团的资产总额最高，2018 年上海汽车集团的资产规模约为一汽集团的 1.7 倍，而到了 2020 年为一汽集团的 1.88 倍，集团间资产规模差距在拉大。但从同行业销量来看，一汽集团却呈现出较强的竞争力,集团销量在2018—2020年呈现上升趋势,从2018年的342万辆上升到2020年的371万辆。上海汽车集团的销售量虽然在2018—2020年位列第一,但是却呈现逐年下降的趋势,图4-7为同行业资产总额情况,图4-8为同行业整车销售情况。

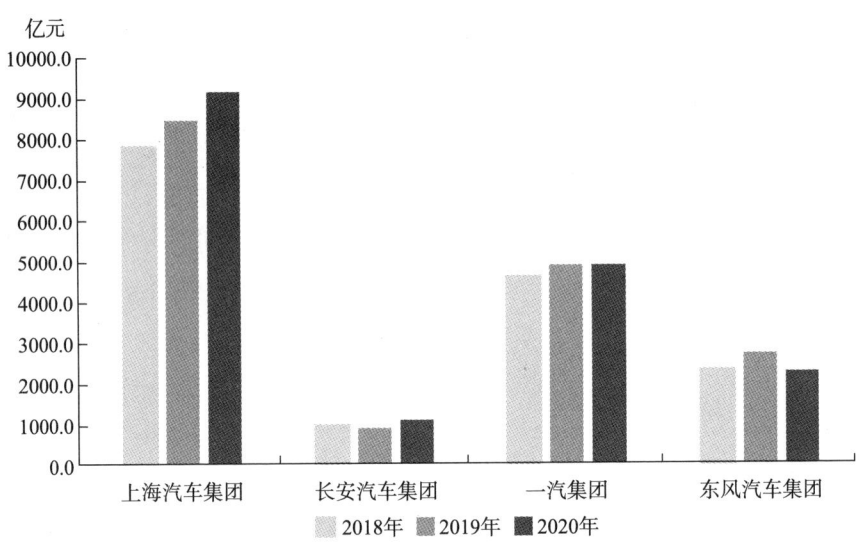

图4-7 四大国有汽车集团的资产规模

资料来源:上海汽车集团年报、长安汽车集团年报、一汽集团官网数据、东风汽车集团官网数据。

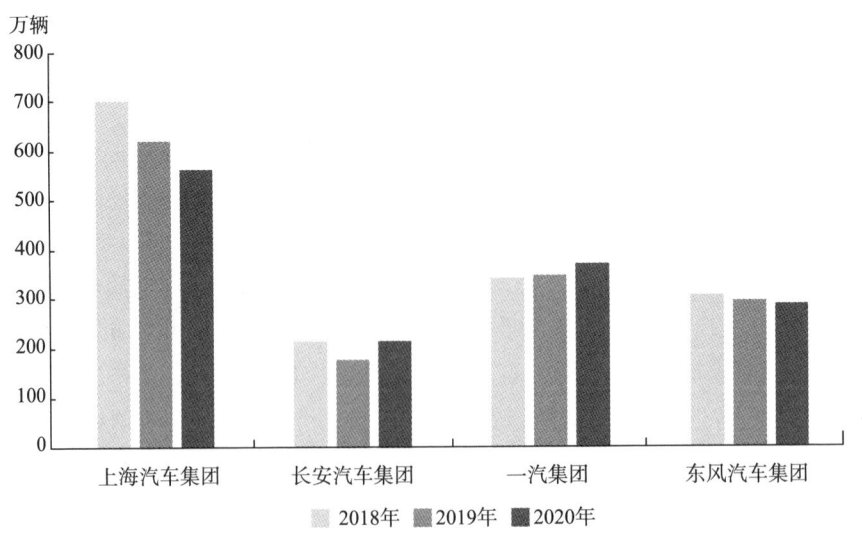

图4-8 四大国有汽车集团的销量

资料来源:上海汽车集团年报、长安汽车集团年报、一汽集团官网数据、东风汽车集团官网数据。

从营业收入来看，虽然上海汽车集团的资产规模约为一汽集团的1.9倍，但两者的收入差距却在缩小，2018年上海汽车集团收入是一汽集团的1.5倍左右，到2020年已经缩小到1.19倍。2020年一汽集团也是中国汽车行业唯一的一家实现销售、总收入和盈利均稳步增长的特大型轿车生产集团。可以看出，一汽集团通过转型拥有了较高的销售成长性，图4-9、图4-10分别展示了2018—2020年同行业营业收入和利润总额情况。

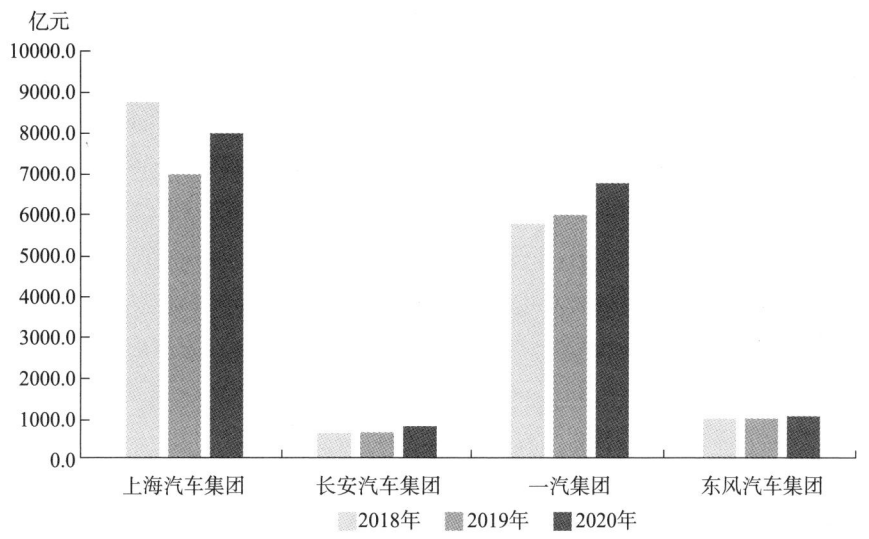

图4-9 四大国有汽车集团营业收入

数据来源：上海汽车集团年报、长安汽车集团年报、一汽集团官网数据、东风汽车集团官网数据。

从一汽集团的费用管控情况（见图4-11）来看，2018—2019年管理费用和销售费用有小幅度的上升，财务费用一直维持负的状况，从期间费用率看，一汽集团的期间费用率有一定程度的下降，说明集团费用管控较为有力。

从集团披露的经营性财务指标（见表4-4）来看，2018—2020年集团营业毛利率呈现一定的下降趋势，这与市场景气度下降、市场竞争更为激烈有关，但总体下降幅度不大。存货周转率在疫情比较严重的2019年、2020年均维持在9%及以上，甚至超过了2016年、2017年，表明存货的资金周转状况良好，同期应付账款的周转率亦出现较明显的上升态势。

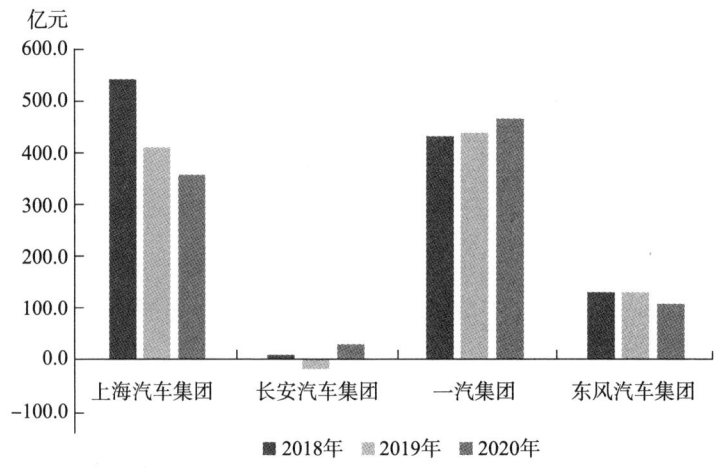

图 4-10 四大国有汽车集团利润总额

数据来源：上海汽车集团年报、长安汽车集团年报、一汽集团官网数据、东风汽车集团官网数据。

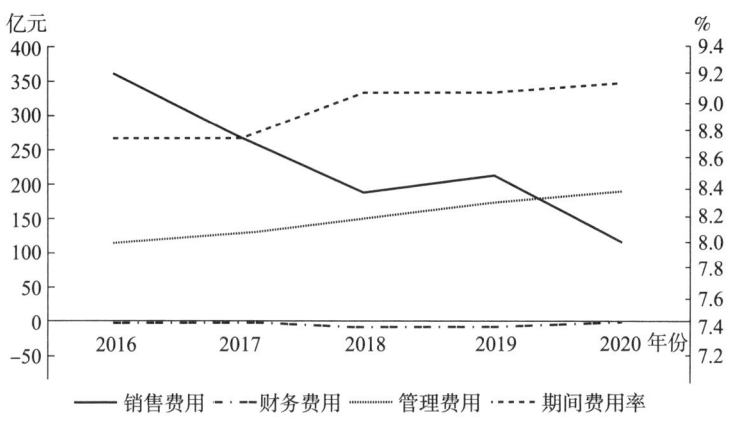

图 4-11 2016—2020 年一汽集团费用管控情况

数据来源：根据中国第一汽车股份有限公司 2016—2020 年的年度债券报告整理。

表 4-4 一汽集团经营性财务指标（2016—2020 年）

单位：%

	2016 年	2017 年	2018 年	2019 年	2020 年
营业毛利率	23	21	19	18	17
存货周转率	8.7	8.5	9.6	9.0	9.3
应收账款周转率	146.8	150.6	199.6	209.7	216.8

数据来源：根据中国第一汽车股份有限公司 2016—2020 年的年度债券报告整理。

在创新产出方面，从一汽集团年度新增研发支出（见图 4-12）来看（包括研发费用和开发支出），一汽集团的研发投入呈逐年上升趋势，2016—2020年分别为88亿元、99亿元、123亿元、129亿元、152亿元。从研发成果产出来看，一汽集团新增专利数自2018年以来呈逐年递增的趋势，2018年新增专利数较少，可能是由于研发从投入到产出需要一定的时间和过程，2019年与2020年新增专利数分别为2067项、2079项，达到了顶峰，实现了巨幅增长。

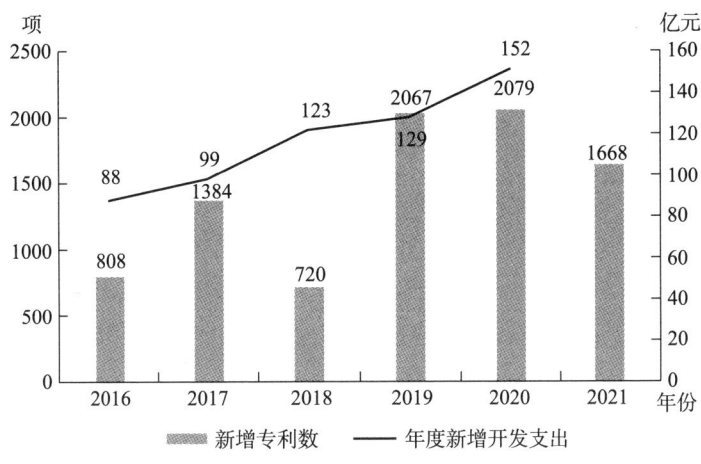

图4-12 一汽集团研发情况

数据来源：国家知识产权局网站、中国第一汽车股份有限公司债券报告。

以上数据分析表明，在财务数字化和公司整体数字化转型时期，一汽集团的财务绩效在同行业公司中体现较好，同时公司也体现了良好的成本费用控制，并且因为公司应收账款和库存资金周转情况较好，使得公司的经营期限变短，资金利用效率也进一步提高，在研发投资比例不断上升的情形下，公司专利产出也大幅度增长，展现了良好的发展势头。

4.5 研究结论与启示

本章基于一汽集团的财务数字化转型的案例，分析了财务数字化转型的动因、路径和后果。根据案例分析发现，在企业财务管理数字化转型不断推进的过程中，企业财务管理数字化持续转型主要取决于企业全面数字化转变的大背景，属于企业管理数字化变革。在转型特点上，案例企业实施了连续财务数字化转型，主要分为第一阶段财务共享从无到有的建设和第二阶段财务智能化转型，体现了财务数字化转型发展演进的过程。

在财务数字化转型动因方面，环境的动态性是案例企业持续进行财务数字化转变最主要的外部动机，而环境丰富性体现为公司所在的产业资本与科技密集度较高，因此具备较丰富的转型资源，为转型成功创造了一定的条件优势。业务动因和管理视角要求公司的财务管理形成更加灵活的机制，这是公司实现财务管理数字化转变的关键内在动机。

在财务数字化转型路径方面，一汽集团有着比较明显的组织学习的过程特点，在利用型学习上，一方面依赖与外部数字化行业的合作，以提升企业数字化能力和技术体系的建设；另一方面在打通企业的业务流程和体系建设中，企业根据自身的行业特点和经验，开展了探索型学习，把企业财务转型战略和自身行业发展规划融为一体，形成了适合企业的数字化落地方法，并采用机制改革、人才管理等新举措开展了探索性学习、打造了财务数字化转型的软环境，在此基础上展开了新一轮"利用型+探索式"的企业财务数字化转型，满足内部管理的需要，推动财务数字化转型的不断持续深入。

在财务数字化转型的经济效果方面，通过对第一阶段财务管理的共享中心构建，完成了与数据中心的整合，有效地推进了公司业务型财务的形成，进一步带动了业财融合发展，为公司财务管理数字化打下了良好的基础，同时实现了财务效率提升、业务支持能力提高、服务质量提升，使集团汽车销量连年增长，营业周期缩短，研发产出能力提升，拥有了较强的费用管控能力。

通过对一汽集团的财务数字化转型的研究，获得如下研究启示：

（1）财务数字化转型应当与集团整体数字化战略进行协同。数字化转型是"一把手"工程，数字化转型是否具备战略高度、是否从最高层由上而下推行是转型成功的关键。这主要是由于转型过程中会有较大的组织惯性，具有阻碍因素，只有从战略的高度并配备强有力的保障，才能实现数字化能力从无到有、从基础到高阶的长期发展演变，最终实现转型的既有目标。

（2）以信息系统的升级和构建为核心，打造强大的底层数据能力。从一汽集团财务数字化转型的两阶段来看，通过数字技术打造强有力的信息系统，满足业务和财务融通的需求，实现财务流程的标准化、自动化，是数字化转型过程中最需要提升的能力，为财务价值和职能进一步转变奠定了坚实的技术基础。

（3）组织、体系、文化、人才需要进一步协同。在转型过程中，由于数字化转型带来对信息化工具的利用和重视，同时要求数据导向思维和业务导向思维，这些都需要组织、文化、人才、体系的进一步协同和变革，以及提高对利益相关者的服务水平，而且加强协同才能使转型的价值发挥到极致。

（4）有条件地分步实施财务数字化战略。企业可通过在不同阶段设定不同的财务转型目标，比如在前一阶段通过数据和信息系统等基础能力建设实现财务的流程化、自动化，打造财务共享中心，然后以此为基础进入下一阶段的财务数字化转型，从而实现转型能力的跨越式发展。

（5）持续提升组织学习能力，通过"利用式+探索型"学习实现向财务数字化转型的组织学习。在转型过程中注重利用新一代信息技术，实现财务流程的改造，从而使得财务传统职能的转变更加高效，实现快速的流程改善。但随着信息化系统的不断构建，其间还需要组织自身利用现有技术不断在新的场景中进一步运用和融合，改善组织以及管理方法，创新并完善已有的管理体系，不断地提高财务数字化与自身财务管理需求的融合水平，实现财务价值的创造。

第5章
数字化转型与企业绿色创新

5.1 引言

在我国经济持续快速增长的同时，生态资源约束和环境污染问题也日益突出，加快转变经济发展方式、推动产业结构优化升级刻不容缓。2020年9月，习近平主席在第75届联合国大会一般性辩论上发表重要讲话，明确提出我国将采取更加有力的政策和措施，二氧化碳排放力争于2030年前达到峰值，努力争取2060年前实现碳中和。这一重大宣示意味着我国将全力推动经济社会发展全面绿色转型，坚定不移地走绿色、低碳、循环、可持续发展之路。为实现经济发展与环境保护的和谐共进，近年来国家大力倡导绿色创新战略，将绿色创新作为解决环境问题的根本之策。制造业是我国国民经济发展的重要支柱，也是经济运行中的主要能源消耗者和承担碳减排重任的主力军，因此加快推动制造业企业绿色创新对于实现经济结构转型意义重大。不同于传统科技创新，绿色创新强调经济效益、社会效益和生态效益的协调统一，具有更高的不确定性和风险。如何有效推动企业绿色创新成为新时代亟待解决的核心议题。

随着数字经济的蓬勃发展，信息技术与实体产业加速融合，人工智能、区块链、云计算、大数据等新一代数字科技的创新突破及其对制造业的持续渗透，推动制造业在价值创造流程各环节发生深刻变革。2021年国务院印发《2030年前碳达峰行动方案》，要求深入实施绿色制造工程、大力推行绿色设计、完善绿色制造体系，进一步明确了推进工业领域数字化、智能化、绿色化融合发展的重要意义。根据《中国数字经济发展白皮书（2021年）》，2020年我国产业数字化规模已达31.7万亿元，占数字经济比重为80.9%，占GDP比重为31.2%，数字化转型已成为产业优化升级的新引擎。数字科技赋能企业转型升级，通过数据高效流动整合信息与资源，推动企业生产方式、管理流程和组织结构实现根本性变革，在优化企业信息环境（罗进辉等，2021）、促进专业化分工（袁淳等，2021）、改善公司治理（祁怀锦等，2020）等方面发挥了积极作用，为企业实现高质量发展提供了强大动能（赵宸宇等，2021；黄大禹等，2021）。不仅如此，数字技术在碳减排中也发挥着关键作用。根据世界经济论坛数据，到2030年各行业受益于信息通信技术（ICT）所减少的碳排放量将达121亿吨。由此可见，数字技术已然成为引领企业绿色制造的新兴红利。可以说，在推动绿色创新、实现绿色发展的进程中，既需要数字科技的直接支撑，也离不开企业在研发、生产、销售以及商业模式等方面的全面重构和全新变革。然而，从现有文献来看，很少有研究将数字化转型与绿色创新纳入同一框架进行深入探讨。那么，作为经济发展的新动能，数字化转型是否有助于提升企业绿色创新产出？如果是，其影响机制又如何？对上述问题的探讨不仅能够为我国大力发展数字经济奠定丰富的理论基础，也可以为有效推进绿色创新战略提供重要的政策启示。

基于上述分析，本章选取2015—2019年沪深A股制造业上市公司为研究对象，实证检验数字化转型这一经济发展新动能对企业绿色创新的影响。本章的边际贡献主要在于：第一，从绿色创新视角拓展了企业数字化转型的经济后果研究。已有研究着重考察了数字化转型对企业绩效、股票流动性、盈余管理以及公司治理水平等的影响（祁怀锦等，2020；赵宸宇等，2021；罗进辉等，2021），而直接探讨数字化转型与绿色创新关系的文献并不多见。本章的研究发现，数字化转型通过缓解企业融资约束、降低管理层的委托代理成本、激发企业的增长潜能，进而显著提升了企业绿色创新水平，为推动数字化发展的必要性和紧迫性提供了新的经验证据。第二，从数字化转型的角度丰富了企业绿色创新驱动因素的研究。现有文献主要从组织外部压力和内部特征等角度探讨企业绿色创新的影响因素（齐绍洲等，2018），鲜有关注微观企业数字化转型这一经济发展的关键性战略对绿色创新的影响。因此，本书是对绿色创新影响因素文献的有益补充。第三，研究结论为政府制定和实施绿色创新战略提供了重要的理论依据和决策参考。习近平总书记在全国生态环境保护大会上强调，要"深化人工智能等数字技术应用，构建美丽中国数字化治理体系，建设绿色智慧的数字生态文明"。本章的研究表明，数字化转型能够赋能企业绿色发展，数字技术在提高生态环境数字化治理能力、推动绿色低碳转型发展等方面发挥了重要作用。因此，推进企业数字化变革，不仅能够提升自身生产经营效率，也能够助力生态文明建设。

5.2 文献综述

5.2.1 数字化转型的经济后果

数字化转型可以理解为"新兴数字科技+实体企业"，是指企业利用信息、计算、沟通和连接技术的组合，通过提升信息处理和流通效率，促进新旧资源与能力的内部集成和外部拓展，实现生产流程、业务活动和商业模式的转变，进而激发创新潜能、帮助企业节约交易成本并获取更多价值的系统化过程（Gilch et al.，2021；李琦等，2021）。目前，有关数字化转型的微观经济后果研究主要聚焦于其对企业经济绩效和公司治理方面的影响，但结论上存在一定分歧。

在企业经营和绩效层面，数字化转型既可能通过提高资源配置和整合效率改善企业经营，提升绩效水平，也可能因部分企业缺乏相应的技术配套设施而对企业绩效无显著影响，甚至起到负面作用。一方面，数字化转型通过促进数据要素的高效流动，增强了企业的创新能力、应对冲击能力以及可持续发展能力，进而有助于企业实现快速成长和价值提升（易露霞等，2021；倪克金等，2021；黄大禹等，2021）。同时，数字化转型也有助于提高信息透明度，缓解内部信息不对称，减少委托代理问题，从而显著增强企业的外部融资能力（高雨辰等，2021）。此外，还有一些研究表明，企业数字化转型能够有效提升专业化分工水平，且主要是通过降低企业面临的外部交易成本实现的（袁淳等，2021）；数字化转型显著提高了企业全要素生产率，是数字经济时代提升制造业企业生产效率的强劲驱动力（赵宸宇等，2021）；数字化扮演着"经济资源"的角色，提高了企业持有现金的交易动机和预防动机（谭志东等，2022）。另一方面，企业在推动数字化发展的过程中，除了要投入大量的资金外，还需对现有的业务流程、产品体系、管理架构等进行深度重构，因此数字化转型并非易事（Li et al.，2018）。有研究指出，企业组织结构与数字化转型技术架构的不匹配会引发管理失调，进而阻碍数字化转型积极效应的发挥，甚至还可能导致企业绩效降低（余江等，2017；周青等，2020）。Hajli 等（2015）研究发现，数字化发展只能提高对信息技术高度依赖的行业的运营绩效，而对传统行业的绩效没有明显的促进效应。

在公司治理层面，对于数字化转型的经济后果，存在两种截然相反的观点。"促进观"认为，数字化运营有助于提升公司资源运营效率和信息透明度，降低真实盈余管理（罗进辉等，2021），通过降低信息不对称和管理者行为的非理性程度显著提高公司治理水平（祁怀锦等，2020）。张永珅等（2021）研究发现，数字化水平越高，审计风险越小、审计成本越低，企业财务报告审计收费越低。此外，吴非等（2021）研究发现，企业数字化转型通过缓解信息不对称并强化市场的正面预期、优化企业创新的投入产出状况，以及增加企业价值和财务稳定性等渠道显著提升了企业的股票流动性，即数字化转型有助于改善企业在资本市场中的表现。而"抑制观"则从商业模式角度切入，认为数字技术赋能商业模式创新会增强企业经营业务的复杂性，从而间接加剧企业信息不对称，恶化股东和管理者之间的代理冲突（李荣等，2020）。

5.2.2 绿色创新的影响因素

绿色创新是指与绿色产品或工艺相关的硬件或软件创新，包括节能污染防治、废物回收利用、绿色产品设计或企业环境管理等方面的技术创新活动（Chen et al., 2006）。就影响企业绿色创新的外部因素而言，政策和环境规制是多数学者关注的焦点。

（1）宏观政策方面。已有研究表明，排污权交易试点政策增加了污染行业内公司的绿色创新活动（齐绍洲等，2018），低碳试点城市政策显著提升了高碳排放企业的绿色技术创新水平（熊广勤等，2020），绿色信贷政策对绿色创新亦起到了促进作用（王馨等，2021）。

（2）环境规制方面。相关研究发现，环境税显著地促进了企业绿色创新（于连超等，2019），而排污收费则对企业绿色发明成果产出存在"倒逼"效应（李青原等，2020）。此外，政府与企业之间的联系也被证实与绿色创新密切相关，比如政治关联、环保约谈、中央环保督察等均有助于提高企业绿色创新水平（李杰等，2020；于芝麦，2021；李依，2021）。还有一些研究从企业内部因素出发，发现高管异质性诸如海外经历、高管长期导向可以促进企业绿色创新（康丽群等，2021；Quan et al., 2023）。

总体来看，有关企业绿色创新影响因素的研究日渐丰富，但基于数字化转型视角的探讨并不多见。与本章观点较为接近的是王锋正等（2022）的研究，其研究使用省份层面数据，在测算出地区数字化综合水平的基础上，考察了数字化对资源型企业绿色技术创新的影响。不同于此，考虑到数字技术具有与制造业发展融合相长的最佳结合点（钞小静等，2021），本章进一步深入企业层面，考察了制造业企业数字化转型水平对绿色创新的影响，研究结论可以为数字科技和生产发展的深度融合奠定更加扎实的微观基础。

5.3 理论分析与研究假设

绿色创新是企业将环保意识和责任主动纳入日常生产经营中，通过绿色技术、产品、过程的创新来减少环境污染以创造新的市场机会的战略行为（马骏等，2020），兼具环保和创新双重属性。从创新维度来看，绿色创新具有创新活动高度不确定性的普遍特征，创新过程中的信息不对称以及代理成本会严重影响企业创新水平（Cohen et al.，2013）；从环保维度来看，绿色创新活动强调创新过程的低能耗、低污染、低排放、可回收等，其技术和资金门槛更高、成果回收期更长，需要综合权衡研发投入、环境成本与创新收益，因而企业实施绿色创新的积极性普遍不高。诚然，在短期内，绿色创新活动很难产生明显的经济效益，而且企业需承担巨大的成本压力；但长期来看，其既可以帮助企业构筑坚实的技术壁垒，也能为企业赢得良好的形象和声誉，从而增强企业的长期竞争优势（Hart，1995；Aragón-Correa et al.，2003）。与开展绿色创新活动类似，提升数字化水平也可以使企业长期受益。作为突破性创新的产物，数字化转型不仅有助于降低经济社会的能源消耗，实现保护生态环境的绿色发展目标，而且能够通过数据信息的高效整合消除时空限制产生的区隔，使不同区域或不同组织之间的资源配置达到最优（黄大禹等，2021）。可以说，数字化转型的本质特征天然地嵌入了绿色发展理念，能够为企业绿色技术创新提供强大的内在驱动力。本章认为，数字化转型主要通过"资源效应"、"治理效应"和"乘数效应"三条渠道促进企业绿色创新。

首先，企业数字化转型可以发挥"资源效应"，通过提升企业融资能力，缓解企业融资约束，从而促进企业绿色创新。作为兼具环境正外部性的创新活动，绿色创新需要大量资源的长期持续性投入，融资约束和激励不足是其关键的制约因素。当企业面临严重的融资约束时，会主动削减绿色技术创新投入（杨国忠等，2019）。第一，数字化转型能够有效推动企业内部大量数据信息的流动整合并快速输出可利用信息（王守海等，2022），帮助外部投资者增进对企业真实经营状况的了解，有助于显著降低企业内外部信息不对称程度（祁怀锦等，2020；吴非等，2021），降低市场参与者的信息搜寻和契约签订等外部交易成本（袁淳等，2021），从而提高企业融资能力（高雨辰等，2021），有效缓解融资约束，为企业开展绿色创新活动提供充足的资金支持。第二，数字化转型提升了企业信息透明度（肖红军等，2021；罗进辉等，2021），有助于外部金融机构利用大数据征信技术更加准确快捷地对企业进行风险评估，当外部投资者可以更准确地获得企业内部信息时会提高其贷款意愿（高雨辰等，2021；黄大禹等，2021）。第三，实施数字化转型的企业向外界释放了具有更好发展前景的积极信号，因而更能获得政府、监管部门及市场投资者的认可和关注，助力企业从政府及相关部门获得更多的优惠政策支持及资源投入（王守海等，2022），同时也会赢得资本市场青睐，从而有效缓解融资约束，提升企业绿色创新水平。

其次，企业数字化转型可以发挥"治理效应"，通过缓解内部代理冲突、强化外部监督，从而提升企业绿色创新水平。相比于传统科技创新，绿色创新技术的专业性更强，因此在研发以及成果运用过程中信息不透明度更高，股东对管理者进行有效监督的难度更大。一方面，数字化转型赋能创新活动，其输出的有效信息可应用于市场动态追踪、企业生产决策，进而优化创新项目的生产流程（Liu et al.，2011）。在此过程中，数字化技术的运用可以方便股东跟进关键指标及新兴的财务数据，使得管理过程及经营结果更可视化，有助于压缩管理层机会主义投机空间，从而降低企业的监督成本，有效缓解管理层和股东之间的代理冲突。另一方面，数字化转型提供的数据系统、智能设备实时获取的客户数据，能够帮助管理者及时发掘经营过程中的问题和风险，降低其决策过程中对直觉和经验的依赖度（祁怀锦等，2020），抑制企业盈余管理（罗进辉等，2021），减少管理层非效率投资等非理性决策行为，降低企业债务违约等经营风险（王守海等，2022），从而提高管理层对绿色创新投资的意愿。由此，数字化转型能减少创新活动中的监督成本和非理性决策行为，从而促进企业的绿色创新。

最后，企业数字化转型可以发挥"乘数效应"，帮助企业优化资源配置，既为企业创造更多的投资机会和成长空间，也为企业绿色创新活动提供内源动力支撑。企业绿色创新活动具有复杂性和长期性特征，需要企业拥有充分的资源整合和优化能力。数字化技术的运用有助于提高企业资源配置效率，降低信息沟通成本，促进企业之间的协同与合作。一方面，大数据、互联网和人工智能等数字化技术的深度应用有助于增强信息系统的互联互通和综合集成，促进企业对供应链上下游的资源整合，提高经济活动的资源配置与协同效率（王可和李连燕，2018）；另一方面，企业在数字化转型过程中还能够提炼出新的信息和知识（祁怀锦等，2020）、促进信息共享与知识整合，通过对数据的深度应用颠覆传统管理模式，形成新的组织架构，进一步激发企业创新活力和提升可持续发展能力，从而提高企业绩效和全要素生产率（赵宸宇等，2021）。因此，数字化转型能够发挥"乘数效应"，激发企业的增长潜能，为企业实现内涵式发展和开展绿色创新活动注入强大内生动力。

基于上述分析，本章提出研究假设：

H5-1：在其他条件一定的情况下，数字化转型能够促进企业绿色创新。

5.4 研究设计

5.4.1 样本选择与数据来源

本章以2015—2019年沪深A股制造业上市公司为研究对象，构建年份固定效应模型进行研究。由于绿色创新专利指标采用了未来一期数据，因此实际的样本期间为2016—2020年。在初始研究样本的基础上，剔除了被特殊处理（ST、*ST）及相关数据缺失的样本。经过上述筛选，最终得到5810个公司—年度观测值。为了避免极端值的影响，对所有连续变量进行了上下1%的缩尾处理。参考吴非等（2021）的研究，以包含数字化关键词汇的词语总数来衡量数字化转型水平，其中词汇统计数据来自WinGo财经文本数据平台。绿色专利数据来自CNRDS数据库，其余财务数据和公司治理数据均来自国泰安数据库。

5.4.2 变量说明

（1）企业绿色创新

本章的被解释变量为企业绿色创新。考虑到数字化转型效应的发挥需要一定时间，为了降低内生性问题的干扰，采用未来一期上市公司独立获得的绿色专利（包含发明专利以及实用新型专利）数量作为企业绿色创新的代理变量，记为 $GPatent1$；同时，采用未来一期上市公司与其他实体联合获得的绿色专利数量作为另一衡量指标，记为 $GPatent2$。由于绿色专利数据具有典型的"右偏性"特征，对其加 1 并取自然对数，从而得到刻画企业绿色创新的整体指标。

（2）数字化转型水平

本章的解释变量为数字化转型水平。数字化转型水平的衡量指标构建步骤如下：

1）根据"十四五"规划的政策文件，借鉴胡楠等（2021）的研究思路，采用"种子词+Word2Vec 相似词"方法对吴非等（2021）的数字化关键词词集进行扩充。具体实现路径是使用 Python 软件，将"十四五"规划的 PDF 文档转化成 TXT 文档，而后依据上下文语义信息将词汇表示成多维向量，并通过计算向量之间的相似度求得词汇之间的语义相似性（Bengio et al.，2003），最终得到的数字化词集包含 94 个词汇。

2）采用文本分析法，借助 WinGo 财经文本数据平台抓取公司年报中的关键词条，统计包含数字化关键词汇的词语总数并进行对数化处理，最后得到用于刻画企业数字化转型水平的指标 $Digword$。本章的特征词图谱同图 1-1。

5.4.3 实证模型

为检验假设 H5-1，本章构建如下多元回归模型，以检验数字化转型对企业绿色创新的影响。

$$GPatent_{i,t+1} = \alpha_0 + \alpha_1 Digword_{i,t} + \alpha_i Controls_{i,t} + \text{Year FE} + \varepsilon_{i,t} \quad (5-1)$$

其中，下标 i 代表个体企业；t 代表年份；被解释变量 $GPatent$ 代表企业绿色创新；解释变量 $Digword$ 代表数字化转型水平；$Controls$ 代表控制变量，包括企业规模（$Size$）、资产负债率（Lev）、企业年龄（Age）、盈利能力（ROA）、产权性质（SOE）、股权集中度（$Concern$）、机构持股（$Institution$）、现金占比（$Cash$）、企业成长性（$TobinQ$）、研发投入（$R\&D$）；Year FE 代表年份固定效应；ε 代表残差项。如果假设 H5-1 成立，即数字化转型水平显著提高了企业绿色创新，那么 α_1 应显著为正。本章变量的说明如表 5-1 所示。

表 5-1 变量说明

变量名称	变量符号	变量定义
企业绿色创新	$GPatent1$	未来一期上市公司独立获得的绿色专利数量（包含发明专利以及实用新型专利）加 1 取自然对数
企业绿色创新	$GPatent2$	未来一期上市公司与其他实体联合获得的绿色专利数量（包含发明专利以及实用新型专利）加 1 取自然对数
数字化转型水平	$Digword$	公司年报中包含数字化关键词汇的词语总数加 1 取自然对数，特征词图谱如图 1-1 所示
企业规模	$Size$	营业收入的自然对数
资产负债率	Lev	企业总负债与总资产的比值
企业年龄	Age	企业至本期上市年数的自然对数
盈利能力	ROA	企业净利润与总资产的比值
产权性质	SOE	若为国有企业则取 1，否则取 0
股权集中度	$Concern$	前五大股东持股比例之和
机构持股	$Institution$	机构投资者持股比例之和
现金占比	$Cash$	货币资金与总资产的比值
企业成长性	$TobinQ$	企业市场价值与账面总资产的比值
研发投入	$R\&D$	企业研发投入与营业收入比值

5.5 实证结果分析

5.5.1 描述性统计

表 5-2 为主要变量的描述性统计结果。$GPatent1$ 和 $GPatent2$ 的均值分别为 0.467 和 0.152，标准差分别为 0.849 和 0.483，说明不同企业的绿色创新水平差异较大。$Digword$ 的均值和标准差分别为 1.495 和 1.295，最大值为 4.804，表明样本企业间的数字化转型水平存在明显差异。

表 5-2 主要变量的描述性统计结果

变量	样本数	均值	标准差	最小值	25 分位数	中位数	75 分位数	最大值
$GPatent1$	5810	0.467	0.849	0.000	0.000	0.000	0.693	3.784
$GPatent2$	5810	0.152	0.483	0.000	0.000	0.000	0.000	2.708
$Digword$	5810	1.495	1.295	0.000	0.000	1.386	2.398	4.804
$Size$	5810	21.738	1.342	18.934	20.807	21.619	22.516	25.391
Lev	5810	0.405	0.183	0.067	0.258	0.399	0.545	0.860
Age	5810	2.870	0.303	2.079	2.691	2.900	3.099	3.476
ROA	5810	0.039	0.059	−0.239	0.014	0.037	0.068	0.193
SOE	5810	0.265	0.441	0.000	0.000	0.000	1.000	1.000
$Concern$	5810	0.519	0.143	0.202	0.412	0.518	0.622	0.845
$Institution$	5810	0.419	0.240	0.004	0.209	0.442	0.614	0.880
$Cash$	5810	0.161	0.103	0.024	0.089	0.135	0.200	0.544
$TobinQ$	5810	2.124	1.338	0.000	1.290	1.742	2.558	8.344
$R\&D$	5810	0.044	0.035	0.000	0.024	0.037	0.054	0.209

表 5-3 报告了单变量检验结果。不难发现，相比不存在数字化转型的样本组，企业绿色创新变量的均值在存在数字化转型的样本组更高，且均值差异显著，表明数字化转型有助于促进企业绿色创新，假设 H5-1 初步得到支持。

表 5-3 单变量检验结果

变量	是否存在数字化转型		均值差异检验
	否 ($N=1606$)	是 ($N=4204$)	
$GPatent1$	0.410	0.488	0.814***
$GPatent2$	0.109	0.168	0.558***

注：***表示在1%的水平上显著。

5.5.2 回归结果分析

表 5-4 报告了假设 H5-1 的检验结果。其中，第（1）列和第（2）列的被解释变量为 $GPatent1$，第（3）列和第（4）列的被解释变量为 $GPatent2$。回归结果显示，$Digword$ 的回归系数在至少5%的水平上显著为正，说明数字化转型能够显著促进企业绿色创新活动，提高绿色专利产出。并且，从经济

意义来看,在控制其他因素影响的情况下,数字化转型($Digword$)比例每增加一个标准差会使企业绿色创新水平($GPatent1$ 和 $GPatent2$)分别提高 5.54%和12.78%。上述结果表明,数字化转型水平对企业绿色创新产出存在正向影响,且该结果兼具统计显著性和经济显著性,假设H5-1得到验证。

表5-4 基准回归结果

变量	(1) $GPatent1$	(2) $GPatent1$	(3) $GPatent2$	(4) $GPatent2$
$Digword$	0.030*** (3.37)	0.020** (2.51)	0.018*** (3.49)	0.015*** (3.04)
$Size$		0.184*** (13.49)		0.109*** (13.03)
Lev		0.628*** (9.07)		0.103*** (2.77)
Age		-0.173*** (-4.51)		-0.004 (-0.18)
ROA		0.457** (2.34)		-0.154 (-1.48)
SOE		-0.017 (-0.61)		-0.045*** (-2.60)
$Concern$		-0.196** (-2.25)		-0.114** (-2.03)
$Institution$		0.004 (0.07)		0.008 (0.25)
$Cash$		0.286*** (2.64)		0.051 (0.82)
$TobinQ$		-0.018** (-2.44)		-0.003 (-0.73)
$R\&D$		5.616*** (16.77)		1.646*** (9.13)
Constant	0.381*** (14.79)	-3.455*** (-10.73)	0.095*** (6.68)	-2.267*** (-11.83)
Year FE	Yes	Yes	Yes	Yes
Observations	5810	5810	5810	5810
R-squared	0.005	0.144	0.004	0.089

注:**、***分别表示在5%和1%的水平上显著;括号内为t值。

5.6 稳健性检验

5.6.1 倾向得分匹配法

考虑到数字化转型水平不同的企业初始条件可能有所差异,是否采用数字化转型战略提升绿色创新也是企业自主选择的结果,为解决可能存在的内生性问题,将样本期内存在数字化转型事实的企业作为实验组,并将样本期内未进行数字化转型的企业作为控制组,采用倾向得分匹配(PSM)法进行稳健性检验。

将两组样本按照企业规模($Size$)、资产负债率(Lev)、企业年龄(Age)、盈利能力(ROA)、产权性质(SOE)、股权集中度($Concern$)、企业成长性($TobinQ$)、研发投入($R\&D$)进行1:1的近邻匹配,确保两组样本在可观察到的公司特征上基本相同,从而使组别之间的差异仅体现为数字化转型的影响。PSM法可靠与否取决于匹配后匹配变量的标准偏差绝对值,标准偏差绝对值越小,说明匹配效果越好。表5-5为样本均衡性检验结果,匹配后实验组和控制组的标准偏差绝对值都在5%以内,且T检验结果表明匹配后特征变量均不存在显著差异,接受匹配后匹配变量均值相等的原假设,说明经PSM匹配后的结果是可靠的。

表5-5 样本均衡性检验结果

变量	样本	均值		标准化偏差	T检验	
		实验组	控制组		t	P
$Size$	匹配前	21.769	21.657	8.5	2.86	0.004
	匹配后	21.772	21.788	-1.2	-0.55	0.585
Lev	匹配前	0.411	0.389	12.3	4.16	0.000
	匹配后	0.411	0.412	-0.2	-0.07	0.942
Age	匹配前	2.869	2.875	-1.9	-0.65	0.513
	匹配后	2.869	2.872	-1.1	-0.52	0.606
ROA	匹配前	0.038	0.040	-3.1	-1.05	0.293
	匹配后	0.038	0.039	-0.5	-0.24	0.809

续表

变量	样本	均值		标准化偏差	T 检验	
		实验组	控制组		t	P
SOE	匹配前	0.271	0.248	5.4	1.82	0.068
	匹配后	0.272	0.272	-0.2	-0.07	0.941
$Concern$	匹配前	0.520	0.516	2.9	0.98	0.327
	匹配后	0.520	0.518	1.5	0.67	0.502
$TobinQ$	匹配前	2.101	2.186	-6.4	-2.17	0.030
	匹配后	2.096	2.104	-0.6	-0.28	0.780
$R\&D$	匹配前	0.044	0.044	-0.7	-0.25	0.805
	匹配后	0.044	0.045	-2.3	-1.05	0.294

表 5-6 列示了平均处理效应（ATT）的结果。被解释变量在匹配后 ATT 值为正，且 t 值通过了至少 10% 水平的检验，说明实验组的平均处理效应显著，即数字化转型显著促进了企业的绿色创新。

表 5-6 倾向得分匹配（PSM）平均处理效应

变量	样本	实验组	控制组	标准化偏差	标准误	t 值
$GPatent$1	匹配前	0.488	0.410	0.078	0.025	3.15***
	匹配后	0.489	0.435	0.054	0.031	1.73*
$GPatent$2	匹配前	0.168	0.109	0.059	0.014	4.13***
	匹配后	0.168	0.128	0.040	0.016	2.43**

注：*、**、*** 分别表示在 10%、5% 和 1% 的水平上显著。

对经 PSM 处理后的样本进行回归检验，结果如表 5-7 所示。由第（1）列、第（2）列可见，$Digword$ 的回归系数在至少 5% 的水平上显著为正，与前文结果无明显差异。这说明本章的主效应并不会受到样本选择性偏差的影响。

表 5-7 稳健性检验结果：倾向得分匹配（PSM）

变量	(1)	(2)
	$GPatent$1	$GPatent$2
$Digword$	0.021**	0.016***
	(2.44)	(3.17)
Controls	Yes	Yes

续表

变量	(1) GPatent1	(2) GPatent2
Constant	-3.400*** (-11.99)	-2.399*** (-14.40)
Year FE	Yes	Yes
Observations	5114	5114
R-squared	0.142	0.094

注：**、***分别表示在5%、1%的水平上显著；括号内为t值。

5.6.2 工具变量法

考虑到数字化转型对企业绿色创新的影响可能存在因果倒置的内生性问题，即企业绿色创新能力更强的公司可能更有动力开展数字化转型活动，因此采用工具变量法进行稳健性检验。选取的工具变量为同行业、同省份其他企业的数字化水平的均值（$Digword\_IV$）。同行业、同地区其他企业的数字化发展水平会影响本企业的数字化转型决策，但是并不会直接影响企业的绿色创新水平，因而该工具变量符合相关性和外生性的要求。表5-8报告了工具变量法估计的结果。第一阶段回归中，工具变量的估计系数显著为正，说明工具变量具有相关性。第二阶段回归中，Kleibergen-Paap rk LM统计量在1%的水平上显著，拒绝工具变量识别不足的原假设；Cragg-Donald Wald F、Kleibergen-Paap rk Wald F统计量大于Stock-Yogo弱工具变量识别F检验在10%的显著性水平上的临界值拒绝弱工具变量的原假设。上述检验结果表明，本章选取的工具变量是合理可靠的。由估计结果可知，$Digword$的回归系数在1%的水平上显著为正，表明假设H5-1仍然成立。

表5-8 稳健性检验结果：工具变量法

变量	第一阶段	第二阶段	
	(1) Digword	(2) GPatent1	(3) GPatent2
Digword_IV	0.990*** (37.22)		
Digword		0.114*** (6.24)	0.037*** (3.71)

续表

变量	第一阶段	第二阶段	
	(1)	(2)	(3)
	Digword	*GPatent*1	*GPatent*2
Controls	Yes	Yes	Yes
Constant	−0.515 (−1.27)	−3.502*** (−10.79)	−2.278*** (−11.90)
Year FE	Yes	Yes	Yes
Kleibergen-Paap rk LM 统计量	731.325***		
Cragg-Donald Wald F 统计量	1081.605		
Kleibergen-Paap rk Wald F 统计量	1372.270		
Hansen J 统计 P 值	0.000		
Observations	5810	5810	5810
R-squared	0.165	0.123	0.086

注：***表示在1%的水平上显著；括号内为 t 值。

5.6.3 改变企业绿色创新的衡量方式

前文使用上市公司获得的绿色专利数量衡量绿色创新，在此选取企业申请的绿色专利数量进行稳健性测试。具体而言，以未来一期上市公司独立获得的发明绿色专利和实用新型绿色专利总量（*AGPatent*1）与未来一期上市公司与其他实体联合获得的绿色专利数量（*AGPatent*2）作为被解释变量。表5-9第（1）列和第（2）列的结果显示，*Digword* 的回归系数均在5%的水平上显著为正。这说明在更换被解释变量的衡量方法后，数字化转型对企业绿色创新依然存在显著的正向影响。

表 5-9 稳健性检验结果：改变关键变量的衡量方式

变量	(1)	(2)	(3)	(4)
	*AGPatent*1	*AGPatent*2	*GPatent*1$_{t+2}$	*GPatent*2$_{t+2}$
Digword	0.019** (2.01)	0.015** (2.34)	0.018* (1.92)	0.015*** (2.76)
Controls	Yes	Yes	Yes	Yes
Constant	−4.234*** (−10.76)	−2.893*** (−10.60)	−3.377*** (−9.21)	−2.378*** (−10.97)

续表

变量	(1) AGPatent1	(2) AGPatent2	(3) $GPatent1_{t+2}$	(4) $GPatent2_{t+2}$
Year FE	Yes	Yes	Yes	Yes
Observations	5810	5810	4648	4648
R-squared	0.150	0.095	0.142	0.092

注：*、**、***分别表示在10%、5%和1%的水平上显著；括号内为 t 值。

5.6.4 采用未来两期绿色创新数据

鉴于绿色创新产出周期较长，在此使用未来两期上市公司获得的绿色专利作为被解释变量重新进行实证检验，结果如表5-9第（3）列和第（4）列所示。其中，$GPatent1_{t+2}$ 代表未来两期上市公司独立获得的绿色专利数量，$GPatent2_{t+2}$ 代表未来两期上市公司与其他实体联合获得的绿色专利数量。实证结果显示，$Digword$ 的回归系数均为正，并且至少在10%的水平上显著。这意味着，企业数字化转型水平越高，未来两期的企业绿色创新水平也越高。

5.6.5 控制省份和行业固定效应

考虑到不同地区、不同行业的数字化转型与创新激励政策可能存在差异，本章在控制年份固定效应的基础上，进一步控制了省份固定效应和行业固定效应（取两位代码进行细分），这在一定程度上有助于解决遗漏变量所导致的内生性问题。表5-10第（1）列和第（2）列报告了具体的回归结果，可以看出，$Digword$ 的回归系数仍然至少在10%的水平上显著为正。这说明在进一步控制省份和行业固定效应的影响后，所得结论与基准回归结果基本一致。

表5-10　稳健性检验结果：控制省份和行业固定效应、改变回归样本

变量	(1) GPatent1	(2) GPatent2	(3) GPatent1	(4) GPatent2
Digword	0.013* (1.71)	0.013*** (2.73)	0.025*** (2.61)	0.042*** (2.80)
Controls	Yes	Yes	Yes	Yes
Constant	-4.122*** (-12.34)	-2.445*** (-12.17)	-0.196 (-0.63)	-1.254*** (-3.19)

续表

变量	(1) GPatent1	(2) GPatent2	(3) GPatent1	(4) GPatent2
Year FE	Yes	Yes	Yes	Yes
Industry FE	Yes	Yes	No	No
Province FE	Yes	Yes	No	No
Observations	5810	5810	2490	1190
R-squared	0.220	0.163	0.053	0.067

注：*、***分别表示在10%、1%的水平上显著；括号内为 t 值。

5.6.6 调整回归样本

考虑到部分企业不存在绿色创新活动，进而可能对实证结果产生干扰。因此，在剔除连续5年没有申请绿色专利的企业后，重新进行了回归，结果如表5-10第（3）列和第（4）列所示。不难发现，$Digword$ 的回归系数至少在1%的水平上显著为正，与前文回归结果保持一致。

5.7 机制检验

5.7.1 "资源效应"机制检验

绿色创新活动的高风险、高投入和高不确定性特征加剧了投资者对信息不对称的敏感程度，进而使得企业可能面临严重的资源紧缺和融资约束问题（许林等，2021）。并且，由于绿色创新通常以知识溢出的形式产生正外部性，即具有公共产品属性，企业对环境治理项目的大量投入短期内可能导致财务资源被挤占，陷入资金紧张的局面（齐绍洲等，2018），因此进行绿色创新的企业更容易面临融资约束。而数字化转型有助于提高企业内外信息传导的质量和效率，降低企业与外部利益相关者之间的信息不对称程度，从而有效缓解企业融资约束，为企业进行绿色创新提供充足的资金支持。基于以上分析，本章认为缓解融资约束且给企业带来更多的资源是数字化转型提高企业绿色创新产出的关键路径之一。

借鉴 Kaplan 等（1997）的研究，以 KZ 指数作为企业融资约束的代理变量。KZ 指数越大，意味着公司融资约束程度越高。首先，按照融资约束的均值将全样本分为高融资约束和低融资约束两组；其次，重新进行回归。表5-11 列示了融资约束作用机制的检验结果。由第（1）列和第（3）列可知，在低融资约束样本组，$Digword$ 的回归系数不显著；由第（2）列和第（4）列可知，在高融资约束样本组，$Digword$ 的回归系数均至少在 5% 的水平上显著为正，并且组间差异显著。上述结果表明，相比于融资约束程度较低的企业，在融资约束程度较高的企业中，数字化转型对绿色创新的促进作用更显著。由此可知，"资源效应"机制得到验证。

表 5-11 "资源效应"机制检验结果

变量	低融资约束 (1) $GPatent1$	高融资约束 (2) $GPatent1$	低融资约束 (3) $GPatent2$	高融资约束 (4) $GPatent2$
$Digword$	0.015 (1.39)	0.026** (2.20)	0.010 (1.57)	0.021*** (2.99)
Controls	Yes	Yes	Yes	Yes
Constant	−3.052*** (−8.68)	−2.842*** (−6.85)	−2.068*** (−9.82)	−2.336*** (−9.48)
组间系数差异	−0.011** (−2.07)		−0.011** (−2.27)	
Year FE	Yes	Yes	Yes	Yes
Observations	3325	2485	3325	2485
R-squared	0.149	0.132	0.090	0.095

注：**、***分别表示在 5%、1% 的水平上显著；括号内为 t 值。

5.7.2 "治理效应"机制检验

绿色创新活动过程中存在高度不确定性和失败风险，因此自利的管理者可能会出于追求眼前利益的机会主义动机而阻碍企业绿色创新战略的实施，由此产生代理问题。数字化转型可以有效缓解代理冲突、降低代理成本：一方面，数字化技术的运用有助于提高企业的数据分析和信息整合能力，帮助管理层及时掌握市场动态，减少非理性决策；另一方面，数字化的管理流程可以在更大程度上削弱管理者的自由裁量权，从而大大减少其从事机会主义与利己行为的机会。对于代理问题严重的企业，管理者与股东的冲突在数字化转型背景下显著减少。因此，预期数字化转型通过发挥"治理效应"，弱化代理冲突，进而对企业绿色创新产生显著的促进作用。

鉴于管理层持股是推动管理层与股东利益趋同、缓解委托代理成本的重要途径之一，以管理层持股作为委托代理成本的衡量指标。管理层持股越低，意味着企业代理冲突越严重。依据管理层持股的均值将全样本划分为高代理成本和低代理成本两组，并重新进行回归。表 5-12 列示了代理成本作用机制的检验结果。由第（1）列和第（3）列可知，在低代理成本样本组，Digword 的回归系数不显著；由第（2）列和第（4）列可知，在高代理成本样本组，Digword 的回归系数均至少在 5% 的水平上显著为正，并且组间系数差异显著。上述结果表明，相比于低代理成本的企业，数字化转型对高代理成本企业绿色创新的促进作用更显著。这意味着，数字化转型对绿色创新的促进作用可以通过发挥"治理效应"、降低代理冲突这一路径实现。

表 5-12 "治理效应"机制检验结果

变量	低代理成本 （1） $GPatent1$	高代理成本 （2） $GPatent1$	低代理成本 （3） $GPatent2$	高代理成本 （4） $GPatent2$
Digword	0.014 (1.08)	0.022** (2.12)	0.006 (0.82)	0.020*** (3.12)
Controls	Yes	Yes	Yes	Yes
Constant	-2.796*** (-4.61)	-3.773*** (-9.79)	-1.523*** (-5.03)	-2.468*** (-10.41)
组间系数差异	-0.006*** (-2.83)		-0.014*** (-4.10)	
Year FE	Yes	Yes	Yes	Yes
Observations	1957	3853	1957	3853
R-squared	0.114	0.160	0.045	0.105

注：**、*** 分别表示在 5%、1% 的水平上显著；括号内为 t 值。

5.7.3 "乘数效应"机制检验

绿色创新活动具有长期性和复杂性特点，考验企业的资源整合和优化能力。企业数字化转型有助于降低信息沟通成本，提高资源配置效率，也能提炼出新的信息和知识，通过对数据的深度开发利用，提高企业的生产效率，带来更多的投资机会（谭志东等，2022）。因此，数字化转型有力地推动了企业成长性的提升（倪克金等，2021），从而为绿色创新活动提供了内生增长动力。基于以上分析，本章认为发挥"乘数效应"是数字化转型提高企业绿色创新产出的关键路径之一。

借鉴谭志东等（2022）的研究，使用 $TobinQ$ 作为企业成长性和投资机会的代理变量，该值越大说明企业成长性越好、投资机会越丰富。按照企业成长性的均值将全样本划分为高成长性和低成长性两组，并重新进行回归。表5-13 列示了企业成长性机制的检验结果。由第（2）列和第（4）列可知，在高成长性样本组，$Digword$ 的回归系数为正但不显著；由第（1）列和第（3）列可知，在低成长性样本组，$Digword$ 的回归系数均至少在5%的水平上显著为正，并且组间系数差异显著。上述检验结果表明，相比于成长性较高的企业，数字化转型对绿色创新的促进作用在成长性较低的企业中更显著。这意味着，数字化转型能够发挥"乘数效应"，通过激发企业的增长潜能，进而促进企业绿色创新。

表5-13 "乘数效应"机制检验结果

变量	低成长性企业 （1） $GPatent1$	高成长性企业 （2） $GPatent1$	低成长性企业 （3） $GPatent2$	高成长性企业 （4） $GPatent2$
$Digword$	0.025** (2.19)	0.010 (0.82)	0.025*** (3.43)	0.002 (0.30)
Controls	Yes	Yes	Yes	Yes
Constant	-2.604*** (-5.49)	-1.919*** (-6.46)	-2.159*** (-5.60)	-0.947*** (-5.30)
组间系数差异	0.015*** (4.82)		0.023*** (4.00)	
Year FE	Yes	Yes	Yes	Yes
Observations	3721	2089	3721	2089
R-squared	0.130	0.110	0.070	0.050

注：**、***分别表示在5%、1%的水平上显著；括号内为 t 值。

5.8 拓展性研究

5.8.1 高新技术企业的异质性

作为科技和经济紧密结合的载体,高新技术企业是国家科技战略布局中的重要组成部分。高新技术企业属于知识和技术密集型行业,具有较丰富的数字硬件基础设施储备和较强的创新能力,其本身的数字化水平较高。与高新技术企业相比,虽然非高新技术企业自身创新能力较弱,但是在数字化转型过程中其更容易通过改善管理、投资和生产等途径,实现运作效率和创新能力的大幅提升。因此,预期在非高新技术企业中,数字化转型对绿色创新的影响更显著。

按照企业是否属于高新技术企业将全样本划分为高新技术企业和非高新技术企业两组,在此基础上,探究数字化转型对绿色创新的差异化影响。高新技术企业的界定采用国泰安数据库中对于上市公司资质认定信息文件的数据,如果上市公司本身获得了省级及以上科技部门的高新技术企业证书,则认定该上市公司属于高新技术企业,否则为非高新技术企业。实证结果如表5-14所示。第(1)列和第(3)列的回归结果显示,在高新技术企业样本组,$Digword$的回归系数为正但都不显著;第(2)列和第(4)列的回归结果显示,在非高新技术企业样本组,$Digword$的回归系数均在1%的水平上显著为正,并且分组样本之间的组间系数差异均显著。上述分析结果表明,相比于高新技术企业,数字化转型对绿色创新的促进作用在非高新技术制造业企业中更明显。

表5-14 异质性检验结果:是否属于高新技术企业

变量	高新技术企业 (1) GPatent1	非高新技术企业 (2) GPatent1	高新技术企业 (3) GPatent2	非高新技术企业 (4) GPatent2
$Digword$	0.012 (0.61)	0.023*** (2.63)	0.017 (1.32)	0.015*** (2.81)
Controls	Yes	Yes	Yes	Yes
Constant	-3.244*** (-4.08)	-3.558*** (-10.13)	-3.015*** (-6.65)	-2.131*** (-10.07)

续表

变量	高新技术企业 （1） GPatent1	非高新技术企业 （2） GPatent1	高新技术企业 （3） GPatent2	非高新技术企业 （4） GPatent2
组间系数差异	−0.011*** (−3.08)		0.002** (2.01)	
Year FE	Yes	Yes	Yes	Yes
Observations	1031	4779	1031	4779
R-squared	0.151	0.149	0.138	0.083

注：**、***分别表示在5%、1%的水平上显著；括号内为 t 值。

5.8.2 重污染行业的异质性

重污染行业企业对绿色创新的意愿和动力可能更强，其数字化发展水平对绿色创新的促进作用可能更加显著。按照我国环境保护部2008年制定的《上市公司环保核查行业分类管理名录》（环办函〔2008〕373号），将煤炭、采矿、纺织、制革、造纸、石化、制药、化工、冶金、火电等16个行业归为重污染行业，其他归为非重污染行业。据此，将全样本划分为重污染行业与非重污染行业两组子样本，并重新进行回归。

表5-15列示了是否属于重污染行业对企业数字化转型与绿色创新关系的差异化影响的结果。由第（1）列和第（3）列可知，在重污染行业样本组，Digword 的回归系数为正，且至少在5%的水平上显著；由第（2）列和第（4）列可知，在非重污染行业样本组，仅有当被解释变量为 GPatent2，Digword 的回归系数才显著，且显著性水平为10%，并且分组样本之间的组间系数差异均显著。由此可知，相比于非重污染行业，重污染行业企业进行数字化转型更有助于促进绿色创新。

表5-15 异质性检验结果：是否属于重污染行业

变量	重污染行业 （1） GPatent1	非重污染行业 （2） GPatent1	重污染行业 （3） GPatent2	非重污染行业 （4） GPatent2
Digword	0.035*** (3.62)	0.008 (0.68)	0.012** (2.11)	0.009* (1.76)
Controls	Yes	Yes	Yes	Yes

续表

变量	重污染行业 (1) GPatent1	非重污染行业 (2) GPatent1	重污染行业 (3) GPatent2	非重污染行业 (4) GPatent2
Constant	-1.930*** (-5.24)	-4.527*** (-10.55)	-1.344*** (-3.74)	-1.967*** (-6.27)
组间系数差异	0.027*** (9.04)		0.003*** (4.13)	
Year FE	Yes	Yes	Yes	Yes
Observations	2142	3668	2142	3668
R-squared	0.107	0.169	0.140	0.120

注：*、**、***分别表示在10%、5%和1%的水平上显著；括号内为 t 值。

5.8.3 企业绿色创新的类型检验

本章考察了数字化转型对企业不同类型的绿色创新的影响。具体而言，将企业绿色创新专利区分为绿色发明专利和绿色实用新型专利。$GPatent1\_I$ 和 $GPatent2\_I$ 分别表示上市公司独立获得以及与其他实体联合获得的绿色发明专利数量，$GPatent1\_U$ 和 $GPatent2\_U$ 分别表示上市公司独立获得以及与其他实体联合获得的绿色实用新型专利数量。由表 5-16 第（1）列至第（4）列可见，企业数字化转型对绿色发明专利和实用新型专利均存在显著的促进作用。

表 5-16 数字化转型对不同类型绿色创新的影响

变量	GPatent1		GPatent2	
	(1) GPatent1_I	(2) GPatent1_U	(3) GPatent2_I	(4) GPatent2_U
Digword	0.008* (1.71)	0.014** (2.10)	0.010** (2.57)	0.010*** (2.79)
Controls	Yes	Yes	Yes	Yes
Constant	-2.003*** (-13.60)	-2.159*** (-9.65)	-1.814*** (-14.50)	-1.382*** (-11.60)
Year FE	Yes	Yes	Yes	Yes
Observations	5810	5810	5810	5810
R-squared	0.142	0.104	0.066	0.069

注：*、**、***分别表示在10%、5%和1%的水平上显著；括号内为 t 值。

5.9 研究结论与启示

本章以 2015—2019 年沪深 A 股上市制造业公司数据为样本,研究了数字化转型对企业绿色创新的影响。研究结论如下:

(1) 数字化转型能够显著促进企业绿色创新活动,且上述结论在经过一系列稳健性测试后依然成立;

(2) 作用机制检验表明,数字化转型有助于缓解企业面临的融资约束,降低管理层的委托代理冲突,扩大企业的投资机会和成长空间,进而促进企业绿色创新;

(3) 异质性分析结果显示,在非高新技术企业、重污染行业企业中,数字化转型对企业绿色创新的促进作用更显著;

(4) 区分绿色创新类型后的研究发现,数字化转型对绿色发明专利和实用新型专利均存在显著的正向影响。

本章的结论具有一定的政策启示,主要体现在以下几个方面:

第一,充分把握数字经济发展新机遇,加快推进企业数字化转型。一方面,加快健全促进实体企业数字化转型的各种鼓励优惠措施,特别是支持和引导数字科技与企业在绿色产品、绿色工艺,以及组织结构和管理流程上深度融合,助力中国经济全面实现绿色转型和高质量发展。另一方面,遵循差异化原则,根据不同属性企业的实际情况制定有针对性的数字化转型优惠政策或行动方案。

第二,畅通数字化转型的信息传导机制,提升社会整体信息透明度。数字化转型的本质功能在于提升企业内外部信息的传导质量与效率,因此监管部门需进一步完善企业信息披露机制,科学设定企业在各类市场交易中的信息披露标准,促进企业、投资者、消费者等多方主体间的良性互动,为企业数字化转型提供良好的市场基础。

第三,企业应充分发挥数字化转型的公司治理作用,为数字化转型促进企业绿色创新奠定良好的内部条件。一方面,加强数字硬件设施配备和网络体系建设,借助数字化转型调整或优化原有创新发展的组织和管理模式,不断夯实数字化转型的技术和管理基础;另一方面,主动提高信息披露透明度,加快构建跨界分享融合的数据交换生态系统,努力降低企业内外部的信息不对称程度。

第6章
数字化转型与资本结构动态调整

6.1 引言

随着人工智能、区块链、云计算等其他技术的不断涌现，数字化正逐渐成为全球企业创新的重要突破口。中国信息通信研究院发布的《全球数字经济（2022）》①显示，2021年，47个国家的数字经济增加值达到38.1万亿美元，年增长率为15.6%，占GDP的45.0%。近年来，随着数字经济的持续增长，虽然学者们开始从多个角度研究数字化转型如何影响企业决策（Pagani and Pardo，2017；Verhoef et al.，2019；吴非等，2021），但是鲜有关于数字化转型是否影响企业融资决策的文献。本章旨在通过探讨数字化转型是否以及如何影响动态资本结构调整速度来丰富现有研究。

自Modigliani和Miller（1958）提出莫迪利亚尼-米勒定理（以下简称MM定理）以来，有关资本结构动态调整的研究受到了学术界的广泛关注（Myers and Majluf，1984；Fama and French，2002；Cook and Tang，2010；Öztekin and Flannery，2012；姜付秀和黄继承，2013；黄继承等，2016；Devos et al.，2017；An et al.，2021）。在一系列严格的假设下，MM定理认为资本结构和公司价值无关。然而，由于破产成本、代理成本、信息不对称等其他市场摩擦因素的存在，资本结构是影响企业的重要因素（Byoun，2008；Morellec et al.，2012；Chang et al.，2014；Liao et al.，2015；Hu and Xu，2021；Do et al.，2022）。企业可以通过调整自身的债务和股权比率以达到最优杠杆水平，从而最大限度地降低融资成本，改善经营条件，并进一步提高企业价值（Harford et al.，2009；Graham and Leary，2011）。因此，研究分析资本结构

---

① 数据来源：http://www.caict.ac.cn/kxyj/qwfb/bps/202108/t20210802_381484.htm。

动态调整的影响因素具有重要理论意义和现实价值。

本章分析了数字化转型是否以及如何影响资本结构动态调整的速度，认为数字化转型可以从三个方面影响资本结构动态调整。首先，数字化转型可以降低企业的信息不对称程度，进一步加快资本结构调整的速度。数字化转型丰富了信息披露的来源和类型，降低了投资者的信息收集成本（Liu et al.，2021；聂兴凯等，2022），由此减少了内部人与投资者之间的信息不对称，对资本结构动态调整产生积极影响。其次，代理成本是阻碍资本结构动态调整的重要因素（Morellec et al.，2012；Liao et al.，2015；林慧婷等，2016）。数字化转型可以提高业务流程的透明度，减小机会主义行为的空间，加强股东对管理层的内部监督（Goldfarb and Tucker，2019）。此外，数字化转型有助于外部利益相关者（如分析师、媒体、机构投资者等）对管理层的监督。因此，数字化转型可以通过完善公司治理、降低代理成本来加速资本结构调整。最后，数字化转型预示着企业有良好的发展前景，可以通过获得银行贷款、政府补贴和资本市场的支持缓解企业融资约束（吴非等，2021；Liu and Wang，2023）。数字化转型还可以及时获取新知识，为企业决策提供信息、化解运营风险（Li et al.，2022），从而降低融资成本。因此，数字化转型可以通过缓解企业融资约束来加速资本结构调整。综上所述，本章预期数字化转型对企业动态资本结构调整速度有积极影响。

基于以上分析，本章基于2007—2020年中国A股上市公司的样本，实证检验了数字化转型对资本结构调整速度的影响。基于中国上市公司为研究对象对上述问题展开检验的原因有两点：第一，作为发展中国家，中国政府大力推动数字经济与实体经济深度融合。① 2012—2021年，中国数字经济规模从11万亿元增长至超45万亿元，居世界第二位，数字经济规模占GDP的比重从21.6%上升到39.8%。研究中国企业数字化转型的经济后果可以为其他新兴经济体提供有价值的启示。第二，尽管中国在过去几十年里迅速成长为世界第二大经济体，但是中国企业的治理仍不完善。由于较弱的内外部治理情况（Jiang and Kim，2020），中国上市公司存在较为严重的信息不对称和代理问题（Piotroski et al.，2015；Bradshaw et al.，2019；Chen et al.，2020a）。

---

① 例如，2021年12月，国务院发布了《数字经济发展"十四五"规划》，宣布到2025年，数字经济将进入全面扩张期，数字经济核心产业增加值将占GDP的10%。数字创新引领发展能力大幅提升，智能化水平显著提升，数字技术与实体经济融合成效显著，数字经济治理体系进一步完善。资料来源：http：//www.gov.cn/zhengce/content/2022-01/12/content_5667817.htm。

与此同时，中国企业普遍面临融资约束（Meng et al.，2020）。因此，基于中国的制度背景，本章可以更好地厘清数字化影响企业融资行为的潜在渠道，为政府、行业和学术界更好地理解数字化转型的重要性提供参考。基于以上分析，中国资本市场为检验数字化转型对资本结构动态调整的影响提供了理想环境。

为了研究数字化转型对资本结构调整速度的影响，借鉴已有文献（Flannery and Hankins，2013；Dang et al.，2015；Elsas and Florysiak，2015；黄继承等，2016；张博等，2021），使用修正最小二乘虚拟变量法（LSDVC）来估计目标资本结构和资本结构调整速度。进一步地，使用2007—2020年中国A股上市公司数据，并采用双向固定效应模型对上述关系展开实证研究。结果发现，数字化转型加快了资本结构调整速度。此外，本章发现数字化转型增强了企业通过发放有息债务和现金分红来向上调整资本结构，以及通过发行股权和偿还有息债务向下调整资本的可能性。在更换数字化转型变量衡量方式、使用系统GMM方法重新估算资本结构调整速度、采用Heckman两阶段模型以及工具变量方法解决内生性问题后，本章的研究结论依然稳健。

机制检验和横截面测试的结果发现，数字化转型可以通过降低信息不对称、降低代理成本以及缓解融资约束进而加速企业资本结构动态调整。此外，数字化转型对资本结构调整速度的积极影响在竞争激烈的行业、市场发展水平高的省份和经济政策不确定性高的年份更为明显。总体而言，本章的研究结果表明，数字化转型会对企业融资决策产生重要影响。

本章首次提供了数字化转型如何影响企业融资行为的经验证据，研究贡献体现在如下两方面：一是丰富了关于数字化转型经济后果的文献。已有文献通过研究数字化转型对企业风险承担（Tian et al.，2022）、股价崩盘风险（Wu et al.，2022a）、代理人的道德风险（祁怀锦等，2020；Liu et al.，2021）和运营效率（Li et al.，2022；黄勃等，2023）的影响来讨论数字化转型的作用。本章研究数字化转型是否以及如何影响企业的融资决策，从而补充了关于数字化转型对企业融资决策影响的现有文献。二是丰富了已有研究资本结构调整速度驱动因素领域的文献。已有文献从不同的视角研究了资本结构调整速度的影响因素，包括公司层面的财务状况和现金流特征（Faulkender et al.，2012；Lockhart，2014）、公司治理（Chang et al.，2014；Liao et al.，2015；Li et al.，2019）、行业竞争（Do et al.，2022）、宏观经济不确定性（Cook and Tang，2010；Colak et al.，2018）、外生政策（黄俊威和龚光明，2019；Hu and Xu，2021；Jiang et al.，2021）等。本章指出数字化转型有助于企业调整其财务杠杆以实现目标，由此补充了关于资本结构调整速度决定因素领域的文献。

6.2 文献综述

本章与考察资本结构及其动态调整影响因素的文献密切相关。根据 MM 定理，在一个没有摩擦的完美资本市场中，资本结构与公司价值无关（Modigliani and Miller，1958）。因此，公司选择何种资本结构并不重要。然而，在企业现实经营环境中，这些严格的限制很容易被打破。在后续研究中，许多学者放宽了对 MM 定理的假设，将资本市场的摩擦考虑在内。其中，代表性理论包括权衡理论（Fischer et al.，1989）、优序融资理论（Myers，1984；Frank and Goyal，2003）和市场时机理论（Baker and Wurgler，2004）。这些理论将资本结构与税收、不对称信息、代理问题以及破产成本联系起来，进而证明了目标资本结构的存在，并通过实证研究证明了资本结构决策的重要性（Graham and Leary，2011）。

由于偏离目标资本结构会降低公司价值，因此公司有动机将其杠杆调整到最佳水平。已有文献从宏观经济条件和公司层面的不同维度研究了资本结构调整速度的决定因素。基于宏观经济条件，现有研究发现经济不确定性（Cook and Tang，2010）和市场交易成本会影响资本结构调整的速度。在经济不确定性方面，不确定性增加了金融市场摩擦和金融中介的成本，从而阻碍了企业的资本结构调整过程（Colak et al.，2018）。关于资本市场的交易成本，更好的市场制度会降低与资本结构调整相关的交易成本（LaPorta et al.，1997，1998；Öztekin and Flannery，2012），包括中纪委巡视（Hu and Xu，2021）和供给侧结构性改革（Jiang et al.，2021）。

从公司层面来看，代理问题严重的企业可能会面临较高的资本结构调整成本，由此降低企业的杠杆调整速度（Jensen and Meckling，1976；Morellec et al.，2012；Chang et al.，2014）。例如，Liao 等（2015）实证检验了更高的公司治理水平是否会影响资本结构动态调整过程。他们发现，两权分离、更加独立的董事会和更多外部董事，以及更多的机构投资者持股的公司治理结构，加快了资本结构调整速度。Li 等（2019）研究发现处于董事网络中心位置的公司的资本结构调整速度更快。An 等（2021）研究表明外国机构所有权与公司杠杆调整速度之间存在正相关关系。Do 等（2022）研究发现来自产品市场的竞争压力会加速企业杠杆调整，特别是对于治理质量差的公司。与此同时，融资约束也会影响企业的资本结构调整速度（Devos et al.，2017）。例如，Faulkender 等（2012）研究发现，融资约束会阻碍企业资本结构的动态调整过程。Lockhart（2014）分析了融资的可用性和便利性，并提出银行信贷额度会影响动态资本结构调整。张胜等（2017）研究指出，相比于未持有银行股份的上市公司，持有银行股份的上市公司的资本结构动态调整更快。潘爱玲等（2021）研究发现，供应链金融能够加快企业资本结构调整速度。然而，数字化转型如何影响动态资本结构调整尚未得到直接讨论。本章试图填补这一空白，重点探讨数字化转型对资本结构动态调整速度的影响及其可能的作用机制。

同时，本书与研究数字化转型对企业行为决策影响的文献密切相关。已有研究表明，数字化转型改变了消费者的期望和行为（Verhoef et al.，2019），提高了企业的资源管理效率（Pagani and Pardo，2017）和承担风险的能力（Tian et al.，2022），缓解了公司与分析师之间的信息不对称（罗进辉和巫奕龙，2021；Chen et al.，2022b），降低了代理人的道德风险（张永珅等，2021；Liu et al.，2021）和企业股价崩盘风险（Wu et al.，2022a），并提升了企业价值（Li et al.，2022）。然而，数字化转型对资本结构动态调整的影响尚未得到分析与证明。本章的研究丰富了学术界和实务界对数字化转型作用的理解。

6.3 理论分析与研究假设

已有关于企业杠杆调整的研究表明，虽然企业有目标杠杆并积极将实际杠杆调整到最优水平，但该过程会受到资本结构调整成本的阻碍（Graham and Leary，2011；Öztekin and Flannery，2012；Chang et al.，2014；Zhou et al.，2016；Do et al.，2022）。本章关注数字化转型对资本结构调整速度的影响，预期数字化转型将通过如下三个机制影响资本结构调整速度：降低信息不对称程度、减小代理成本和缓解融资约束。

首先，数字化转型可以降低企业的信息不对称程度，加快资本结构调整的速度。信息不对称阻碍了企业资本结构动态调整。高度不对称的企业信息环境，会增加交易成本和逆向选择成本，进而降低资本结构调整速度（Leary and Roberts，2005；Byoun，2008）。数字化转型可以通过优化企业信息环境来加快资本结构动态调整。从信息生成的角度看，受数字化转型的影响，企业生产经营过程中产生的财务信息（如财务报表、财务比率、市场表现等）和非财务信息（如管理信息、企业声誉等）可以被轻松高效地存储（Goldstein et al.，2021）。从信息传递的角度来看，传统信息是通过财务报告、盈利预测、审计师和分析师报告等方式传递给投资者和监管者的。这种多渠道传播会导致有效信息的丢失，并延迟投资者获取信息的时间。然而，随着数字化进程的不断深入，微博、微信等新的在线披露工具已成为重要的信息披露渠道（Feng and Johansson，2019）。这些新的沟通渠道减少了信息传递的障碍，提高了信息传递的效率（Liu et al.，2021；Chen et al.，2022b）。通过由数字化所驱动的有效沟通，投资者可以经常向企业提问，企业也更有可能及时回复，这大大降低了投资人的信息获取成本，并加快信息传播速度（Lee and Zhong，2022）。因此，数字化转型丰富了信息披露的来源和类型，降低了投资者的信息收集成本，从而缓解了内部人与投资者之间的信息不对称（罗进辉和巫奕龙，2021；聂兴凯等，2022），对资本结构动态调整产生积极影响。

其次，数字化转型有助于解决代理问题。企业在资本结构调整过程中会面临代理问题。由于存在代理成本，管理者调整杠杆的积极性较低，资本结构调整速度较慢（Morellec et al.，2012；Chang et al.，2014；盛明泉等，2016；戴雨晴和李心合，2021）。数字化转型可以通过减少代理问题来提高资本结构调整的速度。在内部监督方面，企业数字化的基本体现是将数字技术应用于原有工作场景的信息化，通过建设数据中心，适时对数据进行采集、分析进而实现数据可视化（Liu et al.，2011）。公司所有业务活动的数据都将存储在数据中心，这会提高业务流程的透明度。因此，数字化运营通过业务数据形成实时监督机制，可以有效降低内部监督成本，进而抑制管理层的自利行为（Wu et al.，2022a）。在外部监督方面，企业数字化转型受到政府、机构投资者、金融分析师乃至公众的广泛关注（吴非等，2021；Chen et al.，2022b）。投资者往往对正在进行数字化转型的企业抱有很高的期望，而这种外部监督的强化可以进一步缓解代理冲突和管理层短视，从而加快企业实际资本结构向目标水平调整的速度。

最后，数字化转型缓解了企业面临的融资约束，从而加快了资本结构动态调整。企业在调整资本结构时会面临融资约束。严重的融资约束增加了资金借贷成本，降低了资本结构调整的速度（Faulkender et al.，2012；Zhou et al.，2016）。本章认为数字化转型可以通过缓解企业融资约束来提高资本结构调整的速度，具体原因有两点：第一，数字化转型顺应数字经济发展趋势和国家政策导向。[①] 数字化转型能向资本市场传递企业未来有良好发展前景的信号，由此更容易获得政府和投资者的认可和青睐（陈中飞等，2022；Tian et al.，2022）。因此，正在进行数字化转型的企业更容易获得银行贷款、政府补贴和资本市场支持（高雨辰等，2021；Liu and Wang，2023），融资约束压力的缓解有助于企业重新平衡其资本结构。第二，业务流程的数字化，特别是通过使用大数据分析和人工智能，可以不断地提供新知识来影响公司的决策并降低运营风险（Li et al.，2022）。例如，企业可以收集和分析与消费者行为相关的数据，从而降低运营的不确定性，帮助管理者及时调整业务决策（李青原等，2023；巫强和姚雨秀，2023）。因此，数字化转型可以降低企业的运营风险和融资成本，促进资本结构的动态调整。

总体而言，上述研究和理论表明，数字化转型可以对资本结构调整速度产生积极影响。因此，本章提出如下假设：

H6-1：数字化转型会加速企业动态资本结构调整。

6.4 研究设计

6.4.1 样本选择和数据来源

本章的初始研究样本为2007—2020年中国A股上市公司。之所以从2007年开始是因为中国在该年度采用了新会计准则。根据以下标准筛选研究样本：

（1）剔除金融行业的公司，因为该类型企业的财务报告格式具有独特性；

（2）删除由于财务困难或其他特定原因而被归类为特殊处理（ST/*ST）的观测样本；

（3）当年上市的公司可能存在粉饰报表的动机，因此剔除当年IPO的公司样本；

（4）为了观测资本结构的动态变化，进一步剔除某个公司少于两年连续观测值的样本；

[①] 如2022年工信部办公厅、财政部办公厅印发《关于开展金融支持中小企业数字化转型试点工作的通知》，根据这一政策，中央财政将对完成数字化转型目标的服务平台给予补助资金。每个服务平台奖励最高不超过600万元。资料来源：http：//www.gov.cn/zhengce/zhengceku/2022-08/17/content_5705771.htm。

(5) 剔除存在其他缺失数据的样本。

经过上述筛选后，最终样本包含 14332 个公司年度观察值，其中包括 2008—2020 年的 2721 家上市公司。①

此外，我们还对所有连续变量进行了 1% 和 99% 的缩尾处理，以减小异常值的影响。本章的所有研究数据均来自 CSMAR 数据库。

6.4.2 关键变量测量

（1）数字化转型

参考已有文献（Tian et al., 2022；Wu et al., 2022a），首先，计算上市公司年报中数字化转型关键词的词频。其中，关键词包括人工智能、区块链、云计算、大数据和数字技术应用。② 其次，将企业数字化转型（DCG）定义为公司 i 在第 t 年的数字化转型关键词词频加 1 的自然对数（见表 6-1）。

表 6-1 数字化转型关键词词典

数字技术类别	与数字化转型有关的关键词
人工智能技术（AI）	人工智能、商业智能、图像理解、投资决策辅助系统、智能数据分析、智能机器人、机器学习、深度学习、语义搜索、生物识别技术、人脸识别、语音识别、身份验证、自动驾驶、自然语言处理
区块链技术（BD）	区块链、数字货币、分布式计算、差分隐私技术、智能金融合约
云计算技术（CC）	云计算、流计算、图计算、内存计算、多方安全计算、类脑计算、绿色计算、认知计算、融合架构、亿级并发、EB 级存储、物联网、信息物理系统
大数据技术（DT）	大数据、数据挖掘、文本挖掘、数据可视化、异构数据、征信、增强现实、混合现实、虚拟现实
数字技术应用（ATD）	移动互联网、工业互联网、移动互联、互联网医疗、电子商务、移动支付、第三方支付、NFC 支付、智能能源、B2B、B2C、C2B、C2C、O2O、网联、智能穿戴、智慧农业、智能交通、智能医疗、智能客服、智能家居、智能投顾、智能文旅、智能环保、智能电网、智能营销、数字营销、无人零售、互联网金融、数字金融、Fintech、金融科技、量化金融、开放银行

---

① 由于估算目标资本结构需要连续两年以上的滚动样本期和相关变量的滞后处理，我们最终的样本期为 2008—2020 年。

② 具体来说，我们使用 Python 软件获取所有中国 A 股上市公司的年报，并使用 Java PDFbox 提取年报中的所有文本内容。借鉴已有文献（Wu et al., 2022）构建数字化转型相关词典。在此基础上，排除了前面带有"非""没有""不是"等否定词的词，也排除了与公司本身无关的词。基于使用 Python 从上市公司年报文本中提取的数据集，将与数字技术相关的关键词分为人工智能、区块链、云计算、大数据、数字技术应用五类。接下来，将上述关键字的频数相加，形成最终的数字化转型词频。在表 6-1 中报告了数字化转型词典。

（2）资本结构调整速度

借鉴已有文献（Flannery and Rangan，2006；Byoun，2008；Faulkender et al.，2012；黄继承等，2014；Elsas and Florysiak，2015；巫岑等，2019；Do et al.，2022），使用两步法来估计资本结构动态调整。第一步，参考 Flannery 和 Hankins（2013）的研究，具体构建传统的资本结构部分动态调整模型：

$$Lev_{i,t} = \lambda\beta X_{i,t-1} + (1-\lambda)Lev_{i,t-1} + \varepsilon_{i,t} \tag{6-1}$$

其中，β 表示估计系数向量。$Lev_{i,t}$ 表示公司 i 在 t 年的有息负债率，其在数值上等于有息负债之和与总资产的比值。$X_{i,t-1}$ 表示公司 i 在 $t-1$ 年影响资本结构的主要特征变量，以及公司和年度固定效应。其中，公司特征变量包括盈利能力（$EBIT\_TA$）、增长机会（MB）、非债务税盾（DEP_TA）、公司规模（$Size$）、抵押能力（FA_TA）以及行业和年度层面的杠杆率中位数（$IndLev$）。具体变量定义详见表6-2。已有研究表明，由于滞后一期的因变量与公司固定效应相关，使用混合 OLS 模型估计模型（6-1）会产生有偏、不一致的估计量。同时，由于滞后因变量的存在导致误差项与自变量之间的相关性（内生性），固定效应模型的估计量也是有偏的（Flannery and Hankins，2013；Dang et al.，2015；Elsas and Florysiak，2015）。因此，采用 Kiviet（1995）提出的修正最小二乘虚拟变量法（LSDVC）对模型（6-1）中的动态面板数据进行估计。①

接下来，在第二步中，使用由模型（6-1）估计得到的目标杠杆（$Lev^*_{i,t}$）来估计资本结构调整速度。具体地，构建模型（6-2）和模型（6-3）来进行资本结构调整速度的估计：

$$Lev_{i,t} - Lev_{i,t-1} \equiv D_{i,t}/A_{i,t} - D_{i,t-1}/A_{i,t-1} = \lambda(Lev^*_{i,t} - Lev_{i,t-1}) + \varepsilon_{i,t} \tag{6-2}$$

其中，$Lev_{i,t}$ 表示公司 i 在 t 年末的实际资本结构，等于有息负债之和除以总资产。$D_{i,t}$ 表示公司 i 在 t 年的有息债务的总和。② $A_{i,t}$ 表示公司 i 在 t 年末的总资产。$Lev^*_{i,t}$ 表示公司 i 在 t 年的目标资本结构，具体由模型（6-1）估计所

---

① LSDVC 对固定效应（FE）的偏差进行分析校正以估计动态面板数据。Bruno（2005）将此方法扩展到非平衡面板。Elsas 和 Florysiak（2015）指出，由于因变量的分数属性，动态面板数据的校正偏差估计量可能存在偏差。然而，Flannery 和 Hankins（2013）以及 Dang 等（2015）假设 LSDVC 是动态资本结构调整模型最准确、最稳健的估计量，尽管其局限性包括难以应用于大型数据集以及回归变量严格外生的假设。LSDVC 对滞后因变量和其他自变量的系数进行估计（Dang et al.，2015）。具体来说，根据 Flannery 和 Hankins（2013）的研究，在模型（6-1）中，使用用户编写的 Stata 程序"xtlsdvc"来计算所有回归量的 LSDVC 估计量，即公司特征因子（X）的滞后项和有息杠杆（Lev）的滞后项。表6-4 的第（1）列报告了使用 LSDVC 方法的系数估计结果。

② 计息债务总额（$D_{i,t}$）定义为短期借款、一年内到期的非流动负债、长期借款和应付债券的总和。

第6章 数字化转型与资本结构动态调整

得。λ为年均资本结构调整率，表示企业资本结构以每年λ的平均速率向目标资本结构收敛。

已有文献表明，资本结构的动态调整包括主动调整和机械调整两部分（Faulkender et al.，2012）。本章旨在研究数字化转型对资本结构主动调整的影响。虽然增加或偿还贷款以及发行或减少股票可以主动改变杠杆率，但是盈余的实现也会改变所有者权益的大小。因此，即使没有上述资本结构的主动调整行为，杠杆率也会由于盈亏进行调整（Faulkender et al.，2012；Hu and Xu，2021）。因此，为了排除盈亏变化引起的杠杆率的机械调整，按照Faulkender等（2012）的方法，使用经收益调整后的杠杆（$Lev_{i,t-1}^p$）来修正模型（6-2）。修改后的估计模型如下：

$$Lev_{i,t} - Lev_{i,t-1}^p = \gamma(Lev_{i,t}^* - Lev_{i,t-1}^p) + \varepsilon_{i,t} \tag{6-3}$$

其中，$Lev_{i,t-1}^p = D_{i,t-1}/(A_{i,t-1} + NI_{i,t})$，衡量了公司$i$在$t-1$年末经收益调整后的有息杠杆。$NI_{i,t}$表示公司$i$在$t$年的净收入。式（6-3）左侧为$\Delta Lev$（$Lev_{i,t} - Lev_{i,t-1}^p$），表示剔除机械调整部分后$t-1$年至$t$年资本结构主动调整部分。式（6-3）右侧为$Dev_{i,t}(Lev_{i,t}^* - Lev_{i,t-1}^p)$，表示经盈收调整后的实际资本结构与目标资本结构的偏离程度。γ衡量了资本结构主动调整的速度，因为杠杆调整需要时间和交易成本，所以其取值在0和1之间（见表6-2）。

表6-2 变量定义

变量符号	变量定义
DCG	公司i第t年年报中数字化转型关键词词频数加1后取自然对数
$Lev_{i,t}$	有息负债合计与总资产的比值。其中，短期借款、一年内到期的非流动负债、长期借款和应付债券之和构成了有息负债
$Lev_{i,t}^*$	目标资本结构，使用LSDVC方法并通过模型（6-1）估计所得
$Lev_{i,t-1}^p$	公司i在第$t-1$年的有息债务总额除以第$t-1$年总资产和净收入的合计
ΔLev	剔除资本结构机械调整部分的资本结构主动调整，其在数值上等于$Lev_{i,t}$和$Lev_{i,t-1}^p$的差值
Dev	剔除机械调整部分后实际资本结构和目标资本结构的偏离度，其在数值上等于$Lev_{i,t}^*$和$Lev_{i,t-1}^p$的差值
EBIT_TA	息税前利润和总资产的比值
MB	股票市场价值与负债账面价值的合计与总资产的比值
DEP_TA	固定资产折旧与总资产的比值
Size	总资产的自然对数

续表

变量符号	变量定义
FA_TA	固定资产与总资产的比值
$IndLev$	公司某年同一行业所有公司有息负债率的中位数
$Adjust\_N_{i,t}$	资本结构调整方式的代理变量,其中 N 在不同的调整方式下分别取 1、2、3 和 4。具体地,当资本结构调整方式是发行有息债务(现金股利)时,$Adjust\_1_{i,t}$($Adjust\_2_{i,t}$)赋值为 1,否则为 0;当资本结构调整方式是发行股票(偿还债务)时,$Adjust\_3_{i,t}$($Adjust\_4_{i,t}$)赋值为 1,否则为 0
$Dev_{i,t}^a$	剔除机械调整部分后实际资本结构与目标资本结构之间偏离程度的绝对值($\mid Lev_{i,t}^* - Lev_{i,t-1}^p \mid$)
Year FE	年份固定效应
Firm FE	公司固定效应

(3)实证模型

在实证分析中,参考已有研究(Faulkender et al.,2012),在模型(6-3)中加入因变量($DCG_{i,t}$)与经收益调整后实际资本结构与目标杠杆的偏离度($Dev_{i,t}$)的交互项,同时使用固定效应模型来实证检验数字化转型对资本结构调整速度的影响。具体的模型设计如下:

$$Lev_{i,t}-Lev_{i,t-1}^p = (\gamma_0+\gamma_1 DCG_{i,t})(Lev_{i,t}^*-Lev_{i,t-1}^p)+\text{Year FE}+\text{Firm FE}+\varepsilon_{i,t}$$

(6-4)

其中,γ_0 表示主动资本结构调整的速度;$DCG_{i,t}$ 衡量公司 i 在 t 年的企业数字化转型水平;γ_1 表示数字化转型主动对资本结构调整速度的影响,预计交互项的系数 γ_1 显著为正。

6.5 实证结果分析

6.5.1 描述性统计

表 6-3 报告了主要变量的描述性统计结果。有息杠杆率(Lev)的均值和中位数分别为 0.2207 和 0.2081,行业和年度杠杆率($IndLev$)的中位数为 0.1832,表明大多数样本公司具有合理的有息债务融资水平,与现有文献一致(Hu and Xu,2021)。目标资本结构(Lev^*)的均值和中位数分别为 0.2203 和 0.2127,资本结构偏离度(Dev)的均值和中位数分别为 0.0083 和

0.0053，表示样本公司经盈收调整后的资本结构与目标资本结构间的偏离度较小。剔除机械调整后的资本结构主动调整部分（ΔLev）的均值和中位数分别为 0.0086 和 0.0007，与已有研究一致（Wang et al.，2021）。企业数字化转型（DCG）的均值为 2.0699，标准差为 1.3102，最小值为 0，最大值为 5.7038，结果表明样本内企业数字化转型程度的差异较大，与已有文献相契合（吴非等，2021；袁淳等，2021；Wu et al.，2022a；Tian et al.，2022）。此外，采用 LSDVC 方法对目标资本结构进行估计时所使用的控制变量的统计分布与已有研究基本一致（Liu et al.，2020；Hu and Xu，2021；Jiang et al.，2021）。例如，样本内企业的账面市值比（MB）的均值为 2.3970，盈利能力（$EBIT\_TA$）的均值为 0.0530，公司规模（$Size$）的均值为 22.2792，抵押能力（FA_TA）的均值为 0.2419。

表 6-3 描述性统计结果

变量	观测值	均值	中位数	标准差	最小值	最大值
Lev	14332	0.2207	0.2081	0.1691	0.0000	0.7064
Lev^*	14332	0.2203	0.2127	0.1568	−0.0079	0.6172
ΔLev	14332	0.0086	0.0007	0.0662	−0.1915	0.2168
Dev	14332	0.0083	0.0053	0.0432	−0.3176	0.3859
DCG	14332	2.0699	1.9459	1.3102	0.0000	5.7038
$EBIT\_TA$	14332	0.0530	0.0487	0.0548	−0.1488	0.2291
MB	14332	2.3970	1.8240	1.7450	0.8260	10.7300
DEP_TA	14332	0.1295	0.0970	0.1164	0.0015	0.5660
$Size$	14332	22.2792	22.0235	1.4318	19.7510	26.6227
FA_TA	14332	0.2419	0.2077	0.1764	0.0022	0.7158
$IndLev$	14332	0.1912	0.1832	0.1073	0.0040	0.4585

6.5.2 基准回归结果

表 6-4 的第（1）列报告了使用 LSDVC 方法对目标资本结构进行估计的结果。其中，$EBIT\_TA_{i,t-1}$、$MB_{i,t-1}$、$DEP\_TA_{i,t-1}$、$Size_{i,t-1}$、$FA\_TA_{i,t-1}$、$IndLev_{i,t-1}$ 和 $Lev_{i,t-1}$ 是使用 LSDVC 方法对目标杠杆估算过程中的工具。[①] 如第（1）列所示，$EBIT\_TA_{i,t-1}$ 和 $MB_{i,t-1}$ 的估计系数为负值，而 $IndLev_{i,t-1}$ 的估计系数为正值，结

[①] 值得注意的是，当我们使用用户编写的 Stata 程序"xtlsdvc"，通过 LSDVC 方法对模型（6-1）进行估计时，仅能获得估计系数的大小，无法获得估计系数的显著性。

果与 Dang 等（2015）的研究一致。第（2）~（4）列报告了数字化转型对资本结构调整速度的回归结果。具体地，第（2）列报告了未控制年份和公司固定效应的回归结果。$DCG \times Dev$ 的系数为 0.057，在 1% 的水平上显著。进一步在第（3）列中控制时间趋势差异，交互系数 γ_1 在 1% 的水平上仍然显著为正。在第（4）列同时控制年份和公司固定效应，进一步排除了不可观测的随时间不变的个体差异，$DCG \times Dev$ 的回归系数仍在 1% 的水平上显著为正。综上所述，实证结果表明数字化转型加速了资本结构调整，支持了假设 H6-1。

表 6-4 数字化转型与资本结构调整速度的回归结果

变量	（1）	（2）	（3）	（4）
	LSDVC 模型	FE 模型		
	$Lev_{i,t}$	ΔLev		
$EBIT\_TA_{i,t-1}$	-2.499			
$MB_{i,t-1}$	-0.063			
$DEP\_TA_{i,t-1}$	-0.001			
$Size_{i,t-1}$	-0.027			
$FA\_TA_{i,t-1}$	-0.017			
$IndLev_{i,t-1}$	0.051			
$Lev_{i,t-1}$	3.025			
Dev		0.717*** (28.96)	0.713*** (28.73)	0.630*** (17.75)
$DCG \times Dev$		0.057*** (5.38)	0.057*** (5.36)	0.077*** (4.95)
Constant		0.002*** (7.14)	0.003 (1.54)	0.005** (2.29)
Year FE	Yes	No	Yes	Yes
Firm FE	Yes	No	No	Yes
N	14332	14332	14332	14332
Adj. R²		0.286	0.287	0.194

注：括号内为标准误差经公司层面聚类后计算得到的 t 值；**、*** 分别表示在 5%、1% 的水平上显著。

6.5.3 数字化转型与资本结构调整模式

上述分析发现数字化转型可以加速动态资本结构调整，本章进一步考察了数字化转型对资本结构调整方式的影响。Leary 和 Roberts（2005）提出了四种资本结构调整类型：债务发行、股权回购、股权发行和债务清偿。中国《公司法》对股票回购有严格的限制（Deng et al., 2017），因此股票回购行为在中国并不常见。然而，由于较弱的投资者保护力度和较高程度的信息不对称，中国企业的股息支付政策具有多变性。已有文献表明，近年来，支付股利的中国企业的比例和年度股息支付规模发生了巨大变化（Jiang and Kim, 2015）。① 此外，以往的研究表明，股权结构和股票流动性在很大程度上会影响中国企业的股利支付政策（Bradford et al., 2013；Firth et al., 2016；Jiang et al., 2017；Xu and Huang, 2021）。因此，上市公司可以通过改变股利支付政策来调整资本结构。

在上述四种杠杆调整类型中，目标资本结构高于实际资本结构（$Dev>0$）的低杠杆企业可以通过发行债务和支付现金股利向上调整资本结构，而目标资本结构低于实际资本结构（$Dev<0$）的高杠杆企业可以通过发行股票和偿还债务来下调杠杆。因此，将全样本按上述标准划分为低于目标资本结构子样本和高于目标资本结构子样本。借鉴 Leary 和 Roberts（2005）、Li 等（2019）的研究，债务发行和债务偿还分别是向上和向下调整资本结构的方式，具体是指有息债务增加或减少的幅度超过账面资产的 5%。发行股票和现金股利分别是向下和向上调整资本结构的方式，具体是指扣除净利润后的净权益增加或减少的幅度至少占账面资产 5%。具体地，设置模型（6-5）来检验数字化转型与资本结构调整方式的关系。

$$P(Adjust\_N_{i,t}) = \Phi(\alpha_0 + \alpha_1 Dev_{i,t}^a + \alpha_2 DCG_{i,t} \times Dev_{i,t}^a + \alpha_3 DCG_{i,t} + \alpha_4 X_{i,t-1} + \text{Year FE} + \text{Industry FE} + \varepsilon_{i,t}) \quad (6-5)$$

其中，$Adjust\_N_{i,t}$ 代表杠杆调整模式，在不同类型的杠杆调整模式下，N 分别取 1、2、3、4。具体来说，当杠杆调整模式为债券发行时，$Adjust\_1_{i,t}$ 取值为 1，否则为 0；当杠杆调整模式为现金分红时，$Adjust\_2_{i,t}$ 取值为 1，否则

---

① 我们调查了中国企业的股利支付率，未报告的结果显示，非金融类上市公司向股东支付股利的比例从 2008 年的 52.86% 上升到 2020 年的 66.44% 左右。上述支付股利的企业的年度股利支付率在 2008—2020 年也发生了巨大变化。

为 0；当杠杆调整模式为股权发行时，$Adjust\_3_{i,t}$ 取值为 1，否则为 0；当杠杆调整模式为债务偿还时，$Adjust\_4_{i,t}$ 取值为 1，否则为 0。$Dev_{i,t}^a$ 等于经收益调整后实际资本结构与目标资本结构偏离程度的绝对值（$|Lev_{i,t}^* - Lev_{i,t-1}^p|$）。①$DCG$ 是数字化转型的代理变量。变量集 X 的变量组成同模型（6-1）。假定 $\varPhi$ 服从 Logistic 分布，使用 Logit 回归对模型（6-5）中数字化转型与资本结构调整方式的关系进行实证检验。

表 6-5 报告了数字化转型对资本结构调整方式的影响。如表 6-5 所示，Dev 的所有回归系数均为正，且在 1% 的水平上显著，表明企业很可能通过发行有息债务或支付现金股利向上调整资本结构，通过发行股权或偿还有息债务向下调整资本结构与已有研究相一致（Leary and Roberts，2005；Cooper and Lambertides，2018；Li et al.，2019）。此外，第（1）列、第（2）列中交互项（$DCG \times Dev^a$）的回归系数为正且分别在 5% 和 1% 的水平上显著，这意味着数字化转型增强了企业通过发放有息债务或现金股利来向上调整资本结构的可能性。与此同时，在第（3）列、第（4）列也发现了类似的结果，即交互项（$DCG \times Dev^a$）的回归系数均为正且在 1% 的水平上显著，这意味着数字化转型也增强了企业通过发行股票或偿还负债来向下调整资本结构的可能性。

表 6-5 数字化转型与资本结构调整方式的回归结果

变量	(1)	(2)	(3)	(4)
	Under-leveraged		Over-leveraged	
	Debt Issue	Cash Dividend	Equity Issue	Debt Retirement
	Adjust_1	Adjust_2	Adjust_3	Adjust_4
Dev^a	14.607***	9.013***	6.365***	11.341***
	(8.80)	(6.39)	(3.89)	(6.64)
$DCG \times Dev^a$	1.692**	2.300***	2.821***	3.249***
	(2.27)	(3.68)	(3.39)	(3.81)
DCG	-0.004	-0.030	-0.032	-0.079**
	(-0.14)	(-0.96)	(-0.96)	(-2.20)
$EBIT\_TA$	-0.575	-8.330***	1.655***	11.498***
	(-1.13)	(-14.86)	(3.12)	(16.94)

① 当经收益调整后的实际资本结构低于（高于）目标资本结构时，$Dev_{i,t}$ 的符号是正值（负值）。当其符号为负值时，其数值越大表示资本结构偏离程度越小。因此，为了更好地研究在不同的负债水平上数字化转型对资本结构调整方式的影响，对 $Dev_{i,t}$ 的数值进行绝对值处理。

续表

变量	(1) Under-leveraged Debt Issue Adjust_1	(2) Under-leveraged Cash Dividend Adjust_2	(3) Over-leveraged Equity Issue Adjust_3	(4) Over-leveraged Debt Retirement Adjust_4
MB	0.032 (1.50)	0.070*** (3.33)	-0.046** (-2.30)	-0.021 (-0.96)
DEP_TA	-0.059 (-0.21)	-0.612** (-2.14)	0.216 (0.78)	0.302 (1.02)
$Size$	-0.189*** (-7.77)	-0.064*** (-2.64)	-0.002 (-0.08)	-0.023 (-0.79)
FA_TA	-1.193*** (-5.68)	-0.010 (-0.05)	-0.278 (-1.27)	-0.058 (-0.25)
$IndTLev$	-1.109** (-2.17)	-0.838* (-1.65)	-0.756 (-1.31)	0.813 (1.34)
Constant	4.315*** (7.23)	1.122* (1.90)	-0.057 (-0.09)	-0.890 (-1.30)
Year & Ind	Yes	Yes	Yes	Yes
N	8383	8383	5947	5947
Pseudo R^2	0.081	0.069	0.026	0.0816

注：括号内为标准误差经公司层面聚类后计算得到的 t 值；*、**、***分别表示在10%、5%、1%的水平上显著。

6.5.4 稳健性检验

（1）替换数字化转型衡量方式

在基准回归中，使用公司 i 第 t 年在年报中披露的与数字化转型有关的关键词词频加1后的自然对数来衡量企业数字化转型水平（$DCG_{i,t}$）。在本节中进一步选取两种不同的衡量方法进行稳健性检验：首先，考虑到样本公司数字化转型水平有较大差异，因此对企业数字化转型程度进行标准化处理。具体地，设置 DCG_{std} 作为数字化转型的代理变量，其在数值上等于 $[DCG_{i,t}-\min(DCG_{i,t})]/[\max(DCG_{i,t})-\min(DCG_{i,t})]$，即公司 i 在第 t 年年报中数字化转型关键词词频数（$DCG_{i,t}$）与在年度水平上 $DCG_{i,t}$ 的最小值的差值，再除以在年度水平上 $DCG_{i,t}$ 最大值和最小值的差值。其次，为了消除数字化转型企业的行业差异性对基准结果的影响，使用经行业和年度均值调整后的公司 i 第 t

年的数字化转型程度作为稳健性衡量指标（DCG_{adj}）。上述两个代理变量衡量了企业数字化转型的相对水平，排除了样本公司间个体和行业上差异的影响。

表 6-6 第（1）列、第（2）列的结果显示，目标交乘项 $DCG_{std} \times Dev$ 和 $DCG_{adj} \times Dev$ 的回归系数均为正且在 1% 的水平上显著。实证结果表明，研究结论不受数字化转型衡量方式不同的影响。

表 6-6 稳健性检验结果：替换关键变量衡量方式

变量	替换数字化转型衡量方式		替换资本结构动态调整衡量方式	
	(1)	(2)	(3)	(4)
	ΔLev	ΔLev	ΔLev	$\Delta MLev$
Dev	0.708***	0.754***		
	(25.98)	(32.44)		
$DCG_{std} \times Dev$	0.227***			
	(3.46)			
$DCG_{adj} \times Dev$		0.002***		
		(2.92)		
Dev_{gmm}			0.497***	
			(23.81)	
$DCG \times Dev_{gmm}$			0.032***	
			(4.69)	
$MDev$				1.361***
				(36.21)
$DCG \times MDev$				0.048***
				(4.62)
Constant	0.005**	0.005**	0.008***	−0.007
	(2.35)	(2.20)	(3.47)	(−2.69)
Year & Firm	Yes	Yes	Yes	Yes
N	14332	14332	14332	12018
Adj. R^2	0.193	0.192	0.215	0.5296

注：括号内为标准误差经公司层面聚类后计算得到的 t 值；**、*** 分别表示在 5%、1% 的水平上显著。

（2）替换动态资本结构调整的衡量方式

此外，本章还使用其他方法获取企业资本结构动态调整相关变量。首先，使用其他方法来估计目标资本结构。在基准回归中，采用 LSDVC 模型对目标杠杆进行估计。Flannery 和 Hankins（2013）指出，除了用 LSDVC 方法获取动态面板模型的估计量之外，由 Blundell 和 Bond（1988）提出的系统广义矩估计方法（系统 GMM）也较为常用。① 借鉴已有文献（Lemmon et al.，2008；Faulkender et al.，2012；Li et al.，2019），在模型（6-1）中使用系统 GMM 方法重新对目标资本结构（$Lev^*_{i,tgmm}$）进行估计。②

其次，在基准回归中，本章探究了数字化转型和企业账面杠杆调整速度之间的关系。为了确保结论的稳健性，从市场维度衡量资本结构。与账面杠杆相比，市场杠杆率的变化主要是由股价变化所导致的，且市场杠杆率的变化更具有波动性和持久性（Yin and Ritter，2020）。因此，市场杠杆的稳定和调整对企业也很重要。由此本章进一步使用 LSDVC 方法对目标市场杠杆进行估计（$MLev^*_{i,t}$），并计算市场资本结构调整速度。具体地，借鉴已有文献（Lemmon et al.，2008；Yin and Ritter，2020），将市场杠杆（$MLev_{i,t}$）定义为公司 i 第 t 年账面债务与账面债务和市场权益合计的比值。相似地，将 $\Delta MLev$ 定义为市场杠杆从第 $t-1$ 年到第 t 年主动、积极调整的部分，将 $MDev_{i,t}$ 定义为实际市场杠杆（$MLev_{i,t}$）与目标市场杠杆（$MLev^*_{i,t}$）的偏离程度。接下来，使用上述替代变量重新对模型（6-4）进行回归，进而检验研究结论的稳健性。

实证结果如表 6-6 的第（3）列、第（4）列所示，交乘项 $DCG\times Dev_{gmm}$ 和 $DCG\times MDev$ 的回归系数均为正，且在 1% 的水平上显著。结果表明，在替换资本结构动态调整相关指标的衡量方式后，研究结论依然稳健。

（3）Heckman 两阶段模型

表 6-3 的描述性统计结果显示，样本企业的数字化转型水平存在较大差异，这表明企业的数字化转型程度会受其自身特征的影响，由此简单进行 OLS 回归会使得研究结论存在偏误。因此，本章使用 Heckman 两阶段模型以减少由样本自选择偏误所导致的内生性问题。

---

① 系统 GMM 估计的是两方程系统的水平和一阶差分回归，在估计模型中需要更高阶的滞后变量作为工具。

② 具体地，借鉴前人研究（Blundell and Bond，1998；Lemmon et al.，2008）使用滞后一期的有息负债（$Lev_{i,t-1}$）以及滞后一期的模型（6-1）中使用的控制变量集 X 作为工具，使用 Stata 命令"xt-dpdsys"执行系统 GMM 估计并计算目标资本结构（$Lev^*_{i,tgmm}$）。使用系统 GMM 方法对目标资本结构进行估计的结果在表 6-6 的第（1）列呈现。进一步地，根据得到的估计变量 $Lev^*_{i,tgmm}$，计算经盈收调整后实际资本结构与目标资本结构的偏离程度（Dev_{gmm}）。最后，将上述结果变量替换到模型（6-4）中进行稳健性检验。

具体地，在第一阶段，借鉴 Chen 等（2022b）的研究，首先设置虚拟变量（Dum_DCG），当公司 i 在 t 年进行数字化转型（$DCG>0$）时赋值为 1，否则为 0。控制变量包括公司规模（$Size$）、有息杠杆率（Lev）、资产回报率（ROA）、创新投入（RD）、公司年龄（Age）、董事会规模（$Boardsize$）、两职合一（$Dual$）、股权集中度（$Top1$）、审计师类型（$Big4$）以及年份和公司固定效应。① 接下来，使用 Probit 模型来估计企业进行数字化转型的概率，并同时计算逆米尔斯比率（IMR）。在第二阶段，在模型（6-4）中添加交乘项（$IMR×Dev$）作为额外的解释变量对资本结构调整速度进行回归。如表 6-7 的第（1）列所示，目标交乘项（$IMR×Dev$）的回归系数显著为负，表明基准回归模型设置存在样本自选择问题。此外，目标交乘项（$DCG×Dev$）的回归系数仍然在 5% 的水平上显著为正。实证结果表明，在控制了潜在的样本自选择偏误后，研究结论依然稳健。

（4）工具变量法

借鉴已有研究（Lewbel, 1997），进一步使用工具变量法来解决潜在的内生性问题。具体地，首先，计算第 t 年与公司 i 处于同一行业和省份的其他公司的数字化转型水平的平均值（DCG_{mean}）。其次，计算第 t 年公司 i 的数字化转型水平（$DCG_{i,t}$）与 DCG_{mean} 差值的立方。最后，为了便于阅读和理解，将上述计算结果指标做乘以 0.0001 的量纲处理，以此来计算目标工具变量（$Lewbel\_IV$）。

表 6-7 中第（2）列、第（3）列报告了两阶段最小二乘法的回归结果。其中，第（2）列报告了第一阶段的回归结果。交乘项（$Lewbel\_IV×Dev$）的回归系数正向显著，表明工具变量的选择满足了相关性要求。第（3）列报告了第二阶段的回归结果。Kleibergen-Paap rk LM 统计量在 1% 的水平上显著，Cragg-Donald Wald F 和 Kleibergen-Paap rk Wald F 的值均高于 Stock-Yogo，表明选取的工具变量具有可行性。此外，如第（3）列所示，目标交乘项（$DCG×Dev$）的回归系数仍然在 1% 的水平上显著为正，在使用工具变量法解决内生性问题后，数字化转型仍能显著提升资本结构调整速度，即研究结论是稳健的。

---

① 相关变量定义如下：ROA 代表企业的资产回报率；RD 等于研发投入除以总资产；Age 等于公司成立年限的自然对数；$Boardsize$ 等于董事会人数的自然对数；$Dual$ 为哑变量，如果董事长兼任 CEO，取值为 1，否则取 0；$Top1$ 为第一大股东的持股比例；如果公司由四大审计师审计，则 $Big4$ 取值为 1，否则为 0。

表 6-7 稳健性检验结果：Heckman 两阶段模型、工具变量法

变量	Heckman 两阶段模型	工具变量法	
	(1)	(2)	(3)
	ΔLev	$DCG\times Dev$	ΔLev
$Lewbel\_IV\times Dev$		0.005***	
		(22.67)	
Dev	0.983***	1.739***	0.417***
	(16.66)	(152.35)	(4.48)
$DCG\times Dev$	0.044**		0.199***
	(1.99)		(3.77)
$IMR\times Dev$	-2.420***		
	(-9.14)		
Constant	0.002	-0.194**	0.035
	(0.49)	(-4.15)	(0.62)
Controls	Yes	Yes	Yes
Year & Firm	Yes	Yes	Yes
Kleibergen-Paap rk LM 统计量	—	—	24.566***
Cragg-Donald Wald F 统计量	—	—	513.958
Kleibergen-Paap rk Wald F 统计量	—	—	160.219
N	9172	14332	14332
Pseudo R^2/Adj. R^2	0.220	0.752	0.145

注：括号内为标准误差经公司层面聚类后计算得到的 t 值；**、*** 分别表示在5%、1%的水平上显著。

(5) 控制其他变量

公司治理特征、信息环境以及公司财务状况可能影响企业资本结构动态调整决策，这表明基准回归结果可能存在由遗漏变量问题导致的估计偏差。为了进一步解决潜在的遗漏变量问题，在模型 (6-4) 中从三个不同的维度添加额外的控制变量。

首先，从公司治理的角度，进一步控制了股权集中度 ($Top1$，等于第一大股东持股比例)、独立董事比例 (Dir，等于独立董事人数除以上市公司总人数) 以及董事长与总经理两职合一 ($Dual$，如果董事长和总经理为同一人取值为1，否则为0)。其次，从公司信息环境的角度，进一步控制了企业信息透明度 ($Opaque$，基于修正后的琼斯模型计算的可操纵性应计利润)、分析

师跟踪（Analyst，分析师跟踪人数加 1 后取自然对数）以及审计师类型（Big4，如果是四大审计取值为 1，否则为 0）。最后，从公司财务状况的角度，进一步控制了企业盈利能力（ROA，等于公司净利润除以总资产）、现金持有水平（Cash，等于现金和现金等价物占总资产的比重）以及公司规模（Size，等于公司年末总资产取自然对数）。

表 6-8 报告了控制潜在遗漏变量的稳健性检验结果。如表 6-8 所示，交乘项（DCG×Dev）的回归系数仍然在 1%的水平上显著为正。结果表明，本书的结论在控制潜在遗漏变量问题后依然稳健。

表 6-8　稳健性检验：控制其他变量

变量	(1)	(2)	(3)	(4)
	ΔLev			
Dev	0.596*** (3.48)	0.422*** (8.92)	0.686*** (9.31)	−0.542 (−1.18)
DCG×Dev	0.068*** (4.09)	0.060*** (3.49)	0.071*** (4.26)	0.058*** (3.40)
Top1×Dev	−0.000 (−0.18)			−0.003* (−1.96)
Dir×Dev	0.188 (0.43)			0.362 (0.85)
Dual×Dev	−0.028 (−0.50)			0.004 (0.06)
Opaque×Dev		1.340*** (5.69)		1.525*** (6.63)
Analyst×Dev		0.079*** (3.85)		0.029 (1.41)
Big4×Dev		0.053 (0.58)		−0.034 (−0.34)
ROA×Dev			1.332*** (4.48)	1.552*** (5.17)
Cash×Dev			−0.555** (−2.26)	−0.618*** (−2.64)
Size×Dev			0.040** (2.16)	0.047** (2.31)
Constant	0.005** (2.22)	0.004* (1.85)	0.004 (1.55)	0.004 (1.63)

续表

变量	(1)	(2)	(3)	(4)
	\multicolumn{4}{c}{ΔLev}			
Year & Firm	Yes	Yes	Yes	Yes
N	13190	13191	13191	13190
Adj. R^2	0.196	0.204	0.202	0.210

注：括号内为标准误差经公司层面聚类后计算得到的 t 值；*、**、*** 分别表示在10%、5%、1%的水平上显著。

6.6 机制检验

基准研究证实了数字化转型与资本结构调整速度之间的正相关关系。本书进一步探讨数字化转型如何加速动态资本结构调整。在假设发展部分，我们提出"降低信息不对称程度""减小代理成本"和"缓解融资约束"是上述关系成立的潜在渠道。为了证明这一假设，借鉴 Baron 和 Kenny（1998）的研究，使用三步法对上述中介机制进行实证检验。具体地，将模型（6-4）作为中介效应第一步检验的模型。此外，第二步和第三步模型如下所示：

$$Mediator_{i,t} = \beta_0 + \beta_1 DCG_{i,t} + \sum Control + Year\ FE + Firm\ FE + \varepsilon_{i,t} \tag{6-6}$$

$$\Delta Lev_{i,t} = (\theta_0 + \theta_1 DCG_{i,t} + \theta_2 Mediator_{i,t}) Dev_{i,t} + Year\ FE + Firm\ FE + \varepsilon_{i,t} \tag{6-7}$$

其中，$Mediator_{i,t}$ 是中介机制的代理变量，在不同的机制检验下分别表示信息不对称、代理成本和融资约束。相似地，$Control$ 代表控制变量，具体包括公司规模（$Size$）、有息杠杆率（Lev）、资产回报率（ROA）、成长机会（MB）、所有权性质（SOE）、董事会规模（$Boardsize$）和股权集中度（$Top1$）。DCG 衡量了企业的数字化转型程度。

6.6.1 信息不对称的中介效应

已有研究表明，信息不对称会增加企业的内外部融资成本（Myers, 1984），由此降低资本结构调整的速度（Byoun, 2008; Öztekin, 2015）。已有文献表明，企业数字化有利于改善信息环境（Chen et al., 2022b; Jiang et al.，2022；Tian et al.，2022）。因此，预计企业数字化转型能够有效缓解信息不对称，并进一步加快企业资本结构调整的速度。

本书采用两种不同的方式来衡量企业信息不对称程度，进而对"数字化转型→信息不对称→资本结构动态调整速度"的路径进行检验。首先，借鉴Chen 等（2022a）的研究，使用分析师跟踪（Analyst）作为信息不对称的代理变量，其数值越高代表企业信息不对称程度越低。其次，已有文献表明，可比的会计信息增强了报告透明度并改善了信息环境，由此减少了信息不对称（Horton et al.，2012；Kim et al.，2013）。因此，使用财务报表可比性作为信息不对称的另一个指标。具体地，参考 De Franco 等（2011）的研究计算企业的财务报表可比性指标（CompAcct），其数值越大表示企业会计信息可比性越高，信息不对称性越低。

表 6-9 报告了信息不对称的中介效应检验结果。前两列使用分析师跟踪（Analyst）作为信息不对称的代理变量，后两列使用财务报表可比性（CompAcct）来代理信息不对称。第（1）列、第（3）列报告了模型（6-6）的回归结果，结果显示数字化转型（DCG）的系数显著为正，表明数字化转型降低了企业与外部投资人之间的信息不对称。第（2）列报告了模型（6-7）的回归结果，结果显示交乘项 $DCG \times Dev$ 的系数仍然显著为正，且其绝对值低于表 6-4 中第（4）列相应系数的绝对值。第（4）列显示了相似的结果。此外，借鉴 Zhao 等（2010）的研究，对信息不对称程度的中介效应进行了 Sobel 测试，据此检验该中介效应是否具有统计显著性。Sobel 检验结果表明，Z 统计量达到了 5.314（6.307），且均在 1% 的水平上显著。因此，上述检验结果表明，降低信息不对称是企业数字化转型加速资本结构调整的中介渠道，进一步佐证了假设 H6-1。

表 6-9 中介机制检验结果：信息不对称

变量	(1)	(2)	(3)	(4)
	Analyst	ΔLev	CompAcct	ΔLev
Dev		0.554*** (13.26)		0.928*** (15.50)
DCG×Dev		0.066*** (4.23)		0.059*** (3.07)
Analyst×Dev		0.067*** (3.47)		

续表

变量	(1) Analyst	(2) ΔLev	(3) CompAcct	(4) ΔLev
CompAcct×Dev				0.161*** (4.49)
DCG	0.058*** (5.27)		0.030*** (2.78)	
Controls	Yes		Yes	
Constant	−10.424*** (−17.81)	0.004* (1.87)	0.496 (0.64)	0.002 (0.95)
Year & Firm	Yes	Yes	Yes	Yes
N	14332	14332	9461	9461
Sobel test-Z (P value)	—	5.314*** (0.000)	—	6.307*** (0.000)
Adj. R²	0.219	0.196	0.106	0.218

注：括号内为标准误差经公司层面聚类后计算得到的 t 值；*、***分别表示在10%、1%的水平上显著。

6.6.2 代理成本的中介效应

现有文献表明，管理层的自由裁量权会导致代理问题，进一步会扭曲企业资本结构动态调整的过程（Morellec et al., 2012），由此降低对资本结构调整的速度（Chang et al., 2014）。短视的管理层更关注短期利润而不太愿意承担与资本结构调整相关的成本（Lewellen, 2006; Antia et al., 2010），从而阻碍了企业资本结构动态调整的过程。数字化转型会使财务管理和内部控制等业务流程更加透明（Goldfarb and Tucker, 2019），有利于股东加强对管理层内部活动的监督。所以，企业数字化转型可以减少管理层的机会主义行为，从而进一步减小代理成本。因此，预期减小代理成本可能是数字化转型促进资本结构调整速度的渠道之一。

本书采用两种方法来衡量管理者和股东之间的代理成本，进而对"数字化转型→代理成本→资本结构动态调整速度"的路径进行检验。首先，已有研究表明管理层短视加剧了股东和经理人之间的代理问题（Antia et al., 2010；胡楠等，2021），因此采用管理层短视（Myopia）来衡量企业代理成本。具体地，按照如下方式度量 $Myopia$。①下载样本公司年报并从中提取管理层讨论与分析（MD&A）部分。[①] ②使用文本分析方法对 MD&A 的内容进行分词，筛选出可表示管理层短视倾向的词汇，构建词典，并计算该类型词汇的词频。[②] ③使用该词频数除以 MD&A 文本中的词汇总数再乘以 100 来衡量企业代理成本的高低。[③] 相应地，$Myopia$ 的数值越高表明企业代理成本越高。其次，已有文献指出，媒体可以有效发挥治理作用并公开披露公司内部人员的自利行为（Dyck et al.，2010），媒体报道增加了公司内部人的声誉成本（Dong et al.，2018），进而可以作为一种外部监督机制来抑制管理层的机会主义行为。所以，预计媒体报道会提高公司治理质量并进一步减少代理问题。因此，进一步使用媒体报道（$Media$）来衡量代理成本，进而对代理成本的机制效应进行稳健性检验。具体地，借鉴 Dong 等（2018）的研究，将 $Media$ 定义为第 t 年媒体报道的关于公司的新闻报刊文章数量的自然对数，其数值越高表明企业代理成本越低。

表 6-10 报告了代理成本的中介效应检验结果。如第（1）列、第（3）列所示，DCG 的回归系数至少在 5% 的水平上显著为负，实证结果表明数字化转型降低了代理成本。类似地，第（2）列、第（4）列报告了模型（6-7）的检验结果，其中交乘项 $DCG×Dev$ 的回归系数显著为正，且其系数绝对值均低于表 6-4 中第（4）列的系数绝对值。同时，对降低代理成本中介效应的 Sobel 检验结果表明，Sobel Z 值达到 4.327（3.504）并具有统计显著性。实证检验结果表明，减小代理成本是企业数字化转型加速资本结构调整的中介渠道，进一步佐证了假设 H6-1。

[①] 管理层讨论与分析（MD&A）是公司年度报告中的一个部分，管理人员会在该部分分析公司上一年度的业绩、目前的财务状况以及对未来业绩的预测。

[②] 参考已有文献（Li，2010；Brochet et al.，2015；胡楠等，2021），构建了可以衡量管理层短期视野的关键词词汇集。具体地，这些关键词包括"日内、数天、随即、即刻、在即、最晚、最迟、关头、恰逢、来临之际、前夕、适逢、遇上、正逢、之时、难度、困境、严峻考验、双重压力、通胀压力等"（共33个）。

[③] Antia 等（2010）提出可以使用 CEO 任期来衡量管理层短视。然而，管理层短视是一个多维度的指标，与该方法相比，基于文本分析方法对 MD&A 部分的词汇进行定性来衡量管理层短视，可以更为直接地反映 CEO 的短期视野，也可以在较大程度上避免诸如 CEO 年龄等其他因素对管理层短视指标构建的遗漏干扰等问题。

表6-10 中介机制检验结果：代理成本

变量	(1) Myopia	(2) ΔLev	(3) Media	(4) ΔLev
Dev		0.711*** (16.62)		0.400*** (4.55)
DCG×Dev		0.071*** (4.46)		0.072*** (4.65)
Myopia×Dev		-0.582*** (-3.32)		
Media×Dev				0.051*** (2.89)
DCG	-0.003** (-1.99)		0.043*** (4.39)	
Controls	Yes		Yes	
Constant	0.426*** (7.27)	0.005** (2.32)	-2.655*** (-4.75)	0.005** (2.19)
Year & Firm	Yes	Yes	Yes	Yes
N	14332	14332	14332	14332
Sobel test-Z (P value)	—	4.327*** (0.000)	—	3.504*** (0.000)
Adj. R²	0.024	0.195	0.112	0.195

注：括号内为标准误差经公司层面聚类后计算得到的 t 值；**、***分别表示在5%、1%的水平上显著。

6.6.3 融资约束的中介效应

已有文献表明，企业面临的融资约束会增加其资本结构调整的成本（Flannery and Hankins, 2007; Faulkender et al., 2012），并由此阻碍其资本结构调整的速度（Dang et al., 2012）。与数字化转型有关的研究表明，数字化有利于企业融资，数字化转型能降低企业陷入融资困境的可能性（Nambisan et al., 2019; Tian et al., 2022）。因此，预计缓解融资约束程度是企业数字化转型加快其资本结构调整速度的渠道之一。

本书使用两种方式来衡量企业面临的融资约束程度，进而对"数字化转型→融资约束→资本结构动态调整速度"的路径进行检验。首先，参考

Hadlock 和 Pierce（2010）的研究，使用 SA 指数来衡量融资约束（SA），其数值越大表明企业面临的融资约束程度越高。① 其次，Fazzari 等（1988）指出，如果企业愿意支付更高的现金股利，则表明企业更不可能面临融资约束。换言之，面临较高融资约束程度的公司有较低的股利支付率，甚至是不愿意支付现金股利。因此，利用股利支付率的高低来区分某一企业面临融资约束程度的高低，设置虚拟变量（FC_{dummy}）来表示企业面临的融资约束程度。具体地，参考 Denis 和 Sibilkov（2010）的研究，将企业现金股利支付率按年排序并按三分位数进行分组。当企业的股利支付率处于下 1/3 位数及以下时，表明其面临较强的融资约束，此时 FC_{dummy} 取值为 1；当企业的股利支付率处于上 1/3 位数及以上时，表明其面临的融资约束程度较低，此时 FC_{dummy} 取值为 0。

表 6-11 报告了融资约束的中介效应检验结果。前两列的中介变量为 SA 指数，其余列的中介变量是用来衡量融资约束程度的哑变量（FC_{dummy}）。如第（1）列、第（3）列所示，DCG 的回归系数至少在 5%的水平上显著为负，实证结果表明数字化转型可以有效缓解企业所面临的融资约束。第（2）列报告了在模型（6-7）中加入交互项 $DCG \times SA$ 作为额外控制变量后，数字化转型对资本结构调整速度的回归结果。结果表明，交乘项 $DCG \times Dev$ 的系数为正且显著，其绝对值小于表 6-4 中第（4）列的系数绝对值。相似地，第（4）列中 $DCG \times Dev$ 的回归系数也显著为正，并且其绝对值小于剔除股利支付率位于中间三分位数的公司观测值后模型（6-4）中 $DCG \times Dev$ 的回归系数绝对值。② 同时，Sobel 值检验结果显示，Sobel Z 值分别达到了 2.666 和 4.175，且均在 1%的水平上显著。实证检验结果表明，缓解融资约束是企业数字化转型加速资本结构调整的中介渠道，进一步佐证了假设 H6-1。

---

① 借鉴 Hadlock 和 Pierce（2010）的研究，SA 指数的计算公式具体如下：$SA = -0.737 \times Size + 0.043 \times Size^2 - 0.040 \times Age$。其中，$Size$ 是企业年末总资产的自然对数；Age 是企业成立年限的自然对数。与其他衡量融资约束的指标相比，SA 指数仅与公司的规模和年龄有关，二者具有很强的外生性，范围随时间推移的变化并不大。因此用 SA 指数来衡量企业融资约束程度几乎适用于所有类型的企业。

② 为了中介效应检验结果呈报方式的一致性，本章并未报告剔除股利支付率处于中间三分位数公司观测值后对模型（6-4）的回归结果。

表 6-11 中介机制检验结果：融资约束

变量	(1) SA	(2) ΔLev	(3) FC_{dummy}	(4) ΔLev
Dev		−0.588 (−1.56)		0.711*** (13.31)
DCG×Dev		0.073*** (4.62)		0.092*** (4.68)
SA×Dev		−0.330*** (−3.23)		
FC_{dummy}×Dev				−0.161*** (−3.16)
DCG	−0.004*** (−2.92)		−0.052** (−1.97)	
Controls	Yes		Yes	
Constant	−3.526*** (−17.88)	0.006*** (2.73)	6.197*** (7.20)	0.003 (1.07)
Year & Firm	Yes	Yes	Yes	Yes
N	14332	14332	9663	9663
Sobel test-Z (P value)	—	2.666*** (0.008)	—	4.175*** (0.000)
Adj. R²/Pseudo R²	0.747	0.196	0.205	0.199

注：括号内为标准误差经公司层面聚类后计算得到的 t 值；**、*** 分别表示在5%、1%的水平上显著。

6.7 进一步分析

6.7.1 数字化转型、行业竞争与资本结构调整速度

根据现有文献，激烈的行业竞争会通过增加企业的破产风险进而加剧融资约束（Povel and Raith，2004）。同样地，当企业面临较高的融资约束时，数字化转型的治理作用会更加有效。因此，假设数字化转型对资本结构调整速度的提升作用对处于竞争激烈行业的企业更为显著。具体地，首先使用基于市场销售收入计算的赫芬达尔指数作为行业竞争程度的衡量指标（HHI），

较低的 HHI 表明行业竞争较为激烈，接下来根据 HHI 的年度中位数将样本划分为行业竞争程度较高子样本和行业竞争程度较低子样本，然后对模型（6-4）进行分组回归来检验行业竞争程度对基准研究关系的异质性影响。

表 6-12 的第（1）列、第（2）列报告了行业竞争程度对数字化转型与资本结构调整速度关系的调节作用估计结果。相较于在行业竞争程度较低组，交乘项 $DCG×Dev$ 的回归系数在行业竞争程度较高组的绝对值更大且显著性更高。此外，组间系数差异通过了显著性检验。实证结果表明，数字化转型对资本结构调整速度的正向影响在竞争激烈的行业中更为显著，进一步支持了研究假设。

表 6-12 进一步分析结果：行业竞争、市场发展水平和经济政策不确定性

变量	(1)	(2)	(3)	(4)	(5)	(6)
	行业竞争		市场发展水平		经济政策不确定性	
	高	低	高	低	高	低
	ΔLev					
Dev	0.663*** (11.20)	0.738*** (13.33)	0.622*** (10.47)	0.682*** (13.53)	0.568*** (9.27)	0.703*** (14.62)
DCG×Dev	0.128*** (5.07)	0.050** (2.05)	0.131*** (5.68)	0.059** (2.52)	0.139*** (4.62)	0.031 (1.52)
Constant	−0.005 (−1.50)	0.009*** (2.60)	0.006 (0.98)	0.004 (1.41)	0.004* (1.66)	0.001 (0.26)
Year & Firm	Yes	Yes	Yes	Yes	Yes	Yes
N	6853	7479	6974	7100	5254	9078
Adj. R²	0.222	0.215	0.211	0.207	0.203	0.198
Difference/P	0.078** (0.012)		0.072** (0.027)		0.108*** (0.002)	

注：括号内为标准误差经公司层面聚类后计算得到的 t 值；*、**、*** 分别表示在 10%、5%、1% 的水平上显著。

6.7.2 数字化转型、市场发展水平与资本结构调整速度

尽管中国在市场化发展方面取得了巨大进步，但分地区的数字化发展进程还具有较大差异。在江苏、广东、浙江等省份，市场化制度较为发达。然而，在市场化水平不发达的省份，企业的行为决策很大程度上受政府控制以及政府干预的影响（Chen et al., 2020; Hope et al., 2020）。完善的市场化发

展环境有助于资源有效配置、技术进步和创新投资，这些都是企业实施数字化转型的必要条件。换言之，高度发达的市场环境可以为企业的数字化转型提供有力的支持。因此，预计当企业所处的地区市场发展水平较高时，数字化转型对资本结构调整速度的提升作用会更为显著。为了验证上述猜想，借鉴 Xu 等（2014）的研究，首先使用由 Wang 等（2020）提出的市场化指数来衡量地区市场发展水平（*Market*），数值越大表示地区市场发展水平越高。① 按照 *Market* 的年度均值将总样本分为市场发展水平较高组和市场发展水平较低组，然后重新对模型（6-4）进行分组回归。

表 6-12 的第（3）列、第（4）列报告了地区市场发展水平对数字化转型和资本结构调整速度关系的调节作用估计结果。相较于在地区市场发展水平较低组，目标交乘项 $DCG \times Dev$ 的回归系数在地区市场发展水平较高组的绝对值更大且显著性程度更高。此外，组间系数差异通过了显著性检验。实证结果表明，数字化转型对资本结构调整速度的正向影响在市场发展水平较高的地区中更为显著，与理论预期保持一致。

6.7.3　数字化转型、经济政策不确定性与资本结构调整速度

现有文献表明，经济政策不确定性提升了企业面临的融资约束程度（宫汝凯等，2019；宋全云等，2019；Ma and Hao，2022）。相应地，在经济政策不确定性更高的环境下，数字化转型可以更有效地发挥缓解融资约束的治理效应。因此，预计在经济政策不确定性较高的环境下，企业数字化转型对资本结构调整速度的提升作用更为显著。具体地，借鉴 Liu 等（2022）的研究，首先使用 Baker 等（2016）提出的经济政策不确定性指数在年度水平上衡量经济政策不确定性程度（*EPU*），数值越大表示经济政策不确定性程度越高。② 接下来按照 EPU 的样本中位数将总样本分为高经济政策不确定性组和低经济政策不确定性组，然后重新对模型（6-4）进行分组回归。

表 6-12 的第（5）列、第（6）列报告了经济政策不确定性对数字化转

---

① 市场化指数从不同的方面系统地衡量了中国 31 个省份的市场化进程以及经济资源的市场分配情况，其中包括以下五个维度："市场与政府的关系""非国有经济的发展""产品市场的发育程度""要素市场的发育程度""市场中介组织和法治环境"。数据来源：https：//cmi.ssap.com.cn/instruction。

② EPU 指数根据新闻报刊报道来衡量经济政策不确定性（EPU）。具体来说，在构建中国的 EPU 指数时，Baker 等（2016）以《南华早报》为新闻报道检索平台，构建基于文本分析的经济政策不确定性指数。EPU 指数的详细构建过程可参考 http：//www.policyuncertainty.com/china_epu.html。

型和资本结构调整速度关系的调节作用估计结果。在高经济政策不确定性子样本中，交乘项 $DCG \times Dev$ 的回归系数在1%的水平上显著为正，而第（6）列的对应系数为正但不显著。此外，组间系数差异具有统计显著性（P 值为0.002）。实证结果表明，数字化转型对资本结构调整速度的正向影响在经济政策不确定性更高的环境下更为显著，支持了研究假设 H6-1。

6.8 研究结论与启示

本章研究了数字化转型是否影响资本结构调整速度以及潜在的机制。基于2007—2020年中国 A 股上市公司样本，研究发现企业数字化转型加快了动态资本结构调整速度。在进行了一系列稳健性测试后，基准研究结论依然稳健。此外，数字化转型提升了企业通过增加有息债务和现金股利分红的方式来向上调整资本结构的可能性，通过发行股票和偿还有息债务的方式来向下调整资本结构的可能性。本章进一步研究了数字化转型和资本结构调整速度关系背后的可能机制，并在不同的截面环境下进行了异质性分析。研究发现，降低信息不对称程度、减小代理成本和缓解融资约束是数字化转型加速资本结构调整的三个影响渠道。此外，数字化转型对资本结构调整速度的正向影响在竞争激烈的行业、市场发展水平高的省份和经济政策不确定性高的年份更为明显。

综上，本书阐明了数字化转型在影响企业动态杠杆调整方面的积极作用，补充了已有的探究杠杆调整影响因素的文献。相关结论为研究数字化转型影响企业行为决策的文献提供了新的经验证据。近年来，数字化转型已成为企业获取竞争优势、实现公司差异化发展战略的一种新型有效战略。通过研究数字化转型对动态资本结构调整速度的积极影响及其公司治理效果，研究结论为监管机构提供了一定的政策启示，以便相关部门能够在未来制定相关支撑政策从而更有力地推动企业数字化。此外，由于中国资本市场在公司治理等方面所揭示的特征在许多新兴经济体中也很普遍，因此研究结论也可以应用于中国以外的其他发展中国家。

第7章
数字化转型与商业信用融资

7.1 引言

数字化转型是顺应新一轮科技革命趋势，不断深化应用人工智能、大数据、云计算、区块链等新一代信息技术，实现转型升级和创新发展的过程。伴随着数字经济由蓬勃兴起向进一步发展转变，数字化转型已成为全球范围内经济社会创新与发展的主要优先事项。中国信息通信研究院公布的《中国数字经济发展白皮书（2022年）》显示，2021年我国数字经济规模已达45.5万亿元，占GDP的39.8%，为经济社会发展提供了强有力的支撑。2021年以来，数字化转型已成为国家战略，政府高度重视数字经济的发展，将其作为供给侧结构性改革、实体经济发展和创新驱动发展的重要内容。在实践导向的转变与政策的推动之下，数字化转型已成为微观经济主体实现优质发展的必由之路，也成为政界、学界和业界普遍关心的热门话题。

我国中小企业量大面广，有灵性、有活力，但是在资产规模和偿债能力方面存在着明显的劣势，缺乏充足抵押和担保，贷款成本相对较高。理论和实践层面都充分证明，中小企业的发展与中国区域经济以及全国经济的发展息息相关。党的十八大以来，习近平总书记将中小企业发展和数字经济发展摆在治国理政的突出位置进行部署和推进；时任国务院总理李克强多次主持召开国务院常务会议，加大对市场主体特别是中小企业纾困帮扶力度。随着数字技术逐渐应用于企业的日常生产和经营活动中，供应链的信息质量得到了提高，为解决中小企业融资难、融资贵的问题提供了新的途径。

所谓商业信用，是指企业间在交易过程中，被出售商品或者提供劳务的公司（供应商）对购买商品或者接受劳务的公司（客户）所给予的一种信用，是企业融资的重要途径。中国作为一个新兴市场经济体，银行业竞争程度严重不足，存在严重的信贷歧视，导致私有企业面临严重的融资约束问题。在这种情况下，商业信用能够有效解决企业由于融资约束引发的投资不足问题（修宗峰等，2021），在中国企业间得到了广泛应用。与传统的银行贷款、股票融资等正式融资渠道相比较，商业信用融资的特点是成本低、低信息不对称等（Schwartz，1974），商业信用融资已越来越成为我国企业，特别是中小企业解除融资约束的重要途径（修宗峰等，2021）。

本章认为数字化转型对企业商业信用融资具有显著的促进作用。一方面，企业数字化转型可以降低代理成本（Chen and Kamal，2016），增强内部控制能力（易露霞等，2021），有效提高供应链上下游企业的会计信息质量，从而提升商业信用融资能力。另一方面，企业数字化转型是社会建设发展热点，通过分析师和媒体的信息中介和公共监督的作用（肖土盛等，2017），可以提升信息透明度，有效降低供应链上下游之间的信息不对称程度，从而提升商业信用融资能力。

本章的理论贡献主要表现在如下两方面：第一，丰富了数字化转型经济后果的研究。把企业数字化转型和商业信用挂钩，在微观主体视角下，扩展了融资渠道理解，为了解企业数字化转型、降低数字衍生成本、释放数字技术红利，提供了新的视角。第二，扩展了商业信用融资影响因素的相关文献。以往研究主要是从市场地位、市场竞争程度、货币政策、经济不确定性等外部因素研究商业信用的影响机制，本章从数字化转型这一企业内部治理变革出发，扩展了相关研究，为我国亟待发展的"草根金融"及中小企业融资环境的改善提供了企业微观层面的实证支持。

本章的现实意义主要体现在如下两方面：第一，为数字化转型赋能中小企业发展提供了有益启示。数字化转型通过提升中小企业内部治理水平、优化生产经营流程等方面，有效提升了其经营和经济绩效，缓解了内外信息不对称，有助于中小企业缓解融资约束，实现高质量发展。第二，为政府如何更好地推动数字化转型产生积极影响提供借鉴。文章从微观视角审视了企业数字化转型所带来的经济结果，有力披露了促进数字经济与实体经济协同发展相关政策的成效，为政府部门引导和推进企业数字化转型进程，重点助力中小企业顺利实施数字化转型提供了借鉴。

7.2 文献综述与研究假设

7.2.1 企业数字化转型的经济后果研究

现有文献主要是从提高企业经营绩效和经济绩效两个方面，展开对数字化转型积极经济后果的研究。人工智能、大数据等数字技术促进了企业创新转型，从而提高了企业的经济绩效（陈春花等，2019；何帆和刘红霞，2019），例如，企业数字化转型能够提高生产效率（刘飞，2020；赵宸宇等，2021），有效提升主业业绩（易露霞等，2021），增强企业的技术创新能力（Manesh et al.，2021），促进商业模式创新（Ciampi et al.，2021）。企业数字化转型还能够有效提升公司的经营绩效，例如，数字化转型引发企业管理变革和推动治理结构的创新（Hess et al.，2016；戚聿东和肖旭，2020），推进生产经营流程优化（Hess et al.，2016），提升企业专业化分工水平（袁淳等，2021）。同时，数字技术的应用显著促进信息和知识要素在企业内部的流动和共享（沈国兵和袁征宇，2020），极大地降低了企业生产和内部治理等方面的成本（张永珅等，2021；赵宸宇等，2021），提升了公司治理及其相关制度的实施质量（曾建光和王立彦，2015）。此外，也有学者从其他角度发现企业数字化转型的程度越高，财务报告审计收费越低（张永珅等，2021），股票的流动性越高（吴非等，2021）。

但是，一些学者对数字化转型能够直接促进企业积极发展这一观点表示质疑。根据《2021埃森哲中国企业数字转型指数研究》，数字化转型后仅有11%的公司能实现"优秀"业绩；Hajli等（2015）研究表明，并非所有企业都能够在数字化转型后获得绩效。企业在数字化转型过程中会产生较大的学习成本（余江等，2017）和衍生管理成本（戚聿东和肖旭，2020），这将严重弱化其对企业绩效的驱动作用。此外，文雯和牛煜皓（2023）研究发现，数字化转型会加剧企业的投融资期限错配，提高企业的经营风险和财务风险。

7.2.2 商业信用的影响因素研究

已有文献分别从经营性动机和融资性动机两个角度来研究商业信用的发生动机。商业信用经营性动机是指企业向外界提供商业信用能够在短期内降低成本、扩大销售或者平抑市场波动，从而有助于企业利润最大化和长期经营目标的实现（刘民权等，2004），主要有交易费用动机（Schwartz，1974）、产品质量保证动机（Smith，1987）、价格歧视动机（Smith，1987；Brennan et al.，1988）和客户关系管理动机（Schwartz，1974）。融资动机则认为商业信用主要来源于信贷配给，当企业发生信贷配给时，商业信用将成为银行贷款的重要替代手段，在货币政策紧缩时期商业信用可以代替银行贷款进行融资（陆正飞和杨德明，2011），在企业无法通过传统融资渠道得到信贷支持的情况下，商业信用将是企业缓解融资约束的一个重要渠道（Petersen and Rajan，1997）。

也有学者从微观和宏观的角度探讨商业信用的影响机制。微观层面，相关研究主要从市场地位、市场竞争程度、产权性质、产业特征等角度展开。张新民等（2012）发现商业信用和银行借款都会向市场地位高的企业集中；方明月（2014）发现企业提供给下游客户的应收账款比例会随着市场竞争的增强而提高；余明桂和潘红波（2010）的研究表明，在金融发展较好的地区，私有企业会更多地用商业信用作为市场竞争手段；孙大超等（2014）发现差异化产品生产行业更愿意为客户提供商业信用。而商业信用的宏观经济层面研究主要集中在货币政策的影响、经济不确定性影响等方面。陈胜蓝和刘晓岭（2018）发现经济政策不确定性的提高会显著减少公司提供的商业信用；胡泽等（2013）基于金融危机视角，发现较好的流动性可以缓冲金融危机带来的企业商业信用供给的减少，其中民营企业对于流动性缓冲作用的依赖性更强。货币政策紧缩期，非国有企业更多地以商业信用作为替代银行信贷的融资方式以弥补资金供给缺口（饶品贵和姜国华，2013）；更多使用商业信用的公司投资增长更快（黄兴孪等，2016）。

7.2.3 理论分析与研究假设

商业信用是一种有效的替代性融资工具，与银行等金融机构类似，企业也会根据客户的经济与经营情况做出是否提供商业信用的决策。在两权分离和信息不对称的情况下，由企业独立公开的信息成为供应链上下游相互了解的重要途径，因此客户所披露信息的可靠性与及时性是影响供应商商业信用决策的重要因素。那么企业应用数字技术后，能否通过提高自身会计信息质量，降低内外信息不对称程度，拓宽信息传递渠道，进而促进企业的商业信用融资？

一方面，数字化转型可以增强企业内部控制，有效提高供应链上下游企业的会计信息质量，从而提升商业信用融资能力。戚聿东和肖旭（2020）研究发现，企业数字化转型中诞生了有限合伙制、双重股权结构等，这也使创始股东超级控制权得到加强。发展数字技术有助于加强企业内部管理，研发、生产、财务控制及其他重大活动得以实时化、透明化（曾建光和王立彦，2015），这减少了企业监督成本和代理问题带来的效率损失（Chen and Kamal，2016）。随着企业内部的信息流转更加流畅，企业内部控制能力得到了显著提升（易露霞等，2021）。内部控制越完善的企业，其会计稳健性越强（Goh and Li，2011），能使企业合作者了解到企业的实际盈利情况和发展前景，从回款及时性和资金安全性等方面考虑，供应商更愿意对拥有较高内控质量的企业提供商业信用（刘进等，2018）。

另一方面，数字化转型能够提高企业信息透明度，有效地降低了供应链上下游企业的信息不对称程度，进而提高商业信用融资能力。数字技术极大地提高了企业数据处理与挖掘水平（吴非等，2021），能对数据进行标准化的编码输出，为市场提供了新的途径去进一步了解企业的生产经营状况（Liu et al.，2011），有效降低了企业内外信息不对称程度。依据信号理论，企业数字化转型正逐渐成为新时代经济和社会发展的一个热点问题，企业借助年报信息披露这一方式，向外界释放积极信号，吸引更多的分析师和媒体的关注，借助他们信息中介和公共监督的作用（肖土盛等，2017），有利于降低逆向选择风险，增进供应商与客户之间的相互信任。

基于以上分析，本章提出研究假设：

H7-1：在其他条件不变的情况下，数字化转型能够显著提升企业的商业信用融资能力。

7.3 研究设计

7.3.1 数据来源

中国作为一个典型的新兴市场经济体，银行存在严重的信贷歧视，中小企业的信贷受到了极大压制。相较于主板企业，中小板和创业板的企业大多为中小企业，面临更为严重的融资约束问题，对商业信用的需求程度会更高。

因此，本章以沪深 A 股中小板和创业板的上市公司为样本，研究企业数字化转型对商业信用融资的影响更具重要意义。

考虑到中国的数字化趋势主要体现在 2010 年之后，本章选取了 2010—2020 年沪深 A 股中小板、创业板上市公司的数据作为研究样本，并对数据进行以下处理：

（1）剔除金融行业样本；

（2）剔除 ST、PT、资不抵债和退市样本；

（3）剔除研究期内 IPO 的公司；

（4）剔除了缺少相关变量的样本；

（5）为减少异常值影响，对所有连续变量进行了上下 1% 的缩尾处理。本章所有原始财务数据均来自国泰安数据库。

7.3.2 变量设定

借鉴已有研究（Petersen and Rajan，1997；陆正飞和杨德明，2011），使用应付账款、应付票据以及预收账款的总和除以总资产来衡量企业商业信用的融资能力（$Credit$）。本章采用的数字化转型指数来自国家金融学科创始人陈云贤博士和广东金融大学国家金融学科负责人唐松教授领导的研究团队。根据吴非等（2021）依据数字技术内核提取的词汇（见表 7-1），采用 Python 爬虫从巨潮信息网下载年报，并基于特定关键词库进行文本识别扫描和统计。加总了所有数字化词频，并进行对数化处理，最终得到描述企业数字化转型的强度指数（$Digital$）。

表 7-1 数字化转型特征词

数字化转型类型		关键词
数字技术	人工智能技术	人工智能、商业智能、图像理解、投资决策辅助系统、智能数据分析、智能机器人、机器学习、深度学习、语义搜索、生物识别技术、人脸识别、语音识别、身份验证、自动驾驶、自然语言处理
	大数据技术	大数据、数据挖掘、文本挖掘、数据可视化、异构数据、征信、增强现实、混合现实、虚拟现实
	云计算技术	云计算、流计算、图计算、内存计算、多方安全计算、类脑计算、绿色计算、认知计算、融合架构、亿级并发、EB 级存储、物联网、信息物理系统
	区块链技术	区块链、数字货币、分布式计算、差分隐私技术、智能金融合约

续表

数字化转型类型	关键词
数字技术应用	移动互联网、工业互联网、移动互联、互联网医疗、电子商务、移动支付、第三方支付、NFC支付、智能能源、B2B、B2C、C2B、C2C、O2O、网联、智能穿戴、智慧农业、智能交通、智能医疗、智能客服、智能家居、智能投顾、智能文旅、智能环保、智能电网、智能营销、数字营销、无人零售、互联网金融、数字金融、Fintech、金融科技、量化金融、开放银行

借鉴陆正飞和杨德明（2011）、余明桂和潘红波（2010）的研究，控制了公司规模（$Size$）、盈利能力（ROA）、资产负债率（Lev）、成长性（$Growth$）、产权性质（SOE）、企业年龄（Age）、银行信用（$Bank$）、供应商集中度（PC）、第一大股东持股比例（$Top1$）、两权分离率（Sep）、代理成本（AC）等影响商业信用融资的公司财务和治理特征相关变量（见表7-2）。

表7-2 变量定义

变量类型	变量名称	变量符号	变量定义
被解释变量	商业信用	$Credit$	（应付账款+应付票据+预收账款）/期末总资产
解释变量	数字化转型	$Digital$	数字化词频加1后取对数
控制变量	公司规模	$Size$	总资产的自然对数
	盈利能力	ROA	净利润/总资产
	资产负债率	Lev	总负债/总资产
	成长性	$Growth$	营业收入增长率
	产权性质	SOE	国有企业取1，非国有企业取0
	企业年龄	Age	公司成立年数
	银行信用	$Bank$	（短期借款+长期借款）/总资产
	供应商集中度	PC	前五大供应商采购额/年度总采购额
	第一大股东持股比例	$Top1$	第一大股东持股总数/公司总股数
	两权分离率	Sep	实际控制人拥有上市公司控制权与所有权之差
	代理成本	AC	（管理费用+销售费用）/营业收入

7.3.3 模型设定

为研究企业数字化转型对商业信用融资能力的影响，构建如下计量模型：

$$Credit_{i,t} = \alpha_0 + \alpha_1 Digital_{i,t} + \sum Controls + \sum Year + \sum Industry + \varepsilon$$

(7-1)

其中，被解释变量为商业信用融资能力（$Credit$），核心解释变量为企业数字化转型程度（$Digital$），$Controls$ 代表控制变量，后三项分别为年份固定效应（$Year$）、行业固定效应（$Industry$）及残差项（ε）。为了提高回归结果的可靠性，在所有回归方程中均采用了 Cluster 聚类稳健标准误调整的 t 统计量。

7.4 实证结果分析

7.4.1 描述性统计

表 7-3 列示了描述性统计结果。商业信用融资（$Credit$）的均值和标准差分别为 0.1493 和 0.0923，并在 0.0093 和 0.4926 之间波动，说明商业信用融资在中小板、创业板企业中占据较大比例，是企业较为依赖的一种融资方式。企业数字化转型（$Digital$）均值和标准差分别为 2.6971 和 1.3267，并在 0.0000 和 5.9162 之间波动，说明数字化转型作为一种新兴的发展策略和商业模式，行业内转型程度差异较大，只有少数企业积极进行数字化变革，大多数企业的数字化转型程度还处于较低水平。其他控制变量的数据基本符合正态分布。

表 7-3 描述性统计

变量	观测值	均值	标准差	中位数	最小值	25 分位数	75 分位数	最大值
$Credit$	6185	0.1493	0.0923	0.1313	0.0093	0.0789	0.2011	0.4926
$Digital$	6185	2.6971	1.3267	2.6391	0.0000	1.7918	3.6376	5.9162
$Size$	6185	21.6822	0.8846	21.5919	19.9184	21.0140	22.2444	24.4260
ROA	6185	0.0420	0.0463	0.0407	-0.2575	0.0183	0.0670	0.1826
Lev	6185	0.3733	0.1770	0.3685	0.0395	0.2315	0.5065	0.8198
$Growth$	6185	0.2092	0.3174	0.1529	-0.4403	0.0148	0.3305	2.0789
SOE	6185	0.1221	0.3274	0.0000	0.0000	0.0000	0.0000	1.0000
Age	6185	13.8126	4.7985	13.0000	4.0000	10.0000	17.0000	28.0000
$Bank$	6185	0.1324	0.1145	0.1151	0.0000	0.0235	0.2144	0.4670

续表

变量	观测值	均值	标准差	中位数	最小值	25分位数	75分位数	最大值
PC	6185	0.2743	0.1983	0.2545	0.0000	0.1366	0.3940	0.8630
$Top1$	6185	0.3303	0.1286	0.3119	0.0949	0.2267	0.4166	0.6975
Sep	6185	0.0383	0.0669	0.0000	0.0000	0.0000	0.0509	0.2665
AC	6185	0.1780	0.1110	0.1502	0.0216	0.1010	0.2228	0.6445

此外，我们统计了与企业数字化转型相关特征词词频的年度变化趋势，图7-1展示了2010—2020年"数字技术（包含"人工智能技术""大数据技术""云计算技术""区块链技术"）""数字技术应用""数字化转型"的平均词频变化趋势。总体来看，"数字化转型"的词频数呈现明显的上升趋势，由2010年的平均16词，增长为2020年的64词，可见企业认识到数字化转型的重要意义，并逐渐将更多的数字技术应用到生产经营活动中去。与"数字技术"和"数字技术应用"相关的词频数与"数字化转型"词频数变化基本一致，但与"数字技术应用"相关的词频数明显高于"数字技术"，可见大多数企业是以应用数字技术来带动整个企业的数字化转型（见图7-1）。

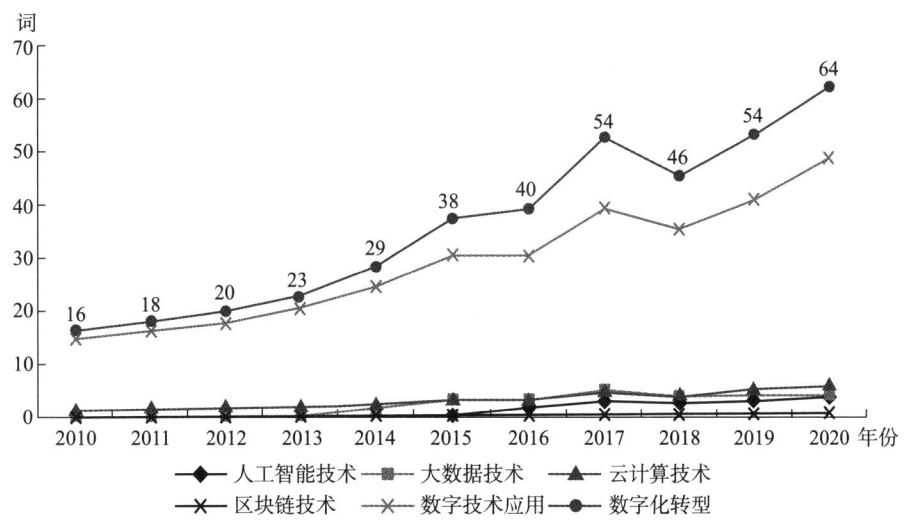

图7-1 2010—2020年企业数字化转型特征词年度平均词频变化

7.4.2 基准回归分析

企业数字化转型（$Digital$）与商业信用融资（$Credit$）关系的检验结果见

表 7-4。第（1）列为单变量回归结果，$Digital$ 的回归系数为 0.006，且在 1% 的水平上显著；第（2）列在第（1）列的基础上加入了影响商业信用融资的公司财务和与治理特征相关的控制变量，这使得 $Digital$ 的回归系数缩小为 0.003，这可能是因为部分影响商业信用融资能力的因素被吸收所致，但显著性依旧保持不变；第（3）列在第（2）列的基础上控制了行业（Industry）和年份（Year）固定效应，依然在 1% 的水平上显著。这表明，数字化转型程度越高，企业获取的商业信用融资的能力越强。本章的研究假设得到了实证结果的支持。

表 7-4 基准回归分析

变量	(1) Credit	(2) Credit	(3) Credit
$Digital$	0.006*** (3.88)	0.003*** (3.11)	0.004*** (3.65)
$Size$		−0.015*** (−8.88)	−0.014*** (−7.39)
ROA		−0.011 (−0.47)	−0.023 (−0.96)
Lev		0.629*** (42.69)	0.617*** (40.77)
$Growth$		−0.004 (−1.57)	−0.003 (−1.05)
SOE		−0.004 (−0.85)	−0.003 (−0.60)
Age		−0.001*** (−3.33)	−0.001** (−2.06)
$Bank$		−0.667*** (−33.53)	−0.656*** (−32.73)
PC		−0.028*** (−5.03)	−0.019*** (−3.42)
$Top1$		0.029*** (2.99)	0.023** (2.43)
Sep		0.004 (0.22)	0.012 (0.66)
AC		−0.161*** (−14.65)	−0.160*** (−14.58)

续表

变量	(1)	(2)	(3)
	Credit	Credit	Credit
Industry	不控制	不控制	控制
Year	不控制	不控制	控制
Constant	0.132*** (26.06)	0.370*** (10.33)	0.321*** (7.74)
Observations	6185	6185	6185
Adjusted R-squared	0.008	0.668	0.683

注：***、**分别表示在1%、5%的水平上显著；括号内为 t 值。

7.4.3 稳健性检验

（1）核心变量重新定义

为检验被解释变量商业信用融资（Credit）衡量的准确性，参考江伟和曾业勤（2013）的研究，采用两种方式替换商业信用融资的衡量：第一，由于供应链中的企业很少使用应付票据，采用应付账款和预收账款占当年总资产的比重（Credit1）替代商业信用融资的度量；第二，考虑到部分企业与上下游企业频繁进行往来结算，因此用净商业信用①占当年总资产的比重（Credit2）衡量企业在供应链中的真实商业信用融资能力。如表7-5第（1）列和第（2）列所示，企业数字化转型对商业信用融资的影响依旧显著。

为检验企业数字化转型程度度量的准确性，将数字化转型的关键词进行分类：第一类为数字技术层面，包括人工智能技术、大数据技术、云计算技术和区块链技术四个方面，在加总了这些关键词后，对词频数取对数，生成衡量数字技术的变量（ln_Tech）；第二类数字化转型关键词为数字技术应用层面，在获取词频数后取对数，生成衡量数字技术应用的变量（ln_Apply）。如表7-5第（3）列和第（4）列所示，Digital 的回归系数显著为正，可见在改变了数字化转型的度量后，研究假设仍然成立。但使用数字技术应用来度量企业数字化转型程度的显著性水平较高，可见应用数字技术对企业商业信用融资能力的提升有较大的正向影响。

---

① 净商业信用=应付账款+应付票据+预收账款-应收账款-应收票据-预付账款。

表 7-5 核心变量重新定义

变量	(1) Credit1	(2) Credit2	(3) Credit	(4) Credit
Digital	0.004*** (4.20)	-0.004* (-1.77)		
ln_Tech			0.003** (2.49)	
ln_Apply				0.004*** (3.74)
Size	-0.012*** (-6.68)	0.015*** (4.17)	-0.014*** (-7.33)	-0.014*** (-7.38)
ROA	-0.007 (-0.32)	-0.194*** (-3.91)	-0.021 (-0.88)	-0.023 (-0.97)
Lev	0.430*** (30.41)	0.339*** (13.35)	0.619*** (40.92)	0.617*** (40.77)
Growth	0.002 (0.84)	-0.011** (-2.26)	-0.003 (-1.00)	-0.003 (-1.03)
SOE	0.005 (1.23)	0.006 (0.63)	-0.003 (-0.75)	-0.003 (-0.60)
Age	-0.000 (-1.10)	0.001 (0.77)	-0.001** (-2.08)	-0.001** (-2.07)
Bank	-0.487*** (-25.50)	-0.452*** (-12.94)	-0.660*** (-33.01)	-0.656*** (-32.75)
PC	-0.039*** (-7.60)	0.000 (0.04)	-0.021*** (-3.74)	-0.019*** (-3.39)
Top1	0.007 (0.69)	0.087*** (4.11)	0.023** (2.42)	0.023** (2.41)
Sep	0.035** (2.00)	0.072* (1.77)	0.012 (0.65)	0.012 (0.65)
AC	-0.091*** (-9.12)	0.038 (1.51)	-0.155*** (-14.26)	-0.160*** (-14.59)
Industry	控制	控制	控制	控制
Year	控制	控制	控制	控制
Constant	0.277*** (7.32)	-0.345*** (-4.42)	0.322*** (7.73)	0.320*** (7.72)
Observations	6185	5981	6185	6185
Adjusted R-squared	0.589	0.217	0.682	0.683

注：***、**、*分别表示在1%、5%、10%的水平上显著；括号内为 t 值。

(2) 延长观测窗口

企业数字化转型影响商业信用融资能力可能存在一定时滞性，因此，参考吴非等（2021）的做法，延长了时间考察窗口，尽可能减少反向因果的内生性干扰问题。相关回归结果见表7-6，在第（1）列和第（2）列中，将企业数字化转型（$Digital$）滞后了一期和二期处理；在第（3）列和第（4）列中，将商业信用融资（$Credit$）前置了一期和二期处理进行交叉比对。回归结果表明，无论是对 $Digital$ 进行滞后处理还是对 $Credit$ 进行前置处理，数字化转型均能显著地促进企业商业信用融资能力的提升，并且回归系数从 0.003 增加到 0.004，表明随着时间的延长这种促进效果更为明显。综上所述，数字化转型能够在较长的时间窗口期内提升企业的商业信用融资能力，这也从侧面佐证了本章的核心研究假设。

表7-6 延长观测窗口

变量	(1) $Credit$	(2) $Credit$	(3) $F.Credit$	(4) $F2.Credit$
$L.Digital$	0.003*** (3.41)			
$L2.Digital$		0.004*** (4.00)		
$Digital$			0.003*** (2.86)	0.004*** (3.32)
$Size$	-0.013*** (-5.86)	-0.015*** (-5.83)	-0.007*** (-3.19)	-0.003 (-0.95)
ROA	0.006 (0.29)	0.006 (0.28)	-0.080*** (-3.27)	-0.127*** (-3.35)
Lev	0.478*** (29.34)	0.451*** (25.39)	0.364*** (23.79)	0.265*** (15.43)
$Growth$	0.004* (1.79)	0.004* (1.76)	-0.000 (-0.07)	-0.007** (-2.05)
SOE	0.003 (0.65)	0.008 (1.40)	0.009* (1.72)	0.016** (2.35)
Age	-0.001* (-1.78)	-0.001** (-1.99)	-0.001** (-2.20)	-0.001** (-2.53)

续表

变量	(1) Credit	(2) Credit	(3) F. Credit	(4) F2. Credit
Bank	-0.463*** (-22.58)	-0.436*** (-19.74)	-0.367*** (-17.78)	-0.268*** (-11.42)
PC	-0.011** (-2.33)	-0.017*** (-2.87)	-0.015*** (-3.06)	-0.014** (-2.27)
Top1	0.009 (0.76)	0.013 (1.08)	-0.008 (-0.69)	-0.009 (-0.66)
Sep	0.032 (1.25)	0.034 (1.36)	0.027 (1.05)	0.048* (1.77)
AC	-0.142*** (-10.66)	-0.170*** (-11.65)	-0.117*** (-7.54)	-0.106*** (-5.76)
Industry	控制	控制	控制	控制
Year	控制	控制	控制	控制
Constant	0.308*** (6.06)	0.356*** (6.24)	0.213*** (4.43)	0.148** (2.56)
Observations	4828	3862	4842	3882

注：***、**、*分别表示在1%、5%、10%的水平上显著；括号内为 t 值。

(3) 工具变量法

参考侯德帅等（2023）、肖红军等（2021）的研究，将年度—地区—行业划分的数字化水平均值（$iv\_Digital$）作为工具变量。企业的年度—地区—行业的数字化程度与企业个体的数字化水平紧密相关，但与其商业信用融资能力没有直接的逻辑关联，满足工具变量相关性和外生性的要求。工具变量两阶段最小二乘法（IV-2SLS）的估计结果如表7-7所示①，第（1）列中，$iv\_Digital$ 的系数显著为正，表明城市的数字化水平与企业个体的数字化水平息息相关；第（2）列中 $Digital$ 的系数显著为正，表明数字化转型依旧能够显著地促进企业商业信用融资能力的提升。

---

① Anderson canon. corr. LM 统计量显著拒绝识别不足假说，Cragg-Donald Wald F 和 Kleibergen-Paap rk Wald F 统计量，均大于 Stock-Yogo 检验 10% 的临界值，拒绝弱工具变量的原假说，说明工具变量合理可靠。

表 7-7　工具变量法

变量	(1) 第一阶段 Digital	(2) 第二阶段 Credit
iv_Digital	0.988*** (104.82)	
Digital		0.003*** (2.72)
Size	0.056*** (3.11)	-0.014*** (-7.35)
ROA	0.190 (0.79)	-0.023 (-0.95)
Lev	0.114 (0.97)	0.618*** (40.87)
Growth	0.038 (1.44)	-0.003 (-1.00)
SOE	-0.017 (-0.45)	-0.003 (-0.64)
Age	0.003 (0.89)	-0.001** (-2.06)
Bank	-0.112 (-0.74)	-0.657*** (-32.95)
PC	-0.109** (-2.04)	-0.020*** (-3.47)
Top1	0.054 (0.56)	0.023** (2.42)
Sep	0.108 (0.64)	0.012 (0.65)
AC	0.446*** (3.65)	-0.159*** (-14.44)
Industry	控制	控制
Year	控制	控制
Observations	6184	6184
Adjusted R-squared	0.832	0.633
Kleibergen-Paap rk LM 统计量	465.263 [P-val=0.000]	
Cragg-Donald Wald F 统计量	1.8×10^4	
Kleibergen-Paap rk Wald F 统计量	1.1×10^4	

注：***、** 分别表示在 1%、5% 的水平上显著；括号内为 t 值。

(4) 倾向得分匹配

为减少样本自选择问题的干扰，借鉴张永坤等（2021）的研究，采用 PSM 配对后进行回归。首先，取企业数字化转型（$Digital$）的中位数，若样本大于中位数取值为 1，否则为 0；然后将前文所述的控制变量作为协变量计算倾向得分，随后采用 1 对 1 近邻匹配①。匹配结果如表 7-8 所示，满足倾向得分匹配的"平衡性假设"。配对后回归结果如表 7-9 所示，依然支持原假设。

表 7-8 PSM 配对平衡性分析

变量	匹配前/匹配后	均值		T检验	
		处理组	控制组	t 值	P 值
$Size$	U	21.802	21.557	11.02	0.000
	M	21.799	21.805	−0.23	0.818
ROA	U	0.042	0.042	0.36	0.721
	M	0.042	0.044	−1.38	0.166
Lev	U	0.379	0.368	2.49	0.013
	M	0.378	0.380	−0.38	0.706
$Growth$	U	0.225	0.193	3.93	0.000
	M	0.224	0.230	−0.70	0.481
SOE	U	0.094	0.151	−6.92	0.000
	M	0.094	0.087	1.01	0.313
Age	U	14.446	13.151	10.70	0.000
	M	14.442	14.369	0.61	0.541
$Bank$	U	0.121	0.144	−7.68	0.000
	M	0.122	0.120	0.57	0.571
PC	U	0.266	0.283	−3.19	0.001
	M	0.266	0.266	0.18	0.857
$Top1$	U	0.320	0.342	−6.78	0.000
	M	0.320	0.324	−1.23	0.218
Sep	U	0.036	0.041	−3.19	0.001
	M	0.036	0.037	−0.50	0.615
AC	U	0.196	0.159	13.26	0.000
	M	0.196	0.193	0.91	0.360

① 倾向得分的核匹配和半径匹配结果同样支持研究假设。

表 7-9 PSM 配对后回归分析

变量	Credit
Digital	0.004***
	(3.23)
Size	-0.014***
	(-6.57)
ROA	-0.015
	(-0.46)
Lev	0.605***
	(33.16)
Growth	-0.002
	(-0.62)
SOE	-0.002
	(-0.41)
Age	-0.001*
	(-1.65)
Bank	-0.650***
	(-25.85)
PC	-0.019***
	(-2.68)
Top1	0.019*
	(1.78)
Sep	0.017
	(0.77)
AC	-0.155***
	(-12.85)
Industry	控制
Year	控制
Constant	0.338***
	(7.70)
Observations	4323
Adjusted R-squared	0.668

注：***、*分别表示在1%、10%的水平上显著；括号内为 t 值。

7.5 机制检验

7.5.1 内部控制的中介效应

正如前文理论分析部分所述,发展数字技术有助于加强企业内部管理(曾建光和王立彦,2015),这能在一定程度上解决代理问题,从而显著增强企业的内部控制能力(易露霞等,2021)。从供应商的角度出发,内部控制较好的公司往往有着更高的会计稳健性(Goh and Li,2011),便于其了解公司真实的经营和盈利情况,因而更愿意为拥有较高内控质量的企业提供商业信用。

参考彭梓倩和周鹏(2023)的研究,内部控制质量(IC)的衡量采用"迪博·上市公司内部控制指数"。为检验企业内部控制质量(IC)是否在企业数字化转型与商业信用融资能力作用机制中发挥中介作用,构建模型如下,其中,模型(7-1)与前文一致:

$$Credit_{i,t} = \alpha_0 + \alpha_1 Digital_{i,t} + \sum Controls + \sum Year + \sum Industry + \varepsilon \tag{7-1}$$

$$IC_{i,t} = \beta_0 + \beta_1 Digital_{i,t} + \sum Controls + \sum Year + \sum Industry + \delta \tag{7-2}$$

$$Credit_{i,t} = \gamma_0 + \gamma_1 Digital_{i,t} + \gamma_2 IC_{i,t} + \sum Controls + \sum Year + \sum Industry + \theta \tag{7-3}$$

表7-10报告了内部控制中介效应的检验结果。第(1)列为不纳入中介因子的基准回归结果。第(2)列考察了企业数字化转型与内部控制质量之间的关系,$Digital$的回归系数在5%的水平上显著为正,说明数字化转型确实能够在一定程度上增强企业的内部控制。第(3)列为纳入中介因子后的检验结果,IC的回归系数显著为正,说明企业内部控制质量越高,其商业信用融资能力越强,并且$Digital$的回归系数在1%的水平上显著,这也验证了内部控制是企业数字化转型影响商业信用融资的部分中介因子。

表 7-10 内部控制的中介效应

变量	(1) Credit	(2) IC	(3) Credit
Digital	0.004***	2.863**	0.004***
	(3.65)	(2.38)	(3.59)
IC			0.000***
			(3.06)
Size	-0.014***	4.161*	-0.014***
	(-7.39)	(1.79)	(-7.45)
ROA	-0.023	813.668***	-0.045*
	(-0.96)	(15.66)	(-1.87)
Lev	0.617***	16.903	0.617***
	(40.77)	(1.23)	(40.82)
Growth	-0.003	21.393***	-0.003
	(-1.05)	(4.41)	(-1.26)
SOE	-0.003	-1.709	-0.002
	(-0.60)	(-0.32)	(-0.59)
Age	-0.001**	-0.151	-0.001**
	(-2.06)	(-0.50)	(-2.05)
Bank	-0.656***	-11.091	-0.655***
	(-32.73)	(-0.59)	(-32.74)
PC	-0.019***	-1.546	-0.019***
	(-3.42)	(-0.23)	(-3.42)
Top1	0.023**	2.359	0.023**
	(2.43)	(0.17)	(2.41)
Seperation	0.012	19.336	0.012
	(0.66)	(0.87)	(0.63)
AC	-0.160***	-24.672*	-0.159***
	(-14.58)	(-1.70)	(-14.57)
Industry	控制	控制	控制
Year	控制	控制	控制
Constant	0.321***	513.466***	0.306***
	(7.74)	(10.32)	(7.43)
Observations	6185	6185	6185
Adjusted R-squared	0.683	0.204	0.684

注：***、**、* 分别表示在1%、5%、10%的水平上显著；括号内为 t 值。

7.5.2 外部关注的中介效应

企业数字化转型正逐渐成为新时代经济和社会发展的一个热点问题，企业借助于年报信息披露这一方式，向外界释放积极信号，吸引更多的分析师和媒体的关注，借助他们信息中介和公共监督的作用（肖土盛等，2017），提高了公司外部治理的水平，有效降低供应链上下游企业之间的信息不对称程度。供应商有了获取下游公司信息的多种渠道，有利于提高双方的信任度，这对于提升下游企业的商业信用融资能力也有着积极影响。

参考修宗峰等（2021）的研究，采用分析师关注（AA）来反映企业的外部治理水平。为检验分析师关注（AA）是否在企业数字化转型与商业信用融资能力作用机制中发挥中介作用，表7-11报告了分析师关注中介效应的检验结果。第（1）列为不纳入中介因子的回归结果。第（2）列考察了企业数字化转型与分析师关注之间的关系，$Digital$ 的回归系数显著为正，说明实行了数字化转型的企业往往能够吸引更多的分析师关注。第（3）列为纳入中介因子后的回归结果，分析师关注（AA）的回归系数显著为正，说明关注企业的分析师人数越多，其商业信用融资能力越强，并且 $Digital$ 的回归系数显著为正，说明分析师关注是企业数字化转型影响商业信用融资能力的部分中介因子。

表 7-11 外部关注的中介效应

变量	(1)	(2)	(3)
	$Credit$	AA	$Credit$
$Digital$	0.004***	0.423***	0.004***
	(3.65)	(3.05)	(3.62)
AA			0.000***
			(2.77)
$Size$	−0.014***	4.251***	−0.016***
	(−7.39)	(16.17)	(−7.59)
ROA	−0.023	78.041***	−0.062**
	(−0.96)	(17.36)	(−2.17)
Lev	0.617***	3.187*	0.628***
	(40.77)	(1.90)	(39.56)
$Growth$	−0.003	1.476***	−0.003
	(−1.05)	(3.71)	(−0.98)

续表

变量	(1) Credit	(2) AA	(3) Credit
SOE	-0.003 (-0.60)	-1.094* (-1.88)	-0.002 (-0.42)
Age	-0.001** (-2.06)	-0.078* (-1.91)	-0.000 (-1.29)
Bank	-0.656*** (-32.73)	-7.903*** (-3.57)	-0.673*** (-31.48)
PC	-0.019*** (-3.42)	-1.923*** (-2.68)	-0.019*** (-3.08)
Top1	0.023** (2.43)	-4.101*** (-2.88)	0.030*** (3.05)
Sep	0.012 (0.66)	4.415 (1.51)	0.002 (0.11)
AC	-0.160*** (-14.58)	8.184*** (4.93)	-0.160*** (-14.14)
Industry	控制	控制	控制
Year	控制	控制	控制
Constant	0.321*** (7.74)	-80.070*** (-13.88)	0.358*** (7.71)
Observations	6185	5187	5187
Adjusted R-squared	0.683	0.343	0.699

注：***、**、*分别表示在1%、5%、10%的水平上显著；括号内为 t 值。

7.6 异质性分析

7.6.1 企业特征的影响

为了进一步论证回归结果的稳健性，将样本按照企业特征分为国有企业、非国有企业、高科技企业和非高科技企业四组，进行异质性分析。

表7-12第（1）列和第（2）列报告了不同产权性质企业的分组回归结果。在国有企业中，Digital 的回归系数为正但不显著；而非国有企业组的 Digital 回归系数为 0.004，并且通过了1%的统计显著性水平检验。这表明相

对于国有企业,非国有企业应用数字技术后,能够显著提升商业信用融资能力。国有企业由于其所有制方面的天然优势,规模较大、实力雄厚,更容易获得资金支持;而非国有企业融资时往往会遭遇信贷歧视,故数字技术的应用能够一定程度上降低其融资门槛。因此,帮助非国有企业应用数字技术,降低数字衍生成本,推进数字化转型进程,对其获得稳定的融资资金流以及未来的长远发展具有重要意义。

表 7-12 第(3)列和第(4)列报告了高科技企业和非高科技企业的分组回归结果。非高科技企业组中,$Digital$ 在 1% 的水平下显著为正;高科技组企业中,$Digital$ 虽然通过了 5% 的显著性水平检验,但回归系数低于非高科技企业组,这表明,在非高科技企业中,企业数字化转型对商业信用融资能力的提升的效果更为显著。相对于高科技企业,非高科技企业的数字化水平较低,当进行了数字化转型后,对非高科技企业的内外部治理的提升更为显著,故而能够帮助其获得更多的商业信用融资。综上,无论是在高科技企业还是在非高科技企业中推进数字化转型都具有重要战略意义,特别地,对于非高科技企业而言,实行数字化转型是帮助其走向高质量发展的必经之路。

表 7-12 企业特征的影响

变量	(1) 国有企业 Credit	(2) 非国有企业 Credit	(3) 高科技企业 Credit	(4) 非高科技企业 Credit
$Digital$	0.004 (1.43)	0.004*** (3.27)	0.003** (2.51)	0.006*** (2.79)
$Size$	-0.016*** (-2.97)	-0.014*** (-6.71)	-0.014*** (-5.86)	-0.014*** (-4.36)
ROA	0.061 (0.83)	-0.029 (-1.17)	0.011 (0.44)	-0.095* (-1.76)
Lev	0.567*** (14.11)	0.624*** (38.62)	0.615*** (31.67)	0.618*** (27.22)
$Growth$	0.000 (0.03)	-0.003 (-0.93)	-0.003 (-0.97)	-0.003 (-0.66)
SOE			-0.007 (-1.44)	0.006 (0.86)
Age	-0.001 (-1.19)	-0.001* (-1.93)	-0.000 (-1.41)	-0.001* (-1.72)

续表

变量	(1) 国有企业 Credit	(2) 非国有企业 Credit	(3) 高科技企业 Credit	(4) 非高科技企业 Credit
$Bank$	-0.587*** (-12.04)	-0.665*** (-31.22)	-0.648*** (-25.84)	-0.668*** (-21.07)
PC	-0.029 (-1.63)	-0.015** (-2.53)	-0.025*** (-3.71)	-0.008 (-0.85)
$Top1$	0.036 (1.21)	0.020** (2.02)	0.022** (1.98)	0.028 (1.51)
Sep	0.060 (0.98)	0.012 (0.61)	0.025 (1.11)	-0.012 (-0.37)
AC	-0.149*** (-4.21)	-0.156*** (-13.52)	-0.161*** (-13.15)	-0.153*** (-6.79)
Industry	控制	控制	控制	控制
Year	控制	控制	控制	控制
Constant	0.376*** (3.16)	0.306*** (6.94)	0.336*** (6.96)	0.326*** (4.67)
Observations	755	5430	4108	2077
Adjusted R-squared	0.713	0.682	0.666	0.713
组间系数差异检验	chi2(1) = 12.27 Prob>chi2 = 0.001		chi2(1) = 7.93 Prob>chi2 = 0.005	

注：***、**、*分别表示在1%、5%、10%的水平上显著；括号内为t值。

7.6.2 行业特征的影响

不同行业的市场环境差异较大，因此，不同行业中的企业数字化转型程度对商业信用融资能力的影响也可能存在异质性。

首先，将样本划分为管制性行业①和竞争性行业（Ke et al.，2017）。表7-13第（1）列和第（2）列分别报告了两组的检验结果，在竞争性行业中，$Digital$ 的系数显著为正，但在管制性行业中，$Digital$ 的系数并不显著。这表明，相比管制性行业，竞争性行业企业实行数字化转型后，对商业信用融资

---

① 具体地，将证监会2012年版行业分类行业代码为B、C25、C31、C32、C36、C37、D、E48、G53、G54、G55、G56、I63、I64、K以及R的行业定义为管制性行业，其他行业则视为竞争性行业。

能力的提升效果更为显著。当行业竞争程度较高时，企业交易对手的选择范围更广，那么恶意违约会产生较高的外部交易成本（Acemoglu et al.，2010）。但实行了数字化转型后，信息在供应链上流通更加迅速、便捷，有效降低了信息不对称程度，恶意违约的道德风险也随之降低。故而企业应用数字技术带来了外部交易成本的降低，这有效提升了竞争性行业企业的商业信用融资能力。因此，加快企业数字化转型，有利于构建更加公平、透明的行业环境，对于竞争性行业企业的发展具有重要意义。

其次，对制造业和服务业的企业进行了异质性分析。表7-13第（3）列和第（4）列分别报告了制造业组和服务业组的检验结果。在制造业组和服务业组中，$Digital$ 的回归系数均在1%的水平下显著，但服务业组的相关系数为0.009，高于制造业组。这表明，企业数字化转型能有效提升制造业和服务业企业的商业信用融资能力，这种促进作用在服务业企业中更为显著。整体而言，服务业的数字化转型进程领先于制造业（袁淳等，2021），因此服务业企业进一步加强数字技术的运用，能够更直接、更高效地反映到商业信用融资能力的提升中。随着中国迈入服务经济时代，推动服务业企业数字化转型，提升商业信用融资能力，对国民经济的高质量发展具有重要意义。

表7-13 行业特征的影响

变量	（1）管制性行业 Credit	（2）竞争性行业 Credit	（3）制造业 Credit	（4）服务业 Credit
$Digital$	-0.005 (-1.30)	0.004*** (3.81)	0.003*** (2.78)	0.009*** (2.70)
$Size$	-0.007 (-1.31)	-0.015*** (-7.32)	-0.015*** (-6.90)	-0.011** (-2.21)
ROA	-0.067 (-0.75)	-0.017 (-0.70)	-0.012 (-0.50)	-0.146* (-1.72)
Lev	0.551*** (13.85)	0.625*** (39.25)	0.621*** (35.76)	0.590*** (17.70)
$Growth$	-0.017** (-2.10)	-0.000 (-0.13)	0.003 (0.91)	-0.019** (-2.44)
SOE	0.006 (0.55)	-0.003 (-0.74)	-0.008 (-1.62)	0.021* (1.92)
Age	-0.002** (-1.99)	-0.001* (-1.67)	-0.001* (-1.71)	-0.002* (-1.74)

续表

变量	(1) 管制性行业 Credit	(2) 竞争性行业 Credit	(3) 制造业 Credit	(4) 服务业 Credit
$Bank$	-0.537*** (-9.19)	-0.668*** (-31.59)	-0.660*** (-29.34)	-0.631*** (-12.80)
PC	-0.021 (-1.14)	-0.018*** (-3.17)	-0.016*** (-2.67)	-0.031** (-2.13)
$Top1$	-0.007 (-0.28)	0.029*** (2.83)	0.025** (2.41)	0.018 (0.66)
Sep	0.052 (0.94)	0.003 (0.14)	0.016 (0.78)	-0.044 (-0.68)
AC	-0.115** (-2.50)	-0.157*** (-14.22)	-0.154*** (-12.90)	-0.179*** (-6.73)
$Industry$	控制	控制	控制	控制
$Year$	控制	控制	控制	控制
$Constant$	0.221* (1.97)	0.328*** (7.56)	0.352*** (8.00)	0.351*** (3.31)
$Observations$	643	5542	4978	872
Adjusted R-squared	0.696	0.686	0.653	0.737
组间系数差异检验	chi2(1) = 7.67 Prob>chi2=0.006		chi2(1) = 13.28 Prob>chi2=0.000	

注：***、**、*分别表示在1%、5%、10%的水平上显著；括号内为 t 值。

7.6.3 宏观层面的影响

在探讨了企业特征和行业特征的影响后，进一步研究宏观层面的因素是如何调节数字化转型对企业商业信用融资能力的影响的。

参考余明桂和潘红波（2010）的研究，将样本按照金融业市场化指数，分为金融发展水平高和金融发展水平低两组。根据樊纲等（2010）编制的中国各地区金融业市场化指数，当企业所在省份的指数大于样本中位数时，即金融发展水平相对较高，则将金融发展水平变量（FM）定义为1，否则为0。两组的回归结果列示于表7-14第（1）列和第（2）列中，在金融发展水平较高的地区，$Digital$ 的回归系数为0.004且在1%的水平上显著；但在金融发展水平较低的地区，$Digital$ 仅通过了10%的统计显著性检验。可见，当地区的金融发展水平较高时，数字化转型对于商业信用融资能力的提升作用更为显著。在金融市场化程度较高的地区，完善的金融市场体制和活跃的金融交易，使得企业能够获得更多的供应商提供的信用。而当金融市场化程度较低时，供应商能够提供的商业信用较少，不利于提升企业的商业信用融资规模。因此，推动地区金融市场发展，促进企业数字化转型，对企业获得更多的商业信用、缓解融资难的问题，具有重要意义。

参考李凤羽和杨墨竹（2015）的研究，并且根据斯坦福大学和芝加哥大学联合发布的中国经济政策不确定指数，将样本分为经济政策不确定性高和低两组，进行异质性分析。计算中国经济政策不确定性指数年度平均值（EPU）[①]，将 EPU 值较大的 2010 年、2011 年、2013 年、2014 年、2015 年作为经济政策不确定性高的时期，EPU 值较小的 2012 年、2016 年、2017 年、2018 年、2019 年、2020 年作为经济政策不确定性低的时期。表 7-14 的第（3）列和第（4）列报告了经济政策不确定性高和低的分组回归结果。当经济政策不确定性较高时，$Digital$ 的回归系数显著为正；而经济政策不确定性较低时，系数仅在 5% 的水平下显著。这表明，经济政策不确定性较高时，企业应用数字技术能够更有效地提升其商业信用融资的能力。这可能是因为经济政策不确定性较高时，银行会紧缩信贷供给，企业外部融资会更加困难，商业信用成为重要的替代性融资途径，因此实行数字化转型对于企业商业信用融资能力的提升将更加显著。异质性分析表明，在经济政策不确定性较高时，推行数字化转型有助于企业有效提升商业信用融资能力，缓解融资约束，对于企业平稳地渡过经济危机以及国民经济的长远发展具有重要意义。

表 7-14 宏观层面的影响

变量	(1) 金融发展水平高 $Credit$	(2) 金融发展水平低 $Credit$	(3) 经济政策不确定性高 $Credit$	(4) 经济政策不确定性低 $Credit$
$Digital$	0.004*** (3.20)	0.003* (1.94)	0.004*** (3.79)	0.003** (2.23)
$Size$	-0.014*** (-5.94)	-0.015*** (-5.21)	-0.014*** (-6.47)	-0.014*** (-6.14)

① 2010—2020 年中国经济政策不确定性指数年度均值分别为 308.73、299.22、282.22、308.28、294.80、295.67、218.15、266.00、202.58、145.49、199.20。

续表

变量	(1) 金融发展水平高 Credit	(2) 金融发展水平低 Credit	(3) 经济政策不确定性高 Credit	(4) 经济政策不确定性低 Credit
ROA	-0.006 (-0.17)	-0.040 (-1.13)	-0.064** (-2.10)	0.007 (0.22)
Lev	0.631*** (30.82)	0.602*** (29.25)	0.636*** (34.23)	0.595*** (32.25)
Growth	0.002 (0.55)	-0.007** (-2.02)	-0.003 (-0.94)	-0.003 (-0.67)
SOE	0.002 (0.29)	-0.002 (-0.42)	-0.007 (-1.44)	0.002 (0.51)
Age	-0.001** (-2.12)	-0.000 (-0.92)	-0.001** (-2.40)	-0.000 (-1.11)
Bank	-0.668*** (-25.45)	-0.642*** (-22.01)	-0.673*** (-28.29)	-0.640*** (-25.28)
PC	-0.016* (-1.90)	-0.024*** (-3.31)	-0.014** (-2.36)	-0.029*** (-3.56)
Top1	0.017 (1.28)	0.025* (1.83)	0.014 (1.40)	0.037*** (2.87)
Sep	0.028 (1.20)	0.004 (0.15)	0.000 (0.01)	0.028 (1.24)
AC	-0.195*** (-11.61)	-0.124*** (-8.80)	-0.142*** (-11.57)	-0.194*** (-12.75)
Industry	控制	控制	控制	控制
Year	控制	控制	控制	控制
Constant	0.316*** (6.13)	0.335*** (5.53)	0.326*** (7.02)	0.311*** (6.19)
Observations	3267	2918	3482	2703
Adjusted R-squared	0.697	0.673	0.708	0.651
组间系数差异检验	chi2(1) = 0.11 Prob>chi2 = 0.745		chi2(1) = 0.39 Prob>chi2 = 0.530	

注：***、**、* 分别表示在1%、5%、10%的水平上显著；括号内为 t 值。

7.7 经济后果分析

如前所述,数字化转型能够通过改善企业内部治理和提高供应链信息质量,进而提升企业的商业信用融资能力。那么数字化转型在帮助中小企业获得商业信用融资之后,对于中小企业的价值会产生什么样的影响?为进一步研究数字化转型、商业信用融资和中小企业的价值之间的关系,借鉴吴晓晖等(2023)的研究,在模型(7-1)的基础上,将被解释变量替换为衡量企业价值的指标之一——资产收益率(ROA),并加入了数字化转型与商业信用融资的交乘项(Digital×Credit),构建模型如下:

$$ROA_{i,t} = \varphi_0 + \varphi_1 Digital_{i,t} + \varphi_2 Digital \times Credit_{i,t} + \varphi_3 Credit_{i,t} +$$
$$\varphi_4 Size_{i,t} + \varphi_5 Lev_{i,t} + \varphi_6 Growth_{i,t} + \varphi_7 SOE_{i,t} + \varphi_8 Age_{i,t} +$$
$$\varphi_9 Bank_{i,t} + \varphi_{10} PC_{i,t} + \varphi_{11} Top1_{i,t} + \varphi_{12} Sep_{i,t} + \varphi_{13} AC_{i,t} +$$
$$\sum Year + \sum Industry + \xi \quad (7-4)$$

回归结果列示于表 7-15 第(1)列中。数字化转型与商业信用融资的交乘项(Digital×Credit)的回归系数在5%的水平上显著为正,表明数字化转型在提高了中小企业商业信用融资能力的同时,也提高了企业的价值。在第(2)列中,还将企业价值的指标前置了一期处理,得到 F.ROA 指标,结果也支持了上述分析。

表 7-15 数字化转型、商业信用融资与企业价值

变量	(1)	(2)
	ROA	F.ROA
Digital	-0.002	-0.004***
	(-1.55)	(-2.79)
Digital×Credit	0.012**	0.016***
	(2.45)	(2.62)
Credit	-0.047**	-0.071***
	(-2.46)	(-3.11)
Size	0.011***	0.008***
	(8.61)	(5.40)
Lev	-0.092***	-0.038***
	(-8.21)	(-2.71)

续表

变量	(1) ROA	(2) F.ROA
Growth	0.034*** (16.72)	0.028*** (11.36)
SOE	-0.002 (-0.83)	-0.001 (-0.41)
Age	0.000 (1.56)	0.000* (1.78)
Bank	-0.064*** (-4.77)	-0.091*** (-5.61)
PC	-0.012*** (-3.57)	-0.010** (-2.47)
Top1	0.029*** (4.32)	0.022*** (2.93)
Sep	0.009 (0.80)	0.013 (0.93)
AC	-0.037*** (-3.74)	0.009 (0.75)
Industry	控制	控制
Year	控制	控制
Constant	-0.145*** (-5.37)	-0.123*** (-3.61)
Observations	6185	4489
Adjusted R-squared	0.288	0.200

注：***、**、* 分别表示在1%、5%、10%的水平上显著；括号内为 t 值。

7.8 研究结论与启示

在数字经济新时代，数字技术的应用和数字化平台的建设提升了信息在不同主体间的传递效率，同时也拓宽了信息传递渠道。那么，数字化转型能否通过减少供应链上信息传递失真、提高供应链关系质量进而增强企业获取商业信用融资的能力？基于此，本章以2010—2020年我国沪深A股中小板、创业板上市公司为研究样本，实证检验了数字化转型对中小企业商业信用融资能力的影响，得出如下结论：

（1）数字化转型对中小企业商业信用融资具有显著的正向促进作用。

（2）数字化转型能够增强企业内部控制和外部关注，降低内外信息不对称程度，从而提高企业商业信用融资能力。

（3）数字化转型对商业信用融资的影响存在明显的异质性，从企业特征角度发现，非国有企业和非高科技企业进行数字化转型，更能提升其商业信用融资能力；从行业特征角度发现，在竞争性行业和服务业中，企业数字化转型对商业信用融资能力的提升作用更为显著；从宏观层面发现，当金融发展水平较高、经济政策不确定性较高时，企业数字化转型更能促进商业信用融资能力的提升。

基于上述研究结论，提出以下建议：

第一，政府部门要积极引导和推进企业数字化转型进程，重点助力中小企业顺利实施数字化转型。鼓励金融机构为中小企业提供数字化产品与服务，同时还应从基础设施、评估体系和财税金融等方面入手，改善转型发展环境，加快中小企业的数字化转型速度。

第二，政府部门应当健全商业信用体系，加强商业信用监管。在加快建立国内、国际双循环互促互进新发展格局的时代背景下，针对当前我国营商环境的不足之处，要进一步强化政务诚信，健全信用监管机制，完善商业信用体系，着力解决中小企业融资难问题，早日建成法治化、市场化、国际化的营商环境。

第三，在数字化基础上，企业应当增加自主信息披露，拓宽信息披露渠道，提升供应链关系质量。在获取上下游数据的同时，企业应当积极主动地向相关企业开放数据，建立高效的数据交换系统，以提高供应链的数据传递效率，增强企业间的合作，从而提高供应链金融对优质企业的识别效率，为中小企业提供更多的营运资金支持和资源保障。

第8章
数字化转型与企业投融资期限错配

8.1 引言

数字经济是支撑和推动我国未来经济发展的关键力量，发展数字经济是把握新一轮产业变革新机遇的战略选择。2021年12月，国务院印发的《"十四五"数字经济发展规划》中明确指出，以数字技术与实体经济深度融合为主线，加快企业数字化转型升级，提升企业整体运行效率和产业链上下游协同效率。但是，企业数字化转型的过程并非一帆风顺，传统企业在数字化转型过程中会面对组织惯性、员工抵制、领导力不足等诸多内部障碍（王冰和毛基业，2021）。企业数字化转型的失败率达70%以上[①]，并且仅有11%的企业能将数字化投入顺利转化为优异的经营绩效，大多数企业的数字化转型实践未达到预期效果[②]。除了组织结构、员工能力等内部治理方面的挑战之外，融资约束也是掣肘企业数字化转型的关键要素。

企业数字化转型实践具有资金需求量大、投资回收期长、失败风险高等突出特点，企业需要投入大量资金用于各类硬件设备和软件平台的采购、商业模式转型升级等方面，这对企业的资金储备和长期融资能力提出了很高的要求[③]。然而，基于信贷融资的视角，中国多层次金融市场结构的发育尚不够成熟和完善，导致长期资金供给难以满足企业的长期需求（方军雄，2007；

[①] 资料来源：麦肯锡研究报告 *Why do most transformations fail?*。

[②] 资料来源：埃森哲与国家工业信息安全发展研究中心联合推出的《2020中国企业数字转型指数研究》。

[③] 北京大学发布的《2020中国数字企业白皮书系列》显示，2018—2020年，企业数字化转型的年平均投入额有所增加，尤其是5000万元以上的高额投入大幅增长；美的集团董事长兼总裁方洪波接受采访时也指出，美的集团2012—2021年共计9年的数字化转型已累计投入超过120亿元，但数字化转型的预期目标仍未实现，转型的征程仍在继续。

白云霞等，2016）。特别是在债券市场和证券市场尚不健全、银行信贷作为企业主要资金获取渠道的前提下，银行由于信息不对称及流动性风险管理等原因，主要通过供给短期贷款来降低企业违约风险（肖作平和廖理，2008；Fan et al.，2012）。在此情境下，企业数字化转型对大量长期资金的迫切需求与银行对长期信贷资金的供给意愿不足之间形成冲突，可能造成数字化转型企业的投资与融资期限之间存在不匹配的现象。

投融资期限错配主要表现为企业将短期贷款筹集的资金用于长期性投资项目，亦称"短贷长投"或"短债长用"现象。受制于银行长期贷款的供给意愿偏低，企业需要不断滚动地借入短期债务以支撑长期性投资，导致短期债务比例持续大于短期资产比例，出现投融资期限错配问题（钟凯等，2016）。这不仅不利于企业绩效提升，而且会增加企业资金链断裂的风险，并且这种债务风险变得更为隐蔽和突发，给金融市场埋下了巨大的风险隐患（刘晓光和刘元春，2019；赖黎等，2019）。我国经济进入新常态发展阶段，防范和化解重大风险是促进我国经济健康发展的重中之重，防范企业出现投融资期限错配问题是有效"守住不发生系统性金融风险底线"的微观基础。在此背景下，我们不禁思考，数字化转型是否会影响企业投融资期限错配？其作用机制是什么？对于上述问题的回答有助于我们更全面、准确地评估数字化转型的实施效果，为完善数字化转型的相关配套政策、防范和化解风险提供经验依据。鉴于此，本章采用基于年报文本分析获取的数字化转型指标，以2007—2019年中国A股上市公司为研究对象，实证检验数字化转型对企业投融资期限错配问题的影响。

相对于既有文献，本章的潜在研究贡献在于：第一，将企业数字化转型的经济后果研究拓展至投融资期限结构领域。现有大量文献主要发现了数字化转型的积极影响，认为数字化转型有助于提升股票流动性（吴非等，2021）、促进企业创新（肖土盛等，2022）、提升企业专业化分工水平（袁淳等，2021）、助力企业实现高质量发展（武常岐等，2022）。但是从现实维度来看，企业数字化转型失败概率居高不下，数字化投入转化为经营绩效的水平相当低，因此数字化转型中的风险和挑战有待进一步揭示和探讨。本章从"短贷长投"的视角切入，发现数字化转型会加剧企业投融资期限错配，这有助于更加全面深刻地认识和理解数字化转型的经济后果。第二，本章丰富了投融资期限错配的影响因素研究。已有文献主要从宏观经济政策和微观企业特征两个层面探究企业投融资期限错配问题，例如，考察宏观货币政策（钟凯等，2016）和利率期限结构（白云霞等，2016），以及微观企业的产权性质（沈红波等，2019）、战略激进度（叶志伟等，2023）与控股股东行为（王百强等，2021）等对企业投融资期限错配的影响。本章将数字化转型引入投融资期限结构的研究框架，拓展了企业投融资期限错配成因的分析范围。同时，本章深入探讨银行信贷供给、企业财务特征以及人力资本结构的异质性影响，有助于全面理解数字化转型作用于投融资期限错配的内在成因与缓解机制，对企业转变发展方式、防范债务风险、实现高质量发展具有重要的现实意义。

8.2 文献综述与研究假设

8.2.1 文献综述

（1）企业投融资期限错配的影响因素

投融资期限错配主要指企业将短期融资获取的资金用于支持长期性投资事项，即"短贷长投"，产生该现象的主要原因是银行的信贷限制导致企业面临长期融资困境（Campello et al.，2011）。"短贷长投"不仅是企业在融资约束期限限制下的被动选择，也是一种激进的投融资策略，它不仅会损害企业绩效，也会加大企业债务压力和经营风险（钟凯等，2016；刘晓光等，2019）。已有文献主要从宏观经济政策和微观企业特征两个层面探究企业投融资期限错配的驱动因素。

基于宏观经济政策层面，已有研究试图从货币政策适度性、经济政策不确定性等视角解答中国经济发展中存在的"债务期限结构之谜"。具体而言，当宏观货币政策较为适度、能够契合实体经济发展时，银行信贷管理灵活性增强，企业对短期信贷融资的依赖程度下降，进而减少了"短贷长投"现象（钟凯等，2016）。经济政策不确定性的增强使得银行收紧信贷供给，银行会拒绝为高风险性项目提供长期贷款，加剧了企业的"短债长用"程度（李增福等，2022）。尚不健全的金融市场结构和利率期限结构也是导致中国企业融资与投资期限错配严重的重要原因（白云霞等，2016）。

基于微观企业特征层面，企业面临的融资约束是导致投融资期限错配的最主要原因（Wang et al.，2021）。预算软约束问题弱化了国有企业的内源融资能力，使得国有企业较为依赖新增债务融资而非留存收益，因而国有企业的投融资期限错配问题更加严重（沈红波等，2019）。企业战略也是影响投融资期限错配的重要因素，企业战略激进度越大，可能面临的"短贷长投"问题越严重（叶志伟等，2023）。控股股东股权质押会放大企业的融资约束，使得企业更难获得长期贷款，只能借助短期融资来支撑长期性投资（王百强等，2021）。

(2) 企业数字化转型的经济后果

数字化转型是指企业利用数字技术和数字思维重塑原有的商业模式和运营流程，从而增强客户体验、提升企业竞争优势的过程（王冰和毛基业，2021）。数字化转型的经济后果是近年来学术界的热点话题之一，已有研究主要探讨了数字化转型对企业自身和利益相关者的影响。

基于企业自身层面，数字化转型的影响主要表现在企业运营效率、创新能力以及公司治理等方面。具体而言，数字化转型有助于企业降低外部协调成本，通过促进专业化分工提升经济效率（袁淳等，2021）。数字化转型能显著促进企业的创新投入和创新产出（肖土盛等，2022），并通过提高创新能力、推动人力资本结构升级，提升企业全要素生产率（赵宸宇等，2021）。数字化转型还能发挥良好的治理效应，加强对业务流程的实时监控，压缩管理层通过真实活动操纵盈余的动机（罗进辉等，2021）。但是，数字化技术的运用打破了组织边界，产业结构和产业组织发生了巨大变化，企业面临的市场竞争也日趋激烈和复杂（戚聿东和肖旭，2020）。当管理层和员工对数字技术的掌握能力不足以及对未来市场走向的预测不准确时，企业会面临较大的不确定性和失败风险（Matt et al., 2015）。

基于利益相关者层面，数字化转型能够对利益相关者产生溢出效应。数字化转型有助于提高企业信息透明度并弱化盈余操纵动机，进而推动企业积极履行社会责任、响应利益相关方的诉求，这说明数字化赋能兼具经济价值与社会价值（肖红军等，2021）。数字化转型有助于企业实现从以产品为中心到以客户为中心的转变，通过数字技术的运用更好地挖掘客户的潜在需求（李树文等，2022）。由于公司治理水平的提高和审计风险的降低，审计师对数字化转型程度较高的公司会收取更低的审计费用（张永坤等，2021）。但是，数字化转型也对劳动力市场和人力资源模式构成了威胁和挑战，数字技术特别是人工智能的应用降低了普通员工的薪酬，减少了就业岗位，加大了组织和社会的不稳定性风险（陈冬梅等，2020）。

综上所述，现有文献对数字化转型的经济后果进行了较为丰富的探讨，充分说明了数字化转型带来的积极影响,也说明企业积极推进数字化转型的必要性。然而,企业在数字化转型过程中存在诸多困难和挑战,面临较高的失败概率和成果转化风险,已有文献对企业数字化转型和后续数字化建设中的潜在风险关注不足。本章从投融资期限结构错配的视角考察数字化转型的经济后果,能够对现有研究形成有益补充和拓展。

8.2.2 研究假设

数字化技术的发展为企业变革提供了机遇和动力,但企业也面临是否进行数字化转型以及如何进行转型以获取持续竞争优势等难题(曾德麟等,2021)。本章关注数字化转型是否会影响企业的"短贷长投"行为,具体从投资期限结构和债务期限结构两个方面进行分析。

基于投资期限结构的视角,数字化转型不仅需要企业持续的资金支持和投入,也需要企业对商业模式和运营流程进行重塑。这不仅会对企业的资金形成较多占用,也导致转型过程面临较高的不确定性和失败概率,延长企业的投资回收期。具体而言,数字化转型对企业投资期限结构的影响表现在如下方面:第一,企业在数字化转型过程中需要采购各类硬件设备和软件平台等数字化基础设施,并进行数据库和信息库的建设、维护和协同改造,因而会增加企业的长期资本性投资;第二,数字化转型需要招募和引进数字化管理人才,并对整个员工团队进行培训,形成对数字化转型的统一认知和行动方向,部分企业还需要聘请外部咨询机构对业务流程进行梳理和重塑,形成数字化转型的整体解决方案,帮助数字化项目实现真正落地,这些都会增加企业的资金占用,考验企业的资金实力;第三,数字化转型要求企业打破传统工业化管理模式下的路径依赖,用数字化思维方式重塑商业模式和经营流程,这会导致转型过程具有较高的不确定性,延长数字化转型成功的周期;第四,企业数字化转型需要大量的研发投入和相关专利申请(肖土盛等,2022),而创新作为典型的周期长、失败率高的投资活动将会进一步提高企业数字化转型的难度。因此,数字化转型是一项具有战略性和长期性的决策,会延长企业的投资期限,增加企业的长期性资本投资。

基于债务期限结构的视角,数字化转型考验企业的长期融资能力,银行基于信息不对称和流动性风险管理等原因,可能会控制企业的长期债务比例。在我国现行的金融体系下,通过资本市场获得股权融资的方式尚不普遍,银行信贷仍是企业获取资金的最主要渠道(Allen et al.,2005)。由于我国金融市场存在结构不完善、利率期限结构不合理、货币政策不稳定等缺陷，银行出于加强流动性管理、规避信贷违约风险等考量，通常对长期贷款的出借意愿较低（白云霞等，2016；钟凯等，2016）。相反，银行对短期贷款的出借意愿相对较高。通过缩短债务期限结构，银行可以对企业实施更动态、更有效的监督和约束，减少贷款企业的逆向选择和道德风险问题（赖黎等，2010）。数字化转型的特点可能使得银行对转型企业的长期贷款审批更为严格：第一，数字化转型具有成本投入大、回报周期长的特点，数字化转型需要企业对战略管理、组织架构、人才结构、组织文化等进行全方位的变革，相关的硬件配置和数字人才选聘都需要持续的资金支持；第二，数字化转型具有较高的失败概率，仅有少数企业能将数字化投入顺利转化为优异的经营绩效，而大多数企业的数字化转型未能达到预期效果。在此背景之下，银行对数字化转型企业的长期信贷审批会相对谨慎，无法满足企业快速增长的投资机会和长期投资需求（高雨辰等，2021）。因此，企业也只能利用"短贷长投"的方式弥补数字化转型过程中的资金缺口，从而加剧了企业投融资期限错配。基于上述分析，本章提出如下研究假设：

H8-1：数字化转型会加剧企业投融资期限错配。

8.3 研究设计

8.3.1 样本选择与数据来源

本章选取 2007—2019 年沪深 A 股上市公司为初始样本。选择 2007 年作为样本起点的原因是财政部新会计准则于 2007 年发布，考虑到 2020 年起新冠疫情的冲击可能对企业投融资行为产生较大影响，因此本章以 2019 年作为样本期间的终点。在初始样本的基础上，剔除金融行业样本和数据存在缺失的样本，最终得到 15483 个公司—年份观测值。数字化转型数据和其他财务、公司治理数据均取自国泰安数据库（CSMAR）。本章对所有连续变量进行了上下 1% 水平的缩尾处理。

8.3.2 模型构建与变量定义

为考察数字化转型对企业投融资期限错配的影响，本章构建模型（8-1）：

$$SFLI_{i,t}=\beta_0+\beta_1 DCG_{i,t}+\beta_2 SIZE_{i,t}+\beta_3 ROA_{i,t}+\beta_4 LEV_{i,t}+\beta_5 CASH_{i,t}+\beta_6 GROWTH_{i,t}+$$
$$\beta_7 CFO_{i,t}+\beta_8 TOP1_{i,t}+\beta_9 STATE_{i,t}+\beta_{10} AGE_{i,t}+\beta_{11} DUAL_{i,t}+\beta_{12} RIND_{i,t}+YEAR+IND+\varepsilon_{i,t}$$
(8-1)

其中，被解释变量为企业投融资期限错配（SFLI）。借鉴钟凯等（2016）、王百强等（2021）的研究，采用如下公式计算：SFLI=［购建固定资产等投资活动现金支出-（长期借款本期增加额+本期权益增加额+经营活动现金净流量+处置固定资产等收回的现金净额）］÷期末总资产。SFLI越大，表明长期资本支持长期投资的资金缺口越大，企业"短贷长投"越严重（叶志伟等，2023）。在稳健性检验中，本章还借鉴前人文献（罗宏等，2018；叶志伟等，2023），进一步考虑应付债券的影响，并采用虚拟变量度量企业投融资期限错配。

解释变量为数字化转型（DCG）。借鉴吴非等（2021）的研究，采用年报中出现的数字化转型关键词汇加1取自然对数度量。其中，数字化转型相关词语包括人工智能技术、大数据技术、云计算技术、区块链技术、数字技术应用五类。如果研究假设成立，预期DCG变量的估计系数β_1显著为正。在稳健性检验中，参考袁淳等（2021）的做法，采用经行业均值调整后的数字化转型指标进行度量，以排除行业特征差异的影响。

借鉴钟凯等（2016）、王百强等（2021）的研究，本章控制了影响企业投融资期限错配的财务因素，包括公司规模（SIZE）、盈利能力（ROA）、资产负债率（LEV）、现金持有（CASH）、成长性（GROWTH）和经营活动现金流量（CFO）等。同时，还控制了公司治理维度的影响因素，包括第一大股东持股比例（TOP1）、产权性质（STATE）、企业年龄（AGE）、两职合一（DUAL）、独立董事比例（RIND）等。此外，模型中还控制了年份和行业固定效应。本章主要变量定义见表8-1。

表8-1 变量定义

变量名称	变量符号	变量定义
企业投融资期限错配	SFLI	［购建固定资产等投资活动现金支出-（长期借款本期增加额+本期权益增加额+经营活动现金净流量+处置固定资产等收回的现金净额）］÷期末总资产
数字化转型	DCG	公司年报中数字化转型相关词汇出现的频率加1取自然对数
公司规模	SIZE	期末总资产的自然对数

续表

变量名称	变量符号	变量定义
盈利能力	ROA	净利润/期末总资产
资产负债率	LEV	期末总负债/期末总资产
现金持有	CASH	现金及现金等价物/期末总资产
成长性	GROWTH	本期主营业务收入变动/上期主营业务收入
经营活动现金流量	CFO	经营活动现金流量净额/期末总资产
第一大股东持股比例	TOP1	第一大股东持股数量/总股数
产权性质	STATE	虚拟变量，如果为国有企业取值为1，否则取0
企业年龄	AGE	企业成立年限取自然对数
两职合一	DUAL	虚拟变量，若董事长兼任总经理取值为1，否则为0
独立董事比例	RIND	独立董事人数/董事会人数

8.4 实证结果分析

8.4.1 描述性统计

表8-2列示了本章的描述性统计结果。结果显示，企业投融资期限错配指标（$SFLI$）的均值和标准差分别为-0.079和0.151，该数值与叶志伟等（2021）研究中的-0.073和0.145较为一致；从其标准差及分布可知，不同上市公司之间的投融资期限错配程度相差较大，最大值为0.402。数字化转型指标（DCG）的均值为0.801，标准差为1.113，说明样本公司在进行数字化转型尝试，但不同公司之间的数字化转型程度存在较大差异，最大值为4.234。其他控制变量的分布与既有文献基本一致，不再赘述。未报告的核心变量分年度均值描述性统计显示，数字化转型（DCG）变量的均值在样本期间呈现逐年上涨的趋势，说明我国上市公司数字化转型的步伐不断加快，企业抢抓数字化转型机遇以实现高质量发展。此外，基于上市公司是否存在"短贷长投"（$SFLI$是否大于0）的统计显示，研究期间内约有24%的样本存在"短贷长投"现象，与钟凯等（2016）的研究一致，说明上市公司投融资期限错配现象非常普遍，是值得研究的重要问题。

表 8-2 描述性统计

变量	观测值	均值	最小值	标准差	25分位数	中位数	75分位数	最大值
SFLI	15483	−0.079	−0.640	0.151	−0.148	−0.068	−0.002	0.402
DCG	15483	0.801	0.000	1.113	0.000	0.000	1.386	4.234
SIZE	15483	22.338	18.960	1.471	21.352	22.197	23.237	26.438
ROA	15483	0.030	−0.304	0.067	0.010	0.030	0.059	0.216
LEV	15483	0.513	0.078	0.221	0.353	0.511	0.661	1.303
CASH	15483	0.160	0.007	0.113	0.080	0.132	0.211	0.564
GROWTH	15483	0.202	−0.686	0.681	−0.040	0.093	0.250	5.223
CFO	15483	0.046	−0.199	0.077	0.004	0.045	0.089	0.265
TOP1	15483	0.358	0.082	0.157	0.234	0.336	0.472	0.765
STATE	15483	0.598	0.000	0.490	0.000	1.000	1.000	1.000
AGE	15483	2.826	1.792	0.349	2.639	2.890	3.091	3.434
DUAL	15483	0.165	0.000	0.371	0.000	0.000	0.000	1.000
RIND	15483	0.370	0.300	0.055	0.333	0.333	0.400	0.571

8.4.2 回归结果分析

表8-3列示了数字化转型对企业投融资期限错配的回归结果。其中，第（1）列未控制行业和年份固定效应，第（2）列控制了行业和年份固定效应。实证结果显示，数字化转型（DCG）变量至少在5%的水平上显著为正，说明数字化转型加剧了企业投融资期限错配问题。其主要原因是数字化转型及其配套建设增加了企业对长期资金的使用，延长了投资回收期，而以短期信贷为主的银行信贷供给结构无法满足企业的长期资金需求，最终加剧了企业的"短贷长投"现象。这也支持了假设H8-1的推断。从经济意义上分析，数字化转型水平提升1%，企业"短贷长投"的投融资期限错配现象增加1.47%[①]，这说明数字化转型对企业投融资期限错配的影响同时具备统计显著性和经济显著性。

---

① 经济显著性的计算采用解释变量的回归系数乘以描述统计中的标准差，再除以被解释变量的标准差。

控制变量方面,盈利能力（ROA）、资产负债率（LEV）、现金持有（CASH）、成长性（GRWOTH）、经营活动现金流量（CFO）以及企业年龄（AGE）等的估计系数均显著为负,说明盈利能力越强、负债率越高、现金持有量越充足、成长能力越强劲、经营活动现金流量越充沛、经营年限越长的企业,投融资期限错配的水平越低;第一大股东持股比例（TOP1）和国有控股（STATE）的估计系数均显著为正,说明股权集中度越高、产权性质为国有控股的上市公司,投融资期限发生错配的可能性越高。上述控制变量的方向与王百强等（2021）的结论较为一致。

表8-3 数字化转型与企业投融资期限错配

变量	(1) SFLI	(2) SFLI
DCG	0.004*** (4.21)	0.002** (2.34)
SIZE	-0.005*** (-4.37)	-0.003 (-1.67)
ROA	-0.920*** (-34.64)	-0.926*** (-28.13)
LEV	-0.066*** (-7.14)	-0.064*** (-6.00)
CASH	-0.122*** (-10.81)	-0.125*** (-10.27)
GROWTH	-0.046*** (-17.61)	-0.045*** (-10.08)
CFO	-0.662*** (-36.18)	-0.671*** (-32.78)
TOP1	0.018** (2.44)	0.022** (2.18)
STATE	0.008*** (3.47)	0.008* (1.86)
AGE	-0.020*** (-7.00)	-0.014*** (-3.44)
DUAL	0.003 (0.98)	0.003 (0.89)

续表

变量	(1)	(2)
	SFLI	*SFLI*
RIND	-0.014 (-0.82)	-0.008 (-0.43)
截距项	0.155*** (7.43)	0.110*** (2.65)
年份	No	Yes
行业	No	Yes
N	15483	15483
Adj-R^2	0.454	0.468

注：括号内为基于公司层面聚类稳健标准误调整的 t 值；*、**、***分别表示在10%、5%和1%的水平上显著。

8.4.3 稳健性检验

（1）内生性控制

本章的研究结论可能受到内生性问题的干扰，例如，投融资期限错配问题更严重的企业，可能更有动力推进数字化转型；再如，数字化转型与投融资期限错配之间的关系可能是遗漏重要变量所致。为了增强本章研究结论的可靠性，本章采用三种方式控制潜在的内生性影响：第一，采用滞后期变量进行回归。具体而言，采用 t 期解释变量和控制变量对 $t+1$ 期被解释变量进行回归，从而控制数字化转型时间因素的影响。滞后期变量的回归结果报告在表8-4第（1）列，数字化转型（*DCG*）的估计系数在1%的水平上显著为正，在一定程度上能够缓解反向因果问题的干扰。第二，控制高阶固定效应。借鉴罗进辉和巫奕龙（2021）的研究，在模型中进一步控制年份×行业固定效应，以控制行业时间趋势的影响。高阶固定效应的结果报告在表8-4第（2）列，数字化转型（*DCG*）的估计系数在5%的水平上显著为正，进一步验证了本章结论的可靠性。第三，中位数检验。为了避免自变量和因变量非正态分布对结果的影响，本章采用中位数检验。中位数检验的结果报告在表8-4第（3）列，数字化转型（*DCG*）的估计系数仍在1%的水平上显著为正，说明本章的结论是稳健的。

表 8-4 稳健性检验：内生性检验

变量	(1) SFLI 变量滞后一期	(2) SFLI 高阶固定效应	(3) SFLI 中位数检验
DCG	0.003*** (2.99)	0.002** (2.32)	0.002*** (2.73)
控制变量	Yes	Yes	Yes
年份	Yes	Yes	Yes
行业	Yes	Yes	Yes
年份×行业	No	Yes	No
N	13400	15483	15483
Adj-R^2	0.473	0.467	0.331

注：由于第（1）列采用了 $t+1$ 期的数字化转型变量进行计算，因而该列的样本量小于全样本；括号内为基于公司层面聚类稳健标准误调整的 t 值；**、*** 分别表示在5%、1%的水平上显著。

(2) 替换解释变量的度量方法

数字化转型是本章的核心解释变量，为了确保度量结果的可靠性，本章使用四个替代衡量指标：第一，借鉴吴非等（2021）的研究，采用广东金融学院国家金融学研究中心平台推出的《中国上市企业数字化转型指数评价研究报告》度量企业数字化转型（DCG_WU）；第二，参考祁怀锦等（2020）的方法，选择企业无形资产中与数字技术相关部分占总资产的比例度量数字化转型程度（DCG_INV）；第三，借鉴赵宸宇（2021）的研究，定义数字化转型哑变量（DCG_DUM），如果企业年报中披露了与数字化发展相关的信息则取值为1，否则为0；第四，借鉴袁淳等（2021）的研究，考虑到数字化转型受行业因素的影响较大，不同行业对数字化转型的需求和动力存在显著差异性，因而采用经行业均值调整后的数字化转型指标（DCG_ADJ）进行度量，即采用 DCG 减去同行业、同年度均值进行衡量。解释变量替代指标的检验结果报告在表 8-5 第（1）~（4）列中，结果显示，DCG_WU、DCG_INV、DCG_DUM 和 DCG_ADJ 的估计系数至少在5%的水平上显著为正，说明本章的结果是稳健的。

表 8-5 稳健性检验：替换关键变量的度量方法

变量	(1) SFLI	(2) SFLI	(3) SFLI	(4) SFLI	(5) SFLI_DUM	(6) SFLI2
DCG_WU	0.003*** (2.82)					

续表

变量	(1) SFLI	(2) SFLI	(3) SFLI	(4) SFLI	(5) SFLI_DUM	(6) SFLI2
DCG_INV		0.674*** (2.67)				
DCG_DUM			0.005** (2.37)			
DCG_ADJ				0.002** (2.12)		
DCG					0.037** (2.32)	0.024* (1.86)
控制变量	Yes	Yes	Yes	Yes	Yes	Yes
年份	Yes	Yes	Yes	Yes	Yes	Yes
行业	Yes	Yes	Yes	Yes	Yes	Yes
N	15483	15483	15483	15483	15483	15483
Adj-R^2	0.468	0.468	0.468	0.468	0.343	0.011

注：括号内为基于公司层面聚类稳健标准误调整的 t 值；*、**、*** 分别表示在 10%、5%、1%的水平上显著。

（3）替换被解释变量的度量方法

本章的被解释变量为投融资期限错配，基准回归中采用"短贷长投"的金额进行度量。为增强研究结论的可靠性，采用两个替代衡量指标：第一，参考罗宏等（2018）的研究，采用"短贷长投"哑变量（SFLI_DUM）进行度量，如果"短贷长投"金额（SFLI）大于0，SFLI_DUM 取值为1，否则为0；第二，参考叶志伟等（2021）的研究，在"短贷长投"的指标计算过程中考虑债券融资的影响，即"长期资本支持长期投资的资金缺口"（SFLI2）等于"固定资产等投资活动现金支持-（应付债券本期增加额+长期借款本期增加额+本期权益增加额+经营活动现金净流量+出售固定资产现金流入）"，并通过总资产进行标准化处理。替换被解释变量的稳健性检验结果报告在表8-5第（5）列、第（6）列中，结果显示，DCG 的估计系数依然显著为正，说明本章的结论较为可靠。

（4）改变回归样本

为增强研究结论的可靠性，本章还通过改变回归样本进行稳健性检验：第一，为了避免股权融资对结果的影响，本章剔除了公司当年存在定向增发融资的样本。第二，考虑到随着我国债券市场的发展，部分企业可能通过发行债券方式筹集资金，为排除债券筹资对本章结论的潜在影响，参考钟凯等（2016）和叶志伟等（2021）的做法，在研究样本中删除应付债券余额大于0的观测值。第三，考虑到数字化转型的需求和程度在不同行业中具有异质性，而制造业是经济发展的重要基础和支撑，也是中国实现产业链升级的重要抓手，因此仅保留制造业企业样本进行检验。第四，考虑到超过半数的样本企业尚未进行数字化转型，为纠正潜在的样本选择性偏差的影响，仅保留DCG取值不为0，即对进行了数字化转型的样本进行稳健性检验。改变回归样本的实证检验结果报告在表8-6中，结果显示，剔除发生股权融资样本、控制债券融资的影响、控制行业异质性影响以及仅保留进行数字化转型的样本后，研究结论依然成立。

表8-6 稳健性检验：改变回归样本

变量	(1) SFLI 剔除定向增发的样本	(2) SFLI 剔除应付债券余额大于0	(3) SFLI 仅保留制造业	(4) SFLI 仅保留进行数字化转型的样本
DCG	0.002** (2.19)	0.003** (2.16)	0.003** (2.29)	0.003* (1.74)
控制变量	Yes	Yes	Yes	Yes
年份	Yes	Yes	Yes	Yes
行业	Yes	Yes	Yes	Yes
N	13920	12300	8677	6886
Adj-R^2	0.479	0.475	0.485	0.468

注：括号内为基于公司层面聚类稳健标准误调整的t值；*、**分别表示在10%、5%的水平上显著。

8.5 异质性分析

8.5.1 银行信贷供给的影响

在我国现行金融体系下，银行借款是企业获取金融支持的主要来源，而银行出于信贷风险控制和考核压力，更倾向于提供短期信贷。上述研究表明，数字化转型增加了企业对于长期贷款的需求，加剧了企业的"短贷长投"现象。因此，本章预期当银行的信贷供给意愿增强时，企业数字化转型过程中面临的融资约束现象能够得以缓解，企业的投融资期限错配问题也会相应弱化；如果银行信贷供给意愿较低，数字化转型对企业投融资期限错配的影响可能会更加明显。

本章采用两种方式度量银行信贷供给意愿：一是企业的固定资产占比。企业固定资产占总资产的比重越高，银行预期企业能够提供的贷款抵押物越多，信贷供给意愿越强。本章设置虚拟变量 H_PPE，当固定资产占总资产的比值高于年份—行业中位数时，取值为1，否则为0。二是银企关联。在企业与银行存在密切关系时，银行更有动机为关联企业提供信贷支持。本章设置虚拟变量 BC，当银行持有企业股份、企业持有银行股份或者企业高管具有银行工作背景时，取值为1，否则为0。在实证检验中，将 H_PPE 和 BC 分别与数字化转型（DCG）变量进行交乘，并将交乘项和单独项同时加入实证模型中。表8-7第（1）列、第（2）列报告了银行信贷供给意愿调节效应的实证结果。结果显示，DCG×H_PPE 和 DCG×BC 的估计系数分别在1%和5%的水平上显著为负，说明当银行信贷供给意愿较低时，具体表现为企业固定资产占比更低、不存在银企关联时，数字化转型对企业投融资期限错配的加剧作用更为突出。

表8-7 异质性分析

变量	(1) SFLI 固定资产比重	(2) SFLI 银企关系	(3) SFLI WW指数	(4) SFLI Z指数	(5) SFLI 员工学历	(6) SFLI 员工技能
DCG	0.004*** (3.00)	0.005*** (3.25)	−0.000 (−0.18)	−0.002 (−1.59)	0.005*** (2.86)	0.004*** (2.87)
DCG×H_PPE	−0.004*** (−2.69)					
DCG×BC		−0.004** (−2.50)				
H_PPE	−0.005* (−1.75)					
BC		−0.000 (−0.07)				
DCG×H_WW			0.005*** (3.10)			

续表

变量	(1) SFLI 固定资产比重	(2) SFLI 银企关系	(3) SFLI WW 指数	(4) SFLI Z 指数	(5) SFLI 员工学历	(6) SFLI 员工技能
DCG×L_ZSCORE				0.007*** (4.01)		
H_WW			−0.014*** (−4.69)			
L_ZSCORE				0.022*** (6.73)		
DCG×H_EDU					−0.004** (−2.09)	
DCG×H_SKILL						−0.003* (−1.89)
H_EDU					0.002 (0.72)	
H_SKILL						0.001 (0.43)
控制变量	Yes	Yes	Yes	Yes	Yes	Yes
年份	Yes	Yes	Yes	Yes	Yes	Yes
行业	Yes	Yes	Yes	Yes	Yes	Yes
N	15483	15483	15483	15483	15483	15483
Adj-R^2	0.468	0.468	0.469	0.473	0.468	0.468

注：括号内为基于公司层面聚类稳健标准误调整的 t 值；*、**、***分别表示在10%、5%、1%的水平上显著。

8.5.2 企业陷入财务困境可能性的影响

如前所述，数字化转型可能加剧企业投融资期限错配，但该影响可能与企业自身的财务状况密切相关。企业陷入财务困境的可能性越大，其可自由支配和利用的资源越少，能够用于抵押担保的资源越少，获取长期贷款的能力越差，财务方面的脆弱性越严重，承受和抵御风险的能力越弱（刘行和赵晓阳，2019）。由于数字化转型具有较长的投资周期，也需要企业投入更多的资金、技术和人才保障，因此陷入财务困境可能性更大的企业更可能利用短期资金弥补长期投资缺口。基于以上分析，本章预期当企业陷入财务困境的可能性越大时,数字化转型对企业投融资期限错配的加剧作用越显著。

参考刘行和赵晓阳(2019)的研究,本章采用两种方式度量企业陷入财务困境的可能性:一是融资约束,采用 WW 指数进行度量,WW 指数越大,代表融资约束程度越高,获取新融资机会的难度越大。二是经营风险,采用 ZSCORE 指数进行度量[①],ZSCORE 指数越小,代表经营风险越大,企业未来陷入财务困境的可能性越大。根据 WW 指数和 ZSCORE 指数的年份—行业中位数进行排序,如果 WW 指数高于年份—行业中位数,则 *H_WW* 取值为 1,否则为 0;如果 ZSCORE 指数低于年份—行业中位数,则 *L_ZSCORE* 取值为 1,否则为 0。将 *H_WW* 和 *L_ZSCORE* 分别与数字化转型(*DCG*)变量进行交乘,并加入实证模型中。表 8-7 第(3)列、第(4)列报告了陷入财务困境可能性调节效应的实证结果。结果显示,*DCG*×*H_WW* 和 *DCG*×*L_ZSCORE* 的估计系数均在 1% 的水平上显著为正,说明在陷入财务困境可能性更大的企业中,数字化转型对企业投融资期限错配的加剧作用更为突出。

8.5.3 人力资本结构的影响

本章进一步探讨人力资本结构对数字化转型与企业投融资期限错配关系的影响。在数字经济时代,人力资本的重要性越发凸显。一方面,高素质的人才有助于改进业务流程、降低生产成本和交易成本,帮助企业获得银行的信贷资金支持,提高企业的创新效率和研发产出。另一方面,人力资本结构的改善有助于企业更好地提升资金和资源利用效率,推动专业化分工和价值链整合,提高企业全要素生产率。因此,本章预期良好的人力资本结构会弱化数字化转型对企业投融资期限错配的负面影响。

为检验上述预期,将学历在本科及以上员工视为高学历员工[②],将技术人员、研发人员视为高技能员工。根据高学历员工占比和高技能员工占比的样本中位数进行排序,*H_EDU* 和 *H_SKILL* 分别代表高学历和高技能员工哑变量。如果高学历(高技能)员工占员工总数的比例大于年份—行业中位数,*H_EDU*(*H_SKILL*)取值为 1,否则为 0,将其分别与数字化转型(*DCG*)变量进行交乘,并加入实证模型中。表 8-7 第(5)列、第(6)列报告了企业

---

① ZSCORE=1.2×营运资金/总资产+1.4×留存收益/总资产+3.3×息税前利润/总资产+0.6×股票总市值/负债账面价值+0.999×销售收入/总资产。

② 为确保结论的稳健性,本章以研究生学历及以上学历作为高学历员工的判定标准,回归结果保持不变。

人力资本结构调节效应的检验结果。结果显示，$DCG×H\_EDU$ 和 $DCG×H\_SKILL$ 的估计系数均显著为负，说明在员工整体学历较高、技能较高时，数字化转型对企业投融资期限错配的加剧作用会弱化。

8.6 拓展性研究

8.6.1 数字化转型与债务期限结构

本章认为，由于企业数字化转型具有较长的周期性和较高的风险性，银行出于信息不对称和控制信贷风险的考虑，对长期贷款的审批会更加谨慎和严格，这会导致企业长期资金不足，加剧投融资期限错配现象。为了验证假设分析逻辑，本章进一步探究数字化转型对企业债务期限结构的影响。具体地，以期末短期借款与期末总资产之比度量企业短期借款融资（$SDEBT$），以期末长期借款与期末总资产之比度量企业长期借款融资（$LDEBT$）。

表8-8第（1）列、第（2）列报告了数字化转型对企业债务期限结构影响的实证结果。其中，第（1）列代表数字化转型对短期借款融资的影响，第（2）列反映数字化转型对长期借款融资的影响。实证检验结果显示，DCG 的估计系数在第（1）列为正但不显著，在第（2）列显著为负，说明数字化转型降低了企业的长期借款融资，但对企业短期借款融资没有显著影响。上述结果进一步验证了本章的研究假设，说明企业债务期限结构的缩短是导致数字化转型加剧投融资期限错配的重要原因。

表8-8 拓展性研究

变量	(1) $SDEBT$ 短期借款融资	(2) $LDEBT$ 长期借款融资	(3) $MRISK$ 经营风险	(4) $FRISK$ 财务风险
DCG	0.001 (0.33)	−0.008*** (−7.16)	−0.000 (−0.01)	−0.000 (−1.24)
$SFLI$			−0.015*** (−5.01)	−0.004 (−1.17)
$DCG×SFLI$			0.005** (2.49)	0.007*** (3.39)
控制变量	Yes	Yes	Yes	Yes

续表

变量	(1) SDEBT 短期借款融资	(2) LDEBT 长期借款融资	(3) MRISK 经营风险	(4) FRISK 财务风险
年份	Yes	Yes	Yes	Yes
行业	Yes	Yes	Yes	Yes
N	15483	15483	13400	13400
Adj-R^2	0.128	0.359	0.274	0.130

注：由于经营风险和财务风险的衡量指标采用未来3年资产回报率和经营活动现金流量标准差进行计算，因而第（3）列、第（4）列检验的样本量小于全样本；括号内为基于公司层面聚类稳健标准误计算的 t 值；**、***分别表示在5%、1%的水平上显著。

8.6.2 数字化转型、投融资期限错配与企业风险

在探究数字化转型对企业投融资期限错配的作用及其影响因素后，本章进一步探究数字化转型对企业投融资期限错配影响的经济后果，即数字化转型加剧企业"短贷长投"之后，究竟会给企业带来怎样的影响。本章主要从企业风险的角度展开检验。从理论上分析，投融资期限错配反映了企业不断利用短期贷款支持长期性的投资活动，这会加剧资金链断裂的风险，使得企业更容易陷入财务困境，同时流动性危机也可能加剧企业的经营风险。为了验证上述逻辑，本章参考刘行和赵晓阳（2019）的研究，构建如下实证模型：

$$MRISK/FRISK_{i,t} = \beta_0 + \beta_1 DCG_{i,t} + \beta_2 DCG \times SFLI_{i,t} + \beta_3 SFLI_{i,t} + \beta_4 CONTROLS_{i,t} + YEAR + IND + \varepsilon_{i,t} \quad (8-2)$$

其中，MRISK 代表经营风险，采用企业未来3年总资产报酬率的标准差衡量；FRISK 代表财务风险，采用企业未来3年经营活动现金流量的标准差度量。MRISK 和 FRISK 的数值越大，代表经营风险和财务风险越高。CONTROLS 为控制变量，与模型（8-1）中的控制变量保持一致。模型（8-2）的实证结果报告在表8-8第（3）列、第（4）列中，结果显示，交乘项 $DCG \times SFLI$ 的估计系数均显著为正，说明数字化转型程度越高，投融资期限错配对企业风险的加剧作用越显著。

8.7 研究结论与启示

数字化转型的经济后果是目前理论界和实务界关心的重要议题，本章从

企业投融资期限错配的视角展开探讨。基于2007—2019年中国沪深A股上市公司的实证研究表明，数字化转型会加剧企业投融资期限错配问题，其主要原因在于数字化转型及其配套建设增加了企业对长期资金的占用，延长了投资回收期，而以短期信贷为主的银行信贷供给结构无法满足企业的资金需求，最终加剧了企业的"短贷长投"现象。当银行信贷供给意愿更低、企业陷入财务困境的可能性更大时，数字化转型对投融资期限错配的不利影响更为显著，而良好的人力资本结构会缓解数字化转型企业的"短贷长投"程度，提高数字化转型成功的可能性。同时，数字化转型通过加剧投融资期限错配提高了企业的经营风险和财务风险。

本章具有较强的政策启示意义，具体表现在如下三个方面：第一，长期融资能力不足可能会制约企业数字化转型的推进和实施，政府应当给予数字化转型企业更多的政策扶持。各级政府应当建立健全政策体系，给予更多的配套资金支持，利用诸如产业引导基金等形式缓解企业长期融资压力，以解决企业在转型阵痛期可能面临的各种困难，帮助企业开展数字化投资并转化为优异的绩效。第二，良好的人力资本结构有助于减小数字化转型对投融资期限错配产生的不利影响，因而出色的数字化人才队伍有助于企业应对数字化转型过程中的风险和挑战。企业应当建立科学合理的数字化人才队伍选拔机制，加大人才内部培育和外部引进的力度，打破任人唯亲、论资排辈等框架束缚，采用竞争上岗、优胜劣汰、动态管理的选人用人机制，完善人才激励机制和人才培养模式，加强企业数字化文化建设，打造一流的数字化运营团队。第三，企业陷入财务困境的可能性以及银行信贷意愿的降低可能会加剧数字化转型的不利影响，企业需要有针对性地分阶段、分步骤实施数字化转型。相比盲目和冒进地开展数字化转型，企业在推动数字化转型过程中应当充分结合自身的需求和痛点，根据自身的发展阶段和所处行业特征，选择适合自己的转型路径和升级方式，循序渐进地推进改革。

本章也存在一定的研究局限性。本章只能基于整体的财务报表数据分析数字化转型对企业投融资期限错配现象的影响。考虑到数字化转型符合国家的产业发展方向，银行可能对企业数字化转型提供专项贷款支持。由于数据的限制，我们无法获取银行信贷用途的详细信息，因而无法对这一问题进行深入研究。同时，本章虽然采用了多种方式减小潜在的内生性问题影响，但是依然无法完全排除这一问题的干扰。未来研究可以持续关注相关数据的披露，并尝试采用准自然实验等方法更好地识别因果关系。

第9章

数字化转型与企业劳动投资效率

9.1 引言

近年来,数字化的迅速发展及广泛普及推动了全球数字经济的发展。2021年,全球47个国家的数字经济的增加值规模共计38.1亿美元,占GDP的45%,其名义增长率达到了15.6%[①]。同时,数字化转型已成为企业发展议题的重中之重,英国和美国将近90%的企业领导人计划于未来10年将数字化技术嵌入企业运营中(Hess et al., 2016)。随着数字经济不断融入实体经济以及企业数字化转型的日益推进,数字化转型得到了实务界以及学术界的广泛关注(Hanelt et al., 2021)。已有研究将数字化转型视为实现差异化战略、获得竞争优势(Ferreira et al., 2019;吴武清和田雅婧,2022)以及创造企业可持续价值(Hess et al., 2016;Verhoef et al., 2021;胡海峰等,2022)的一种新型战略途径。此外,现有研究也从不同角度讨论了数字化转型对企业行为决策的影响,如创新(Niu et al., 2023)以及风险承担(Tian et al., 2022)等。但对于数字化转型在劳动投资效率方面的经济后果尚未有学者进行研究,因此本章通过研究数字化转型是否会对企业劳动投资效率产生影响以及如何产生影响,以拓展数字化转型相关领域的文献。

劳动力是生产的关键要素,尤其是当企业的创新能力更强以及知识密集度更高时(李建强和赵西亮,2019;Ee et al., 2022),只有人力资本和有形资产的有效结合才能够保证有形资产价值不断且可持续性地增加(Becker, 1962)。同时,人力资本的获取、维持需要持续的投资以及发展培养。因此,对劳动投资效率及其影响因素展开研究得到了众多学者的关注。已有研究认

---

① 数据来源:中国信息通信研究院所发布《全球数字经济白皮书(2022)》。

为，每一个企业都会对劳动力进行一定的投资（Merz and Yashiv，2007），并且高效的劳动力投资有利于企业在竞争中取得成功（Becker，1962；Ben-Nasr and Alshwer，2016）。然而在现实中，低效率的劳动投资十分常见。现有研究指出，低效的劳动力投资很可能使企业绩效恶化，同时对投资者的价值判断以及决策产生不利影响（Ghaly et al.，2020；Khedmati et al.，2020；马新啸等，2022），所以，保持劳动力投资的最佳水平对企业的运营效率至关重要（Pinnuck and Lillis，2007；Caggese et al.，2019；李波和蒋殿春，2019）。可以看出，实施数字化转型以及提高劳动投资效率是使企业在数字经济时代积累比竞争对手更多可持续发展优势的两大关键因素。因此，本章旨在探讨数字化转型与企业劳动投资效率之间的关系。

管理层与股东之间的代理冲突以及企业面临的融资约束会导致低效率劳动投资。首先，自利的管理层出于帝国构建等机会主义动机，会导致企业劳动力的过度投资（Jung et al.，2014；秦璇等，2020）；而追求平静生活的管理者则倾向于减少劳动力的雇佣，从而造成劳动力投资不足（Bertrand and Mullainathan，2003；Jung et al.，2014）。另外，短视的管理者为提升短期利润可能会过度解雇绩效表现不佳的员工，从而导致劳动力的投资不足（Graham et al.，2005；Ghaly et al.，2020）。其次，劳动投资需要大量成本，这需要融资的支持，而资金紧张的企业通常会减少对劳动力的投资以节约成本，由此导致劳动投资低效率（Campello et al.，2010；Khedmati et al.，2020；Benmelech et al.，2021；刘长庚等，2022；钱雪松和石鑫，2023）。因此，代理问题和融资约束是影响企业劳动投资效率的重要因素。

基于已有研究，数字化转型对劳动投资效率的影响表现在两个方面。一方面，数字化转型通过减少代理问题提升了劳动投资效率。具体而言，数字化转型使企业运营更加透明化（Goldfarb and Tucker，2019；Verhoef et al.，2021），并提升了信息的传播效率（Lee and Zhong，2022），从而减少了管理层所拥有的信息优势，强化了投资者对管理层的监督，有效遏制了管理层的机会主义行为（祁怀锦等，2020）。综上所述，数字化转型能够减少代理问题并提升企业的劳动投资效率。

另一方面，数字化转型通过缓解融资约束提升了企业劳动投资效率。首先，数字化转型向外界传递了企业在技术创新方面拥有领先优势，并在数字经济时代拥有广阔发展前景的积极信号（Ferreira et al.，2019；吴非等，2021；Feliciano-Cestero et al.，2023）。该信号进一步增强了投资者对企业的积极预期，因此企业更容易在资本市场赢得投资者青睐。其次，数字化转型能够使企业经营更加灵活，提升了运营效率和绩效（Hess et al.，2016；Pagani and Pardo，2017），这也进一步增强了投资者的持股信心，从而改善企业的融资状况。再次，数字化转型降低了企业内外部信息不对称程度（Chen et al.，2022b），降低了投资者的信息获取成本，并使投资人更好地了解企业，进而拓宽了企业的融资渠道（高雨辰等，2021；陈中飞等，2022；Tian et al.，2022）。最后，数字化转型与国家数字经济发展战略相一致，积极参与数字化转型的企业能够更容易地获得政府支持（Niu et al.，2023），从而缓解融资压力。综上所述，数字化转型能够解决企业面临的融资约束问题，进而提升劳动投资效率。

本章以2008—2020年中国上市公司数据为样本，系统研究了数字化转型对企业劳动投资效率的影响。中国资本市场为本书提供了理想的研究环境：第一，近年来，作为主要的新兴经济体，中国致力于推动企业数字化转型（Li，2022；Niu et al.，2023）。截至2020年，大约80%的中国上市公司进行了与数字化转型有关的投入，这意味着大部分的企业或相关部门受到了数字化转型的影响。同时，中国的数字经济规模在2021年已增长至超45万亿元，位居世界第二，与2012年的数据相比增长了3倍多。第二，基于劳动投资的视角，中国虽是人口大国，但面临着如劳动力逐渐短缺、工资水平上升以及人口老龄化的严峻问题（姚东旻等，2017；Cui et al.，2018；陈彦斌等，2019）。中国的劳动年龄人口已从2015年的约9.56亿下降至2020年的8.92亿[①]。劳动力成本也相应地在上升。因此，有效的劳动投资有利于中国企业获得竞争优势。此外，以中国企业为研究样本探究数字化转型与劳动投资效率之间的关系，能够为其他发展中国家提供推动企业数字化转型以及优化企业劳动投资决策的经验证据。第三，代理问题以及融资约束在发展中国家更为严峻。Allen等（2005）认为中国是一个"公司治理与经济发展相矛盾"的特例，具体表现为中国的经济发展迅速，但中国上市企业的公司治理机制及资本市场制度尚不完善，由此中国企业面临着较为严重的代理问题和融资约束。因此，中国资本市场提供了一个能够以代理问题以及融资约束为理论背景研究企业劳动投资效率的理想场景。

为了检验上述假设，本章采用文本分析方法计算了企业年报中数字化相关词汇出现的频率，并以此来衡量企业数字化转型程度。参考已有文献

---

① 数据来源：《中国统计年鉴》。劳动年龄人口包括15~59岁的人。

（Jung et al.，2014），本章以实际的劳动力净雇佣量与预计的劳动力净雇佣量差额的绝对值作为企业异常劳动投资的代理变量。研究发现，数字化转型提升了企业劳动投资效率。为确保研究结论的稳健性，采用倾向得分匹配法以及 Heckman 两阶段法解决由样本自选择偏误所带来的内生性问题。考虑到遗漏变量问题对研究结论的影响，使用工具变量法以及公司固定效应模型以降低该影响。此外，还采用替换关键变量的衡量方式进行稳健性检验。上述稳健性分析结果均保持稳健。

本章进一步检验了数字化转型对劳动投资效率的影响机制。减少代理问题及缓解融资约束是两个可能的影响路径，因而采用管理费用率以及当前 CEO 任期作为代理成本的代理变量，来检验代理问题机制。为检验融资约束机制，使用 KZ 指数和外部融资依赖性衡量企业面临的融资约束程度，实证结果支持了研究假设。

本章进行了如下进一步分析：首先，劳动投资效率低下包括劳动力过度投资（如过度雇佣和解雇不足）及劳动力投资不足（如雇佣不足和过度解雇）。因此，我们探究了数字化转型对不同类型的异常劳动投资的影响。结果表明，数字化转型对劳动力的过度投资以及投资不足均具有抑制作用，并且该抑制作用主要体现在企业过度雇佣以及雇佣不足的情况。其次，基于产权性质、公司治理环境以及员工背景进行了异质性分析，研究发现，在非国有企业、内部控制质量较低以及外部媒体关注较少、拥有更多高素质员工和未实施员工持股计划的企业中，数字化转型对劳动投资效率的提升作用更为显著。

本章的研究贡献主要有以下两方面：第一，首次研究了数字化转型是否会对劳动投资效率产生影响以及潜在机制。已有文献从多个角度探讨了数字化转型的治理效果，如企业创新（Niu et al.，2023）、风险承担（Tian et al.，2022）、股价崩盘风险（Wu et al.，2022a）以及信息环境（Chen et al.，2022b）。本章考察了数字化转型对劳动投资效率的影响，并探究了代理问题和融资约束两条可能的影响路径，丰富了对企业数字化转型经济后果的研究。第二，拓展了劳动投资效率影响因素领域的研究。现有研究主要从企业和管理层异质性角度讨论了劳动投资效率的影响因素，如财务报告质量（Jung et al.，2014）、股价信息含量（Ben-Nasr and Alshwer，2016）、股票流动性（Ee et al.，2022）、两职合一（Khedmati et al.，2020）以及 CEO 过度自信（Lai et al.，2021）。本章从数字化转型角度研究其对劳动投资效率的影响，为劳动投资效率影响因素领域的研究提供了新的经验证据。

9.2 文献综述与研究假设

9.2.1 数字化转型的经济后果研究

数字化转型并非只是对数字技术进行简单的应用和创新,还会给企业运营、组织架构、利益相关者关系网络(Hess et al.,2016;Hanelt et al.,2021;Verhoef et al.,2021)以及客户价值创造过程(Matarazzo et al.,2021;袁淳等,2021)带来一系列的影响。现有研究认为,企业数字化转型能够加速信息的传播(Lee and Zhong,2022),提高资源处理效率(Pagani and Pardo,2017),降低运营成本(Verhoef et al.,2021),帮助企业获得更多竞争优势(Ferreira et al.,2019),由此加速企业绩效的改善(Hess et al.,2016;戚聿东和肖旭,2020;Hanelt et al.,2021;Li,2022;Li et al.,2022)。此外,也有文献对数字化转型是否发挥了公司治理作用进行了研究。例如,已有文献发现数字化转型扭转了道德困境(祁怀锦等,2020;Liu et al.,2021),可以通过改善公司治理环境进而助力企业创新(Niu et al.,2023),还可以通过降低信息不对称程度进而提升企业风险承担水平(陈小辉和张红伟,2021),由此降低了企业未来股价崩盘的风险(Wu et al.,2022a)。Chen等(2022b)研究发现数字化转型能够改善资本市场的信息环境,降低分析师对信息的处理成本。综上所述,已有研究认为数字化转型能提升企业透明度,进而影响企业决策。

9.2.2 劳动投资效率的影响因素研究

现有文献表明,劳动投资对企业价值有增量效应(Merz and Yashiv,2007)。Pinnuck和Lillis(2007)最先提出了衡量劳动投资效率的模型,随之,后续大量研究利用该模型研究了劳动投资效率的影响因素。前人文献表明,劳动投资的低效率主要归因于企业代理冲突以及融资约束。

部分文献指出,良好的公司治理环境能够缓解代理冲突并提高劳动投资效率。例如,具有较长的投资视野的机构投资者能够解决代理问题,进而提高劳动投资效率(Ghaly et al.,2020)。CEO与独立董事之间的强联结关系会抑制董事发挥监督作用,加剧代理问题,导致劳动投资效率的下降

(Khedmati et al., 2020)。Sualihu 等（2021a）指出授予股票期权作为一种治理机制会提高管理层的风险承担意愿，从而降低劳动投资效率。Ee 等（2022）认为股票流动性提升了公司治理水平，进而降低了管理层基于建立"帝国"动机的劳动过度投资行为以及基于追求"平静生活"动机的劳动投资不足行为的可能性。Lai 等（2021）则认为过度自信的 CEO 通常对于企业的前景过度乐观，因此更可能过度雇佣员工。Wang 等（2022）研究发现董责险制度促使管理层更大程度地从事自利行为，并会降低劳动投资效率。

此外，部分文献也关注了融资约束对劳动投资效率的影响。劳动投资会产生较大的如雇佣、解雇以及员工培训等劳动调整成本，这需要融资的支持（Hamermesh，1995；罗长远和陈琳，2012；Khedmati et al.，2020；Benmelech et al.，2021）。因此，当企业面临较强的融资约束时，为了节约成本以及保证充足的现金流，会进行裁员，从而导致劳动投资不足（Campello et al.，2010）。例如，Jung 等（2014）研究发现，融资成本的上升会挤出有利可图的投资项目，由此导致劳动投资不足。Brown 和 Matsa（2016）认为当企业处于财务困境时，其吸引的员工数量会明显减少。Caggese 等（2019）研究发现融资约束扭曲了跨期权衡，使得企业做出次优选择，会解雇在未来预期拥有更高生产能力的短期员工。Khedmati 等（2020）则指出面临融资约束的企业在劳动投资方面会更难实现高效率。Borisov 等（2021）检验了企业上市对企业人员雇佣的影响，发现企业上市后，人员雇佣量显著上升。

尽管以往文献从公司治理以及融资约束的视角研究了劳动投资效率的影响因素，但对于数字技术与企业运营的整合如何影响企业劳动投资效率尚未深入探讨。基于已有文献，本书主要探讨数字化转型在解释劳动投资效率方面是否具有显著作用这一重要问题。

9.2.3 研究假设

研究认为数字化转型能够提升劳动投资效率。首先，数字化转型通过减少代理问题从而提升企业劳动投资效率。基于代理理论，代理冲突降低了企业劳动投资效率。具体而言，一方面，拥有较多自由现金流的管理者出于建立"帝国"的自利动机倾向于过度投资（Richardson，2006），例如，在无利可图的项目中过度雇佣或过少地解雇员工（Chen et al.，2012；Jung et al.，2014）。另一方面，代理冲突也会导致劳动投资不足。短视主义会使管理者过多地解雇当前绩效表现不佳的员工以提高短期的利润水平（Graham et al.，

2005；Ghaly et al.，2020），享受平静生活的管理者通常会放弃有利可图的投资项目，造成员工雇佣不足（Bertrand and Mullainathan，2003；Jung et al.，2014）。

已有关于数字化转型的研究发现，数字化转型不仅产生了大量的数据（Goldstein et al.，2021），而且提高了信息传播效率（Chen et al.，2022b；Lee and Zhong，2022），打破了管理者的信息垄断优势，并减小了机会主义行为的空间。此外，数字化转型使企业的运营过程，如财务管理以及内部控制等更加透明（Goldfarb and Tucker，2019；Verhoef et al.，2021），有利于投资者发挥对管理层的监督作用，进而约束管理层的机会主义行为。综上所述，企业数字化转型有效地缓解了管理层与股东之间的代理冲突。因此，数字化转型能够减少代理问题，从而提高劳动投资效率。

其次，数字化转型可以通过缓解融资约束进而提升劳动投资效率。以往研究表明，劳动投资会产生大量的调整成本，如转移、维持和替换劳动力等，这需要巨大的资金支持（Hamermesh，1995；Benmelech et al.，2021；钱雪松和石鑫，2023）。Campello 等（2010）提出面临融资约束的企业会为了节约成本而裁员，由此在劳动投资方面的效率更低。由于难以获取足够的资金，劳动力调整成本会上升，从而会降低劳动投资效率（Ben-Nasr and Alshwer，2016；Benmelech et al.，2021）。因此，企业面临的融资约束会降低劳动投资效率。

企业数字化转型能够缓解融资约束。首先，在数字经济时代，数字化转型意味着企业正积极地应对社会及行业中发生的变革，并积极通过采用数字技术更新其价值创造生态系统（Matt et al.，2015；Vial，2019）。因此，进行数字化转型标志着企业正处于技术的前沿，并拥有竞争优势（Hess et al.，2016；吴非等，2021；Feliciano-Cestero et al.，2023）。这一积极的信号吸引了外部投资人的关注，并增强了投资者对企业未来发展前景的信心，从而拓宽了企业外部融资渠道，在一定程度上缓解了企业融资约束。其次，数字化转型使企业发展更具灵活性，提升企业的运营效率，由此促进绩效的保持增值（Hess et al.，2016；Pagani and Pardo，2017；张鹏杨等，2023）。例如，在数字技术的应用与扶持下，企业能够收集并分析与消费者行为相关的数据，这样会降低企业运营的不确定性，帮助管理层及时调整运营策略。再次，复杂的信息环境阻碍了投资者对企业的了解、降低了投资者持有企业股票的意愿（Elliott et al.，2011），而数字化转型提升了企业信息环境的透明程度（罗进辉和巫奕龙，2021；聂兴凯等，2022），降低了投资者对信息的处理成本，由此增强了投资者对企业的持有信心，因此企业能够获得更多资金。最后，中国政府将发展数字经济视为新的战略方向，并采取了相应政策扶持地方数字经济的发展。所以，积极实施数字化转型的企业能够获得政府的支持，如税收优惠及贷款补贴（高雨辰等，2021；Niu et al.，2023），从而缓解融资压力。综上所述，本章认为数字化转型能够通过缓解融资约束进而提升劳动投资效率。

基于上述理论分析，提出如下研究假设：

H9-1：数字化转型提升了企业劳动投资效率。

9.3 研究设计

9.3.1 样本选择及数据来源

本章选择2008—2020年中国沪深A股上市公司数据为研究样本。以2008年为研究样本起点的原因主要是中国新《劳动合同法》于该年初实施。公司财务及公司治理数据来自国泰安（CSMAR）数据库，本章采用文本分析方法获取数字化转型指标。具体而言，借鉴已有文献（吴非等，2021；袁淳等，2021；肖土盛等，2022），从企业年报中提取与数字化转型相关的关键词并计算其出现频率。内部控制指数来源于迪博（Dibo）数据库，媒体关注数据来源于中国研究数据服务平台（CNRDS）数据库。

为保证实证检验的有效性，对数据进行如下处理：

（1）剔除金融行业企业，因为金融行业企业拥有独特的财务报表形式；

（2）剔除ST或*ST的企业；

（3）剔除关键数据缺失的样本数据。

此外，对所有连续变量进行了上下1%的缩尾处理以减少异常值的干扰。最终，得到2813家公司的18339个公司—年度观测值。

9.3.2 劳动投资效率衡量方式

参考已有文献（Jung et al.，2014；Khedmati et al.，2020；秦璇等，2020；申丹琳和江轩宇，2022），用实际劳动净雇佣量与预期劳动净雇佣量的差额的绝对值来衡量劳动投资效率。具体而言，首先，使用 $t-1$ 年到 t 年企业雇佣员工数量的百分比变化量表示劳动净投资（$Net\_Hire_{i,t}$）。其次，基于模型（9-1），采用一系列反映企业基本经营状况的特征变量对企业劳动净投资进行回归，以此来估计预期的企业劳动净投资（$\widehat{Net\_Hire}_{i,t}$）。最后，计算该估计模型的残差（$Net\_Hire_{i,t}$ 与 $\widehat{Net\_Hire}_{i,t}$ 的差额）。估计模型展示如下：

$$Net\_Hire_{i,t} = \beta_0 + \beta_1 Sales\_Growth_{i,t-1} + \beta_2 Sales\_Growth_{i,t} + \beta_3 \Delta ROA_{i,t} + \beta_4 \Delta ROA_{i,t-1} + \\ \beta_5 ROA_{i,t} + \beta_6 Return_{i,t} + \beta_7 FirmSize\_R_{i,t-1} + \beta_8 Quick_{i,t-1} + \beta_9 \Delta Quick_{i,t-1} + \\ \beta_{10} \Delta Quick_{i,t} + \beta_{11} Lev_{i,t-1} + \beta_{12} LossBin1_{i,t-1} + \beta_{13} LossBin2_{i,t-1} + \\ \beta_{14} LossBin3_{i,t-1} + \beta_{15} LossBin4_{i,t-1} + \beta_{16} LossBin5_{i,t-1} + IndustryFE + \varepsilon_{i,t}$$

(9-1)

其中，i 与 t 分别表示公司与财务年度。$Net\_Hire_{i,t}$ 为公司 i 第 t 年末与第 $t-1$ 年末员工数量的差异，再除以第 $t-1$ 年末员工数量。模型中使用了一系列反映企业基本经营状况的特征变量，包括：当年与前一年的销售收入的变化百分比（$Sales\_Growth_{i,t-1}$ 与 $Sales\_Growth_{i,t}$）；当年与前一年的总资产报酬率，即净利润与总资产的比值（$ROA_{i,t}$）的变动值（$\Delta ROA_{i,t-1}$ 与 $\Delta ROA_{i,t}$）；公司 i 第 t 年的年股票回报率（$Return_{i,t}$）；公司 i 第 $t-1$ 年的股权市场价值的自然对数值的百分位数（$FirmSize\_R_{i,t-1}$）；公司 i 第 $t-1$ 年现金、短期投资及应收账款与流动负债的比值（$Quick_{i,t-1}$）；当年与前一年速动比率的变化值（$\Delta Quick_{i,t-1}$ 与 $\Delta Quick_{i,t}$）；公司 i 第 $t-1$ 年长期负债与总资产的比值（$Lev_{i,t-1}$）；以 0.005 为区间长度对前一年落入［-0.025，0］区间内 $ROA_{i,t-1}$ 进行设置的五个哑变量（$LossBin1_{i,t-1}$ 至 $LossBin5_{i,t-1}$），具体表示为当 $ROA_{i,t-1}$ 在［-0.005，0］区间内时，$LossBin1_{i,t-1}$ 取值为 1，否则为 0；当 $ROA_{i,t-1}$ 在［-0.010，-0.005］区间内时，$LossBin2_{i,t-1}$ 取值为 1，否则为 0，以此类推。$IndustryFE$ 表示行业固定效应（见表 9-1）。

模型（9-1）中得到的残差 ε 等于企业实际劳动净雇佣量与预期劳动净雇佣量的差额。其中，预期劳动净雇佣量接近企业最佳的劳动力投资水平；残差为正代表劳动投资过度，而残差为负则代表劳动投资不足。上述两种偏差均表示异常劳动投资。因此，使用残差 ε 的绝对值作为劳动投资低效率的代理变量（$IneffLabor_{i,t}$）。该变量的数值大，说明企业实际的劳动投资水平与基于企业基本经营状况估计的预期劳动投资水平偏差越大，即劳动投资效率越低。模型（9-1）中使用到的具体变量定义如表 9-1 所示。

表 9-1 变量定义

变量符号	变量定义
$Net\_Hire_{i,t}$	公司 i 第 $t-1$ 年与第 t 年的员工数量变化百分比
$Sales\_Growth_{i,t-1}$	公司 i 第 $t-1$ 年的销售收入变化百分比
$Sales\_Growth_{i,t}$	公司 i 第 t 年的销售收入变化百分比
$\Delta ROA_{i,t-1}$	公司 i 第 $t-1$ 年的总资产报酬率的变化量
$ROA_{i,t}$	公司 i 第 t 年的总资产报酬率
$\Delta ROA_{i,t}$	公司 i 第 t 年的总资产报酬率的变化量
$Return_{i,t}$	公司 i 第 t 年的考虑现金红利再投资后的年个股回报率
$FirmSize_{i,t-1}$	公司 i 第 $t-1$ 年的市场价值的自然对数
$FirmSize\_R_{i,t-1}$	公司 i 第 $t-1$ 年的市场价值自然对数值的百分比排名
$Quick_{i,t-1}$	速动比率，公司 i 第 $t-1$ 年的现金、短期投资及应收款项与流动负债的比值
$\Delta Quick_{i,t-1}$	公司 i 第 $t-1$ 年的速动比率的变化量
$\Delta Quick_{i,t}$	公司 i 第 t 年的速动比率的变化量
$Lev_{i,t-1}$	公司 i 第 $t-1$ 年长期负债与总资产的比值
$LossBinX_{i,t-1}$	五个独立的虚拟变量，表示以 0.005 为区间长度，公司 i 前一年的总资产报酬率 ROA 是否在 [−0.025，0] 区间内。例如，当 $ROA_{i,t-1}$ 在 [−0.005，0] 范围内，$LossBin1_{i,t-1}$ 取值为 1，否则取值为 0；当 $ROA_{i,t-1}$ 在 [−0.010，−0.005] 范围内，$LossBin2_{i,t-1}$ 取值为 1，否则取值为 0，以此类推
$IneffLabor_{i,t}$	当被解释变量为 $Net\_Hire_{i,t}$ 时，使用模型（9-1）所估计的残差的绝对值
$DCG_{i,t-1}$	第 $t-1$ 年上市公司年报中与数字化转型相关的关键词出现的频数加 1 的自然对数值
$AQ_{i,t-1}$	会计信息质量，基于 Dechow 和 Dichev（2002）的 DD 模型所估计出的残差
$MTB_{i,t-1}$	公司 i 第 $t-1$ 年的市值账面比
$DivDum_{i,t-1}$	是否发放现金股利，即当公司 i 在第 $t-1$ 年分发了现金股利，取值为 1，否则取值为 0
$Std\_CFO_{i,t-1}$	公司 i 第 $t-5$ 年至第 $t-1$ 年的经营现金流的标准差
$Std\_Sales_{i,t-1}$	公司 i 第 $t-5$ 年至第 $t-1$ 年的销售收入的标准差
$Tangibles_{i,t-1}$	公司 i 第 $t-1$ 年不动产、工厂及设备（PPE）总值与总资产的比值
$Loss_{i,t-1}$	是否亏损，若公司 i 第 $t-1$ 年的总资产报酬率为负值，取值为 1；否则取值为 0

续表

变量符号	变量定义
$Insti_{i,t-1}$	公司 i 第 $t-1$ 年机构投资者的持股比例（乘以100）
$Std\_Net\_Hire_{i,t-1}$	公司 i 第 $t-5$ 年至第 $t-1$ 年的员工数量的百分比变化量的标准差
$Internet\_users_{i,t-1}$	公司所在省份第 $t-1$ 年的互联网宽带用户数的自然对数值
DCG_{std}	公司 i 第 $t-1$ 年年报中数字化转型关键词的频率减去公司各年度的最小值，并按各年度公司 i 的数字化转型关键词频率极差进行缩放
DCG_{adj}	公司 i 第 $t-1$ 年经各二位数行业—年份的中位数调整的数字化转型程度
$IneffWage_{i,t}$	当被解释变量为以支付给员工、管理人员的工资及其他福利费的自然对数值衡量的劳动力成本，使用模型（9-1）估计的残差的绝对值
$IneffLabor\_B_{i,t}$	参考 Biddle 等（2009），劳动投资低效率的代理变量
$Mfee_{i,t-1}$	公司 i 第 $t-1$ 年管理费用与营业收入的比值
$Tenure_{i,t}$	公司 i 第 t 年时现任 CEO 担任该职位的年限
$KZ_{i,t-1}$	参考 Kaplan 和 Zingales（1997），公司 i 第 $t-1$ 年的融资约束指数
$EF_{i,t-1}$	行业内资本支出及经营活动现金流量之差的中位数与公司 i 第 $t-1$ 年的资本支出的比值

表9-2 中的 Panel A 报告了模型（9-1）中主要变量的描述性统计结果。如表9-2所示，各变量的统计分布结果与已有文献一致（Wang et al.，2022）。其中，员工数量变化百分比（$Net\_Hire_{i,t}$）的标准差大约为0.434，大于 Jung 等（2014）基于美国数据的研究中报告的0.269，说明在研究样本中，中国企业的劳动投资决策差异较大。总资产报酬率（$ROA_{i,t}$）的均值为0.036，但其在本年变化的均值（$\Delta ROA_{i,t}$）大约为-0.006，说明中国企业的盈利能力并不稳定。另外，$Lev_{i,t-1}$ 的均值为0.078，代表了中国企业更依赖短期债务融资，而非长期债务融资，与 Wang 等（2021）的研究保持一致。

Panel B 报告了模型（9-1）的回归结果，与已有文献基本一致（Jung et al.，2014；Wang et al.，2022）。例如，$Sales\_Growth_{i,t}$ 的估计系数为正，结果表明销售收入增长1%会使得劳动净雇佣量增加35%。总资产报酬率（$ROA_{i,t}$）以及年个股回报率（$Return_{i,t}$）与劳动净雇佣量（$Net\_Hire_{i,t}$）显著正相关。总资产报酬率的变化量（ΔROA_{t-1} 和 ΔROA_t）、流动比率（$Quick_{i,t}$）和损失发生概率（$LossBin1_{i,t-1}$）与劳动净雇佣量显著负相关。另外，大部分反映企业基本经济状况的特征变量的回归系数在统计意义上显著并且与预计方向相同。此外，

该模型调整后的 R^2 为 0.171，大于 Wang 等（2022）的研究中报告的 0.144。

表9-2 模型（9-1）描述性统计及回归结果

Panel A：模型（9-1）中主要变量的描述性统计

变量	样本数	均值	标准差	25分位数	中位数	75分位数
$Net\_Hire_{i,t}$	25533	0.111	0.434	−0.043	0.020	0.128
$Sales\_Growth_{i,t-1}$	25533	0.210	0.516	−0.011	0.119	0.288
$Sales\_Growth_{i,t}$	25533	0.183	0.479	−0.027	0.106	0.271
$ROA_{i,t}$	25533	0.036	0.064	0.012	0.034	0.065
$\Delta ROA_{i,t-1}$	25533	−0.005	0.056	−0.019	−0.002	0.010
$\Delta ROA_{i,t}$	25533	−0.006	0.058	−0.019	−0.002	0.010
$Return_{i,t}$	25533	0.236	0.712	−0.227	0.040	0.479
$FirmSize\_R_{i,t-1}$	25533	0.800	0.040	0.773	0.798	0.825
$Quick_{i,t-1}$	25533	1.758	3.467	0.633	1.014	1.715
$\Delta Quick_{i,t-1}$	25533	−0.166	2.826	−0.235	−0.023	0.142
$\Delta Quick_{i,t}$	25533	−0.140	2.461	−0.211	−0.019	0.142
$Lev_{i,t-1}$	25533	0.078	0.104	0.001	0.034	0.120

Panel B：以 $Net\_Hire_{i,t}$ 为被解释变量并使用模型（9-1）的估计结果

变量	预期符号	系数	t 值
$Sales\_Growth_{i,t-1}$	+	0.022***	(4.48)
$Sales\_Growth_{i,t}$	+	0.350***	(64.59)
$ROA_{i,t}$	+	0.797***	(14.35)
$\Delta ROA_{i,t-1}$	+	−0.210***	(−4.10)
$\Delta ROA_{i,t}$	−	−0.831***	(−13.65)
$Return_{i,t}$	+	0.013***	(3.67)
$FirmSize\_R_{i,t-1}$	+	−0.191***	(−2.81)
$Quick_{i,t-1}$	+	−0.003***	(−3.31)
$\Delta Quick_{i,t-1}$	+	0.001	(0.58)
$\Delta Quick_{i,t}$	+/−	−0.009***	(−7.33)
$Lev_{i,t-1}$	+/−	−0.013	(−0.45)

续表

Panel B：以 $Net\_Hire_{i,t}$ 为被解释变量并使用模型（9-1）的估计结果

变量	预期符号	系数	t 值
$LossBin1_{i,t-1}$	-	-0.063**	(-2.08)
$LossBin2_{i,t-1}$	-	-0.039	(-1.08)
$LossBin3_{i,t-1}$	-	0.008	(0.22)
$LossBin4_{i,t-1}$	-	-0.006	(-0.17)
$LossBin5_{i,t-1}$	-	-0.002	(-0.06)
Constant	+/-	0.172***	(3.00)
Industry FE			Yes
Observations			25533
Adj R^2			0.171

注：**、***分别表示在5%、1%的水平上显著；括号内为 t 值。各变量的定义如表9-1所示。

9.3.3 数字化转型的衡量方式

解释变量为数字化转型，我们使用公司 i 年报中的数字转型关键词频率加1的自然对数作为企业数字转型（DCG）的代理变量。具体而言，参考现有文献（Wu et al.，2022a；Niu et al.，2023），首先采用文本分析方法从上市公司的年报中提取与数字化转型相关的关键词。其次，计算这些关键词在公司—年度层面出现的频率。其中，关键词包括人工智能、区块链、云计算、大数据和数字技术应用等词汇。表9-3报告了不同数字技术的具体子类别。

表9-3 数字化转型的关键词词典

类别	数字化转型的关键词
人工智能	人工智能、商业智能、图像理解、投资决策辅助系统、智能数据分析、智能机器人、机器学习、深度学习、语义搜索、生物识别技术、人脸识别、语音识别、身份验证、自动驾驶、自然语言处理
区块链	区块链、数字货币、分布式计算、差异化隐私技术、AI金融合同
云计算	云计算、流式计算、图计算、内存计算、安全多方计算、类脑计算、绿色计算、认知计算、融合架构、百万级并发、EB级存储、物联网、信息物理系统

续表

类别	数字化转型的关键词
大数据	大数据、数据挖掘、文本挖掘、数据可视化、异构数据、信用报告、增强现实、混合现实、虚拟现实
数字技术应用	移动互联网、工业互联网、互联网医疗、电子商务、移动支付、第三方支付、NFC支付、智能能源、B2B、B2C、C2B、C2C、O2O、网络联盟、智能穿戴设备、智慧农业、智能交通、智慧医疗、智能客服、智能家居、机器人顾问、智慧文化旅游、智慧环境保护、智能电网、智能营销、数字营销、无人零售、互联网金融、数字金融、金融科技、量化金融、开放银行

表9-4报告了在2008—2020年样本期间实施数字化转型的企业数量，结果说明了在中国，参与数字化转型的企业比例正在稳步增长，与之前的文献一致（吴非等，2021；Li，2022；Niu et al.，2023）。具体而言，截至2020年，98.38%的企业已经引进了数字技术并实施了数字化转型。

表9-4 2008—2020年实施数字化转型的企业数量

年份	公司数量（$DCG>0$）	全样本	百分比（%）
2008	573	832	68.87
2009	701	958	73.17
2010	823	1048	78.53
2011	924	1104	83.70
2012	1165	1301	89.55
2013	1341	1532	87.53
2014	1314	1459	90.06
2015	1249	1345	92.86
2016	1558	1639	95.06
2017	1684	1755	95.95
2018	1475	1506	97.94
2019	1782	1818	98.02
2020	2009	2042	98.38
总计	16598	18339	90.51

9.3.4 模型设计

参考已有文献（Jung et al.，2014；Khedmati et al.，2020），采用模型

（9-2）以检验数字化转型对企业劳动投资效率的影响：

$$\begin{aligned}
IneffLabor_{i,t} = & \beta_0 + \beta_1 DCG_{i,t-1} + \beta_2 AQ_{i,t-1} + \beta_3 MTB_{i,t-1} + \beta_4 FirmSize_{i,t-1} + \beta_5 Quick_{i,t-1} + \\
& \beta_6 Lev_{i,t-1} + \beta_7 DivDum_{i,t-1} + \beta_8 Std\_CFO_{i,t-1} + \beta_9 Std\_Sales_{i,t-1} + \\
& \beta_{10} Tangibles_{i,t-1} + \beta_{11} Loss_{i,t-1} + \beta_{12} Insti_{i,t-1} + \beta_{13} Std\_Net\_Hire_{i,t-1} + \\
& YearFE + IndustryFE + \varepsilon_{i,t}
\end{aligned} \tag{9-2}$$

其中，被解释变量（$IneffLabor_{i,t}$）由模型（9-1）估计得到，其在数值上表示企业异常劳动投资。$DCG_{i,t-1}$代表公司i第$t-1$年的数字化转型程度。参考前人文献（Jung et al.，2014；Khedmati et al.，2020；Ee et al.，2022），控制了会计信息质量（$AQ_{i,t-1}$）、投资机会（$MTB_{i,t-1}$）、企业规模（$FirmSize_{i,t-1}$）、速动比率（$Quick_{i,t-1}$）、长期杠杆率（$Lev_{i,t-1}$）、股息支付意愿（$DivDum_{i,t-1}$）、现金流波动性（$Std\_CFO_{i,t-1}$）、销售收入波动性（$Std\_Sales_{i,t-1}$）、有形资产比率（$Tangibles_{i,t-1}$）、损失概率（$Loss_{i,t-1}$）、机构投资者持股比例（$Insti_{i,t-1}$）以及劳动净雇佣量波动性（$Std\_Net\_Hire_{i,t-1}$）。另外，还控制了年份以及行业固定效应，所有的标准差均同时在行业和年度层面上进行聚类。具体变量定义详见表9-1。主要关注系数β_1，预期其显著为负，说明数字化转型能够降低企业的异常劳动投资水平，即提升企业劳动投资效率。

9.4 实证结果分析

9.4.1 描述性统计

表9-5报告了基准回归模型中主要变量的描述性统计结果。$IneffLabor_{i,t}$的均值为0.174，标准差为0.098，与以往文献一致（Kong et al.，2018；Wang et al.，2022）。$DCG_{i,t-1}$的均值为2.255，标准差为2.197，说明样本企业之间数字化转型水平差异较大，与以往研究一致（Wu et al.，2022a；Niu et al.，2023）。另外，控制变量的统计分布也与以往研究中报告的结果较为相似（Kong et al.，2018；Chen et al.，2022a；Gu et al.，2022；Wang et al.，2022）。例如，样本企业账面市值比（$MTB_{i,t-1}$）的均值为1.795，企业规模（$FirmSize_{i,t-1}$）的均值为22.252，长期杠杆率（$Lev_{i,t-1}$）的均值为0.082。

表 9-5 描述性统计

变量	样本数	均值	标准差	25 分位数	中位数	75 分位数
$IneffLabor_{i,t}$	18339	0.174	0.098	0.275	0.045	0.188
$DCG_{i,t-1}$	18339	2.255	2.197	1.378	1.099	3.178
$AQ_{i,t-1}$	18339	−0.004	−0.006	0.136	−0.054	0.042
$MTB_{i,t-1}$	18339	1.795	1.333	1.589	0.732	2.288
$FirmSize_{i,t-1}$	18339	22.252	22.181	1.049	21.532	22.890
$Quick_{i,t-1}$	18339	1.460	0.985	1.617	0.621	1.582
$Lev_{i,t-1}$	18339	0.082	0.040	0.102	0.002	0.128
$DivDum_{i,t-1}$	18339	0.705	1.000	0.456	0.000	1.000
$Std\_CFO_{i,t-1}$	18339	0.049	0.014	0.105	0.0063	0.039
$Std\_Sales_{i,t-1}$	18339	0.186	0.045	0.451	0.018	0.130
$Tangibles_{i,t-1}$	18339	0.240	0.205	0.173	0.103	0.344
$Loss_{i,t-1}$	18339	0.081	0.000	0.273	0.000	0.000
$Insti_{i,t-1}$	18339	48.203	50.629	22.918	32.247	65.610
$Std\_Net\_Hire_{i,t-1}$	18339	0.522	0.148	1.701	0.073	0.320

9.4.2 基准回归结果

数字化转型对企业劳动投资效率的基准回归结果如表 9-6 所示。第（1）列报告了未加入控制变量的回归结果，第（2）列为加入控制变量后的回归结果。在第（1）列、第（2）列中，控制了年份和行业固定效应。如表 9-6 所示，$DCG_{i,t-1}$ 的估计系数均为−0.008 且在 1%的水平上显著（t 值分别为−4.10及−3.77）。在经济意义上，第（2）列报告的 $DCG_{i,t-1}$ 的估计系数代表数字化转型水平每提高 1 个标准差，企业劳动投资效率提高 17.93%（|−0.008×2.197/0.098|）。实证结果表明，数字化转型在统计及经济意义上降低了企业异常劳动投资水平，即数字化转型提升了企业劳动投资效率。

此外，控制变量的回归系数与已有研究结果基本一致。例如，$MTB_{i,t-1}$ 的系数显著为正，表明投资机会越多企业劳动投资效率越低，与 Ee 等（2022）的结论一致。$Loss_{i,t-1}$ 和 $Std\_Net\_Hire_{i,t-1}$ 的系数为正且显著，表明亏损的可能性较大、劳动净雇佣量波动性的增强加大了企业低效率劳动投资，与 Wang 等

（2022）的研究结论一致。

表 9-6 基准回归结果

变量	(1) $IneffLabor_{i,t}$	(2) $IneffLabor_{i,t}$
$DCG_{i,t-1}$	-0.008*** (-4.10)	-0.008*** (-3.77)
$AQ_{i,t-1}$		0.051*** (2.68)
$MTB_{i,t-1}$		0.012*** (5.81)
$FirmSize_{i,t-1}$		0.004 (1.38)
$Quick_{i,t-1}$		-0.003* (-1.66)
$Lev_{i,t-1}$		-0.010 (-0.40)
$DivDum_{i,t-1}$		-0.031*** (-5.65)
$Std\_CFO_{i,t-1}$		-0.056* (-1.93)
$Std\_Sales_{i,t-1}$		-0.001 (-0.17)
$Tangibles_{i,t-1}$		-0.090*** (-5.13)
$Loss_{i,t-1}$		0.028*** (3.11)
$Insti_{i,t-1}$		-0.000* (-1.82)
$Std\_Net\_Hire_{i,t-1}$		0.003** (2.33)
Constant	0.219*** (10.35)	0.134* (1.83)
Year FE	Yes	Yes
Industry FE	Yes	Yes
Observations	18339	18339
Adj R^2	0.038	0.050

注：*、**、*** 分别表示在 10%、5%、1% 的水平上显著；括号内为 t 值。

9.4.3 稳健性检验

基准回归结果表明数字化转型提升了企业劳动投资效率。然而，研究结论可能会受到内生性问题的影响，因此本章采用倾向得分匹配、Heckman 两阶段回归、工具变量法以及公司固定效应模型解决内生性问题。

（1）倾向得分匹配

实施数字化转型的企业与未实施数字化转型的企业之间可能存在系统性差异，即企业对于是否实施数字化转型的决策并不是随机的。因此，参考 Chen 等（2022b）的研究，采用倾向得分匹配法以解决潜在的样本自选择偏误问题。具体而言，首先，将在样本期间实施数字化转型的企业（$DCG>0$）作为处理组，未实施数字化转型的企业作为控制组。其次，选择可能对企业数字化转型产生影响的变量，包括 $FirmSize_{i,t-1}$、$CEODual_{i,t-1}$、$BDSize_{i,t-1}$、$Labor\_Intensity_{i,t-1}$ 以及 $Loss_{i,t-1}$①作为协变量，进行 1∶1 的无放回的倾向得分匹配。匹配后共得到 3212 个公司—年份观测值。未报告的平衡性检验结果显示，所有协变量在处理组与控制组之间的绝对平均偏差均小于 3%，并且 T 检验结果显示协变量在两组之间不存在显著的差异，即说明倾向得分匹配的结果是可靠的。

表 9-7 报告了使用倾向得分匹配后的样本回归结果。$DCG_{i,t-1}$ 的估计系数仍在 1% 的水平上显著为负，说明在考虑了潜在的样本选择偏误问题后，研究结论依然稳健。

表 9-7 倾向得分匹配后样本的回归结果

变量	(1)	(2)
	$IneffLabor_{i,t}$	
$DCG_{i,t-1}$	-0.012***	-0.011***
	(-2.92)	(-2.73)
$AQ_{i,t-1}$		0.050
		(1.10)
$MTB_{i,t-1}$		0.016***
		(3.81)

① $CEODual_{i,t-1}$ 表示二职合一，当企业的 CEO 同时兼任董事长，取值为 1；否则取值为 0。$BDSize_{i,t-1}$ 表示董事会规模。$Labor\_Intensity_{i,t-1}$ 表示员工人数与总资产的比值。$CEODual_{i,t-1}$ 及 $BDSize_{i,t-1}$ 均衡量公司治理水平。$Labor\_Intensity_{i,t-1}$ 衡量了企业的劳动力密集度。另外，企业规模和损失概率反映了企业的财务状况，与企业是否实施数字化转型相关。

续表

变量	(1)	(2)
	\multicolumn{2}{c}{$IneffLabor_{i,t}$}	
$FirmSize_{i,t-1}$		0.013
		(1.42)
$Quick_{i,t-1}$		-0.007**
		(-1.99)
$Lev_{i,t-1}$		-0.063
		(-1.16)
$DivDum_{i,t-1}$		-0.005
		(-0.45)
$Std\_CFO_{i,t-1}$		-0.245***
		(-3.58)
$Std\_Sales_{i,t-1}$		0.010
		(0.70)
$Tangibles_{i,t-1}$		-0.035
		(-0.91)
$Loss_{i,t-1}$		0.074***
		(3.30)
$Insti_{i,t-1}$		-0.000
		(-0.63)
$Std\_Net\_Hire_{i,t-1}$		-0.000
		(-0.08)
Constant	0.195***	-0.113
	(7.20)	(-0.59)
Year FE	Yes	Yes
Industry FE	Yes	Yes
Observations	3212	3212
Adj R²	0.046	0.064

注：**、***分别表示在5%、1%的水平上显著；括号内为 t 值。

（2）Heckman 两阶段回归

本章进一步采用 Heckman 两阶段回归法控制潜在的自选择偏误问题。具体而言，在第一阶段，构建了 Probit 模型以估计公司实施数字化转型的概率，具体参考 Chen 等（2022b）的研究，设置虚拟变量（$DCG\_dummy_{i,t-1}$），当公司 i 在第 $t-1$ 年实施数字化转型时（$DCG_{i,t-1}>1$），取值为1，反之取值为0。

除在基准回归中使用的控制变量外,增加了可能会对企业数字化转型产生影响的工具变量,具体为企业所在省份的宽带互联网用户数的自然对数值($Internet\_users_{i,t-1}$)。区域互联网技术的进步可以带来数字资源优势,进一步促进企业数字化转型。但当地人是否使用宽带互联网是外生的,对企业的劳动投资决策产生直接影响的可能性较小。综合上述分析,$Internet\_users_{i,t-1}$满足工具变量的外生性要求。将在第一阶段回归得到的逆米尔斯比率(IMR_{t-1})作为第二阶段回归中额外的控制变量,基于模型(9-2)对数字化转型与劳动投资效率进行再回归。

表9-8报告了Heckman两阶段回归的实证结果。第(2)列中$DCG_{i,t-1}$的估计系数在控制了从第一阶段回归中得到的逆米尔斯比率(IMR_{t-1})后仍在1%的统计水平上显著为负。实证结果进一步佐证了本章的研究结论不受样本自选择内生性问题的影响。

表9-8 Heckman 两阶段回归

变量	(1)	(2)
	$DCG\_dummy_{i,t-1}$	$IneffLabor_{i,t}$
$DCG_{i,t-1}$		-0.008***
		(-3.81)
$AQ_{i,t-1}$	0.094	0.051***
	(1.13)	(2.69)
$MTB_{i,t-1}$	-0.057***	0.011***
	(-5.31)	(5.69)
$FirmSize_{i,t-1}$	0.147***	0.005
	(6.41)	(1.58)
$Quick_{i,t-1}$	0.006	-0.003
	(0.47)	(-1.63)
$Lev_{i,t-1}$	-0.010	-0.009
	(-0.06)	(-0.38)
$DivDum_{i,t-1}$	0.172***	-0.030***
	(4.87)	(-5.24)
$Std\_CFO_{i,t-1}$	-0.518*	-0.057
	(-1.70)	(-1.96)
$Std\_Sales_{i,t-1}$	0.226***	-0.001
	(2.73)	(-0.12)

续表

变量	(1) $DCG\_dummy_{i,t-1}$	(2) $IneffLabor_{i,t}$
$Tangibles_{i,t-1}$	−0.030 (−0.25)	−0.089*** (−5.11)
$Loss_{i,t-1}$	0.036 (0.68)	0.028*** (3.14)
$Insti_{i,t-1}$	0.002*** (3.12)	−0.000* (−1.69)
$Std\_Net\_Hire_{i,t-1}$	0.000 (0.06)	0.003** (2.35)
$Internet\_user_{i,t-1}$	0.097*** (4.71)	
$IMR_{i,t-1}$		0.020 (0.58)
Constant	−3.091*** (−6.36)	0.108 (1.39)
Year FE	Yes	Yes
Industry FE	Yes	Yes
Observations	18285	18285
Pseudo R^2/Adj R^2	0.198	0.050

注：*、**、***分别表示在10%、5%、1%的水平上显著；括号内为 t 值。

(3) 工具变量法

尽管模型（9-2）中已对自变量及所有控制变量进行了滞后一期的处理，以减少潜在的反向因果问题，但被忽略的且难以观察的公司特征仍然可能影响数字化转型和企业劳动投资效率。因此，采用2SLS方法解决潜在的由于遗漏相关变量而导致的内生性问题。企业所在省份的宽带互联网用户数量是外生的，与数字化转型正相关，但与企业劳动投资决策无关，因而继续将 $Internet\_users_{i,t-1}$ 作为工具变量。为保证工具变量（$Internet\_users_{i,t-1}$）的有效性，本章进行了不可识别检验。表9-9中第（2）列报告的Kleibergen-Paaprk LM 统计量在1%的水平上显著，Cragg-Donald Wald F 统计量及 Kleibergen-Paaprk Wald F 统计量的值大于 Stock-Yogo 临界值[①]，说明所使用的工具变量

---

① 在不可识别检验中，Stock-Yogo 给出的10%水平的临界值为16.38。

是有效的。

表 9-9 的第（1）列报告了 2SLS 方法第一阶段的回归结果。工具变量（$Internet\_users_{i,t-1}$）的估计系数在 1% 水平上显著为正，说明工具变量与数字化转型高度相关。此外，该回归模型调整后的 R^2 为 0.497，表明工具变量（$Internet\_users_{i,t-1}$）在第一阶段回归中有较强的解释力。第（2）列报告显示，$DCG_{i,t-1}$ 的回归系数在 5% 的水平上显著为负。实证结果表明，在控制了由遗漏变量可能导致的内生性偏误后，数字化转型仍能提升企业劳动投资效率，即基准研究结论是稳健的。

表 9-9 工具变量法

变量	(1) $DCG_{i,t-1}$	(2) $IneffLabor_{i,t}$
$DCG_{i,t-1}$		−0.076** (−2.17)
$Internet\_users_{i,t-1}$	0.037*** (3.20)	
$AQ_{i,t-1}$	0.121** (2.31)	0.048** (2.53)
$MTB_{i,t-1}$	−0.026*** (−4.21)	0.011*** (4.85)
$FirmSize_{i,t-1}$	0.165*** (13.31)	0.015* (1.91)
$Quick_{i,t-1}$	−0.013** (−2.23)	−0.002 (−1.18)
$Lev_{i,t-1}$	−0.281*** (−2.89)	0.019 (0.44)
$DivDum_{i,t-1}$	0.154*** (8.75)	−0.018* (−1.88)
$Std\_CFO_{i,t-1}$	−0.687*** (−6.55)	−0.089 (−1.39)
$Std\_Sales_{i,t-1}$	0.207*** (8.92)	0.009 (0.66)
$Tangibles_{i,t-1}$	−0.776*** (−9.32)	−0.221*** (−4.98)

续表

变量	(1) $DCG_{i,t-1}$	(2) $IneffLabor_{i,t}$
$Loss_{i,t-1}$	0.044 (1.37)	0.032*** (3.16)
$Insti_{i,t-1}$	-0.001 (-1.63)	-0.000* (-1.96)
$Std\_Net\_Hire_{i,t-1}$	0.002 (0.55)	0.004*** (2.99)
Constant	-2.608*** (-9.67)	0.034 (0.28)
Year FE	Yes	Yes
Industry FE	Yes	Yes
Kleibergen-Paap rk LM 统计量	—	18.721***
Cragg-Donald Wald F 统计量	—	56.560
Kleibergen-Paap rk Wald F 统计量	—	20.929
Observations	18339	18339
Adj R^2	0.497	0.038

注：*、**、***分别表示在10%、5%、1%的水平上显著；括号内为 t 值。

(4) 控制公司固定效应

除上述检验外，本章采用公司固定效应来进一步解决潜在的遗漏变量问题，以控制不随时间改变的公司特征。回归结果如表9-10所示，$DCG_{i,t-1}$ 的回归系数仍在1%的水平上显著为负，该结果与表9-6第（2）列所报告的结果较一致。实证结果表明，在控制了遗漏变量问题后，研究结论依旧稳健。

表9-10 公司固定效应模型

变量	(1)	(2)
	$IneffLabor_{i,t}$	
$DCG_{i,t-1}$	-0.013*** (-3.89)	-0.011*** (-3.09)
$AQ_{i,t-1}$		0.044** (2.13)

续表

变量	(1)	(2)
	$IneffLabor_{i,t}$	
$MTB_{i,t-1}$		0.016***
		(5.30)
$FirmSize_{i,t-1}$		-0.000
		(-0.01)
$Quick_{i,t-1}$		-0.000
		(-0.05)
$Lev_{i,t-1}$		-0.058
		(-1.33)
$DivDum_{i,t-1}$		-0.020***
		(-2.75)
$Std\_CFO_{i,t-1}$		-0.162***
		(-3.10)
$Std\_Sales_{i,t-1}$		-0.023*
		(-1.77)
$Tangibles_{i,t-1}$		-0.032
		(-0.91)
$Loss_{i,t-1}$		0.024**
		(2.45)
$Insti_{i,t-1}$		-0.000
		(-1.44)
$Std\_Net\_Hire_{i,t-1}$		-0.017***
		(-6.77)
Constant	0.227***	0.234*
	(19.07)	(1.89)
Year FE	Yes	Yes
Firm FE	Yes	Yes
Observations	18339	18339
Adj R^2	0.027	0.043

注：*、**、***分别表示在10%、5%、1%的水平上显著；括号内为 t 值。

（5）替换数字化转型的衡量方式

为进一步检验研究结论的稳健性，采用了其他方式衡量企业数字化转型，从而对基准研究结论进行稳健性检验。在基准回归模型中使用数字化转型关键词出现频数加1的自然对数来衡量企业数字化转型水平。为排除由于规模不同而造成的干扰,首先使用 DCG_{std} 作为数字化转型的替代变量,即 $[DCG_{i,t-1}-\min(DCG_i)]/[\max(DCG_i)-\min(DCG_i)]$①。其次,为了进一步排除行业差异的影响,将经行业—年份中位数调整的公司 i 在第 $t-1$ 年的数字化转型水平(DCG_{adj})作为企业数字化转型的替代衡量方式。表 9-11 第(1)列、第(2)列显示,DCG_{std} 和 DCG_{adj} 的估计系数均在 1% 的水平上显著为负。实证结果表明,本章研究结论不受数字化转型衡量方式的影响。

(6)替换企业劳动投资效率的衡量方式

此外,本章以替换劳动投资效率的衡量方式进行稳健性检验。Li(2011)认为劳动成本能够作为劳动投资的代理变量。因此,参考 Khedmati 等(2020)的研究,使用劳动成本,即支付给员工及管理人员的工资及其他福利费来衡量企业对劳动的净投资量,并将其置于模型(9-1)中作为被解释变量。同样地,异常劳动成本等于实际劳动成本与预期劳动成本之差,将其绝对数作为劳动投资低效率的代理变量($IneffWage_{i,t}$)。此外,参考 Biddle 等(2009)的研究,将异常劳动净雇佣量的绝对值作为模型(9-2)的被解释变量,其中实际劳动投资为销售增长率的函数,将此模型回归所得残差的绝对值作为劳动投资低效率的代理变量($IneffLabor\_B_{i,t}$)②。表 9-11 的第(3)列、第(4)列展示了替换劳动投资效率衡量方式后的回归结果。$DCG_{i,t-1}$ 回归系数的符号及显著性与基准回归结果保持一致。综上所述,本章的研究结论在替换关键变量的衡量方式后仍稳健。

表 9-11 替换关键变量的衡量方式

变量	替换数字化转型的衡量方式		替换劳动力投资效率的衡量方式	
	(1)	(2)	(3)	(4)
	$IneffLabor_{i,t}$		$IneffWage_{i,t}$	$IneffLabor\_B_{i,t}$
DCG_{std}	-0.034*** (-4.34)			
DCG_{adj}		-0.007*** (-3.62)		

---

① 具体而言,该变量等于公司 i 在第 $t-1$ 年的年报中数字转型关键词的出现频率与其各年数字化转型频率最小值之差,除以公司 i 各年数字化转型关键词频率的极差。

② 参考 Biddle 等(2009)的研究,本章构建的模型如下:$Investment_{i,t+1}=\beta_0+\beta_1 Sales\_Growth_{i,t}+\varepsilon_{i,t}$,其中 $Investment_{i,t+1}$ 为公司 i 在第 $t+1$ 年的劳动净投资总计,$Sales\_Growth_{i,t}$ 为第 $t-1$ 年至第 t 年的销售收入的百分比变化量,残差 $\varepsilon_{i,t}$ 的绝对值为劳动投资低效率的代理变量($IneffLabor\_B_{i,t}$)。

续表

变量	替换数字化转型的衡量方式		替换劳动力投资效率的衡量方式	
	(1)	(2)	(3)	(4)
	$IneffLabor_{i,t}$		$IneffWage_{i,t}$	$IneffLabor\_B_{i,t}$
$DCG_{i,t-1}$			-0.014***	-0.006**
			(-3.38)	(-2.54)
$AQ_{i,t-1}$	0.049***	0.051***	0.051	-0.029
	(2.61)	(2.69)	(1.64)	(-1.46)
$MTB_{i,t-1}$	0.012***	0.012***	0.052***	0.006***
	(5.77)	(5.81)	(9.68)	(2.66)
$FirmSize_{i,t-1}$	0.004	0.004	-0.058***	-0.002
	(1.33)	(1.34)	(-7.53)	(-0.67)
$Quick_{i,t-1}$	-0.003*	-0.003*	-0.013***	-0.001
	(-1.65)	(-1.68)	(-4.21)	(-0.60)
$Lev_{i,t-1}$	-0.007	-0.010	0.257***	0.041
	(-0.30)	(-0.38)	(5.12)	(1.42)
$DivDum_{i,t-1}$	-0.032***	-0.031***	-0.039***	-0.022***
	(-5.82)	(-5.70)	(-4.08)	(-3.86)
$Std\_CFO_{i,t-1}$	-0.057*	-0.055*	0.082	-0.002
	(-1.94)	(-1.88)	(0.76)	(-0.08)
$Std\_Sales_{i,t-1}$	-0.002	-0.001	0.117***	-0.007
	(-0.30)	(-0.21)	(6.73)	(-1.19)
$Tangibles_{i,t-1}$	-0.085***	-0.090***	-0.191***	-0.068***
	(-4.89)	(-5.14)	(-5.28)	(-4.12)
$Loss_{i,t-1}$	0.028***	0.028***	0.021	0.023**
	(3.11)	(3.12)	(1.22)	(2.42)
$Insti_{i,t-1}$	-0.000*	-0.000*	0.002***	-0.000*
	(-1.78)	(-1.81)	(9.39)	(-1.93)
$Std\_Net\_Hire_{i,t-1}$	0.003**	0.003**	0.010***	0.001
	(2.39)	(2.34)	(3.54)	(0.97)
Constant	0.136*	0.132*	1.706***	0.233***
	(1.84)	(1.79)	(10.59)	(3.15)
Year FE	Yes	Yes	Yes	Yes
Industry FE	Yes	Yes	Yes	Yes
Observations	18339	18339	18335	18335
Adj R²	0.051	0.050	0.080	0.040

注:"*"、"**"、"***"分别表示在10%、5%、1%的水平上显著;括号内为 t 值。

9.5 机制检验

基准回归结果显示，数字化转型能够显著提升企业劳动投资效率。本章从代理问题及融资约束两个角度进一步研究了数字化转型对劳动投资效率的影响路径。具体而言，参考 Ee 等（2022）的研究，采用加入交乘项检验方法考察数字化转型是否会通过以上两条路径影响劳动投资效率。

9.5.1 减小代理成本机制

首先，检验数字化转型是否通过减少代理问题进而改善企业劳动投资效率。以往文献认为，管理者基于自利动机会导致企业对劳动力的过度投资（Chen et al.，2012；Jung et al.，2014）。此外，由于受到外部投资者的压力，管理者的短视行为还会使得企业劳动投资不足（Graham et al.，2005；Ghaly et al.，2020）。因此，代理冲突会影响企业劳动投资效率。数字化转型能够使企业运营过程更加透明（Goldfarb and Tucker，2019），从而使投资者充分发挥其对管理层的监督作用。另外，数字化产生了大量的数据并加速了信息传播（Lee and Zhong，2022），减少管理者的信息垄断优势，并降低其从事机会主义行为的可能性。因此，数字化转型对代理问题更为严重的企业的劳动投资效率的提升效果会更显著。

为检验代理问题机制，采用两种不同的方式衡量代理成本。首先，参考 Ang 等（2000）的研究，采用管理费用率（$Mfee_{i,t-1}$）衡量代理成本，即公司 i 第 $t-1$ 年管理费用除以营业收入。管理费用率（$Mfee_{i,t-1}$）越高，说明企业代理问题越严重。进一步地，将管理费用率（$Mfee_{i,t-1}$）以及管理费用率（$Mfee_{i,t-1}$）与数字化转型（$DCG_{i,t-1}$）的交乘项（$Mfee_{i,t-1} \times DCG_{i,t-1}$）加入模型（9-2）中进行重新回归。其次，Antia 等（2010）认为管理层任期越短，管理层越短视，而管理层的任期越长能够使管理层与股东之间的利益趋于一致，从而降低代理成本。因此，使用现任 CEO 的任期（$Tenure_{i,t}$），即公司 i 第 t 年时 CEO 在职的年数来衡量代理成本。$Tenure_{i,t}$ 的值越大，表明 CEO 的任期越长，此时企业的代理成本也越低[①]。

[①] 公司 i 在上一财务年度可能存在 CEO 更替的现状，则公司 i 上一年度离任 CEO 任期的长短无法反映现任 CEO 的短视程度，即公司 i 当前代理成本。因此，采用现任 CEO 的任期（$Tenure_{i,t}$）作为代理成本的代理变量。

表 9-12 报告了代理问题机制的检验结果。第（1）列中 $Mfee_{i,t-1} \times DCG_{i,t-1}$ 的回归系数在 1% 的水平上显著为负，第（2）列中的 $Tenure_{i,t} \times DCG_{i,t-1}$ 的回归系数则显著为正。结果表明，数字化转型通过减少代理成本提升了企业劳动投资效率。实证结果进一步佐证了研究假设 H9-1。

表 9-12 降低代理成本机制

变量	减少代理问题	
	(1)	(2)
	$IneffLabor_{i,t}$	
$Mfee_{i,t-1} \times DCG_{i,t-1}$	-0.102***	
	(-4.35)	
$Mfee_{i,t-1}$	0.220***	
	(5.35)	
$Tenure_{i,t} \times DCG_{i,t-1}$		0.006*
		(1.95)
$Tenure_{i,t}$		-0.012***
		(-2.70)
$DCG_{i,t-1}$	-0.007***	-0.007***
	(-3.53)	(-3.65)
$AQ_{i,t-1}$	0.055***	0.051***
	(2.91)	(2.71)
$MTB_{i,t-1}$	0.010***	0.011***
	(4.80)	(5.30)
$FirmSize_{i,t-1}$	0.006*	0.005
	(1.80)	(1.40)
$Quick_{i,t-1}$	-0.003**	-0.003
	(-2.21)	(-1.63)
$Lev_{i,t-1}$	-0.008	-0.013
	(-0.31)	(-0.54)
$DivDum_{i,t-1}$	-0.027***	-0.029***
	(-4.95)	(-5.12)
$Std\_CFO_{i,t-1}$	-0.050*	-0.056*
	(-1.70)	(-1.90)
$Std\_Sales_{i,t-1}$	-0.002	-0.002
	(-0.23)	(-0.26)

续表

变量	减少代理问题	
	(1)	(2)
	$IneffLabor_{i,t}$	
$Tangibles_{i,t-1}$	-0.089***	-0.093***
	(-5.09)	(-5.33)
$Loss_{i,t-1}$	0.021**	0.031***
	(2.33)	(3.20)
$Insti_{i,t-1}$	-0.000	-0.000**
	(-1.49)	(-2.27)
$Std\_Net\_Hire_{i,t-1}$	0.003**	0.004**
	(2.42)	(2.43)
Constant	0.092	0.110
	(1.26)	(1.49)
Year FE	Yes	Yes
Industry FE	Yes	Yes
Observations	18339	17603
Adj R^2	0.054	0.051

注：*、**、***分别表示在10%、5%、1%的水平上显著；括号内为 t 值。

9.5.2 缓解融资约束机制

本章进一步检验融资约束在数字化转型对企业劳动投资效率提升作用中的机制影响。已有文献认为企业融资困境会使其劳动调整成本增加，因此面临严重融资约束的企业，劳动投资效率更低（Campello et al.，2010；Ben-Nasr and Alshwer，2016；Benmelech et al.，2021）。同时，数字化转型增强了投资者持有企业股票的信心，并且响应了政府的数字化发展战略，从而企业能够更容易地获得更大比例的外部融资（Tian et al.，2022），如政府资源（Niu et al.，2023）等。因此，预期当企业面临的融资约束程度越高时，数字化转型对劳动投资效率的提升效果会越显著。

本章采用两种不同的方式来衡量企业面临的融资约束程度。首先，参考Wang 等（2022）的研究，采用 Kaplan 和 Zingales（1997）提出的 KZ 指数（$KZ_{i,t-1}$）作为融资约束的代理变量。KZ 指数（$KZ_{i,t-1}$）越大，则代表企业面临的融资约束程度越严重。进一步地，将 $KZ_{i,t-1}$ 及 $KZ_{i,t-1}$ 与 $DCG_{i,t-1}$ 的交乘项（$KZ_{i,t-1}$×

$DCG_{i,t-1}$）加入基准回归模型（9-2）中。其次，参考已有文献（Foucault and Frésard，2012；Ben-Nasr and Alshwer，2016）的做法，使用外部融资依赖度（$EF_{i,t-1}$），即资本支出与经营活动现金流量的差值的行业中位数除以公司 i 第 $t-1$ 年的资本支出，作为融资约束的另一个代理变量。某一行业的外部融资依赖度（$EF_{i,t-1}$）越高，说明在该行业内的企业陷入融资困境的可能性也就越大。

表 9-13 报告了融资约束机制的检验结果。结果显示，$KZ_{i,t-1} \times DCG_{i,t-1}$ 及 $EF_{i,t-1} \times DCG_{i,t-1}$ 的估计系数分别在 5% 和 1% 的水平上显著为负，说明在融资约束问题更为严重的企业中，数字化转型对劳动投资效率的提升效果更为明显。实证结果与预期相一致，即缓解融资约束为数字化转型提升企业劳动投资效率的影响机制之一，实证结果进一步佐证了研究假设 H9-1。

表 9-13 缓解融资约束机制

变量	缓解融资约束	
	(1)	(2)
	$IneffLabor_{i,t}$	
$KZ_{i,t-1} \times DCG_{i,t-1}$	-0.002**	
	(-2.22)	
$KZ_{i,t-1}$	0.004**	
	(2.30)	
$EF_{i,t-1} \times DCG_{i,t-1}$		-0.013***
		(-2.98)
$EF_{i,t-1}$		0.032***
		(4.12)
$DCG_{i,t-1}$	-0.007***	-0.008***
	(-3.72)	(-5.02)
$AQ_{i,t-1}$	0.050***	0.039**
	(2.62)	(2.26)
$MTB_{i,t-1}$	0.011***	0.011***
	(5.61)	(5.46)
$FirmSize_{i,t-1}$	0.005	0.003
	(1.48)	(0.89)
$Quick_{i,t-1}$	-0.001	-0.004**
	(-0.38)	(-2.34)
$Lev_{i,t-1}$	-0.029	0.080***
	(-1.11)	(3.44)

续表

变量	缓解融资约束	
	(1)	(2)
	$IneffLabor_{i,t}$	
$DivDum_{i,t-1}$	-0.026***	-0.032***
	(-4.50)	(-6.02)
$Std\_CFO_{i,t-1}$	-0.055*	0.004
	(-1.89)	(0.13)
$Std\_Sales_{i,t-1}$	-0.002	-0.011
	(-0.25)	(-1.59)
$Tangibles_{i,t-1}$	-0.085***	-0.125***
	(-4.91)	(-8.06)
$Loss_{i,t-1}$	0.027***	0.023**
	(2.96)	(2.56)
$Insti_{i,t-1}$	-0.000	-0.000
	(-1.61)	(-0.33)
$Std\_Net\_Hire_{i,t-1}$	0.003**	0.005***
	(2.35)	(3.37)
Constant	0.101	0.162**
	(1.37)	(2.46)
Year FE	Yes	Yes
Industry FE	Yes	Yes
Observations	18339	18339
Adj R^2	0.051	0.040

注：*、**、***分别表示在10%、5%、1%的水平上显著；括号内为 t 值。

9.6 进一步分析

9.6.1 劳动过度投资与劳动投资不足

在基准回归分析中，研究发现数字化转型能够提高企业劳动投资效率。我们进一步探究数字化转型对不同类型的劳动投资效率的影响。参考 Jung 等（2014）的研究，低劳动力投资效率可以分为两种类型，即劳动过度投资以及劳动投资不足。具体而言，自利的管理者会雇佣超过预期的员工（过度雇佣）或者仍在业绩表现不佳的投资项目中保留员工（解雇不足）（Chen et al.，2012），所以代理问题会造成企业劳动过度投资。低劳动投资效率的另一种表现形式为劳动投资不足。例如，管理者与投资者之间的信息不对称会导致逆向选择问题，使得融资成本上升，加剧企业融资约束，从而挤出企业有利可图的项目，导致劳动投资不足（Campello et al.，2010；Benmelech et al.，2021）。此外，由投资者带来的外部压力所引发的管理层短视行为也可能使劳动投资不足（Graham et al.，2005；Ghaly et al.，2020），如未充分雇佣从长期来看具有发展潜力的员工。

基于基准回归模型，将全样本分为劳动过度投资（过度雇佣及解雇不足）及劳动投资不足（雇佣不足及过度解雇）两个子样本，进一步检验数字化转型对不同类型的劳动投资低效率的影响。表9-14的第（1）列和第（4）列分别展示了数字化转型与劳动过度投资总体及投资不足总体的分样本回归结果。结果显示，$DCG_{i,t-1}$的估计系数均在5%的水平上显著为负，说明数字化转型同时减少了企业劳动过度投资及投资不足的问题。第（2）列和第（5）列报告了过度投资中的雇佣过度及投资不足中的雇佣不足的分样本回归结果，结果显示$DCG_{i,t-1}$的估计系数至少在5%的水平上显著为负，说明数字化转型通过影响劳动力雇佣决策提高了企业劳动投资效率。而在过度解雇及解雇不足的分样本回归中，$DCG_{i,t-1}$的估计系数并不显著，可能的原因是媒体会对企业非理性裁员的混乱情况进行报道，一定程度上损害了企业形象并增加了声誉成本。此外，中国政府对企业裁员也进行了监管。因此，过度解雇及解雇不足不是中国上市公司操纵劳动投资的最佳选择①，从而数字化转型对过度解雇及解雇不足问题的抑制作用并不显著。实证结果进一步佐证了研究假设H9-1，即数字化转型通过减少代理问题和缓解融资约束提升了企业劳动投资效率。

表9-14 劳动投资过度与劳动投资不足

变量	Over-investment			Under-investment		
	Total	Over-hiring	Under-firing	Total	Under-hiring	Over-firing
	（1）	（2）	（3）	（4）	（5）	（6）
	$IneffLabor_{i,t}$					
$DCG_{i,t-1}$	-0.013**	-0.025***	-0.004	-0.003**	-0.003**	0.000
	(-2.43)	(-2.82)	(-0.73)	(-2.42)	(-2.12)	(0.05)
$AQ_{i,t-1}$	0.067	0.081	0.028	0.052***	0.049***	-0.007
	(1.43)	(1.15)	(0.46)	(3.53)	(3.59)	(-0.24)

---

① 表9-14显示过度解雇及解雇不足的样本量小于其他的非效率劳动力投资类型的样本量。

续表

变量	Over-investment			Under-investment		
	Total	Over-hiring	Under-firing	Total	Under-hiring	Over-firing
	(1)	(2)	(3)	(4)	(5)	(6)
	$IneffLabor_{i,t}$					
$MTB_{i,t-1}$	0.016***	0.013*	0.011***	0.007***	0.006***	0.008***
	(3.73)	(1.87)	(3.24)	(4.83)	(4.37)	(2.87)
$FirmSize_{i,t-1}$	0.016**	0.028**	-0.013*	0.001	-0.001	0.005
	(2.03)	(2.40)	(-1.75)	(0.27)	(-0.51)	(0.97)
$Quick_{i,t-1}$	-0.004	-0.009	0.003	-0.002*	-0.001	-0.004*
	(-1.18)	(-1.64)	(1.20)	(-1.74)	(-1.25)	(-1.90)
$Lev_{i,t-1}$	-0.062	-0.262**	0.137**	-0.016	-0.016	0.040
	(-0.94)	(-2.23)	(2.06)	(-0.90)	(-0.88)	(1.15)
$DivDum_{i,t-1}$	-0.038***	-0.093***	-0.008	-0.025***	-0.028***	-0.014**
	(-2.95)	(-3.73)	(-0.82)	(-6.90)	(-7.91)	(-2.09)
$Std\_CFO_{i,t-1}$	-0.136*	-0.301**	0.084*	-0.015	-0.021	0.093**
	(-1.70)	(-2.18)	(1.68)	(-0.91)	(-1.31)	(2.02)
$Std\_Sales_{i,t-1}$	0.003	0.033	-0.010	-0.007**	-0.004	-0.023**
	(0.14)	(0.84)	(-1.05)	(-1.98)	(-1.23)	(-2.58)
$Tangibles_{i,t-1}$	-0.100**	-0.110	-0.091**	-0.056***	-0.052***	-0.076***
	(-2.27)	(-1.40)	(-2.22)	(-4.70)	(-4.49)	(-3.43)
$Loss_{i,t-1}$	-0.012	0.148**	0.011	0.049***	0.074***	0.016*
	(-0.66)	(2.51)	(0.98)	(6.07)	(8.03)	(1.80)
$Insti_{i,t-1}$	-0.000	-0.000	-0.000	-0.000***	-0.000*	-0.000***
	(-0.52)	(-0.05)	(-0.19)	(-2.69)	(-1.88)	(-2.96)
$Std\_Net\_Hire_{i,t-1}$	-0.000	-0.005	0.002	0.006***	0.005***	0.001
	(-0.12)	(-0.83)	(0.64)	(4.37)	(5.02)	(0.36)
Constant	-0.017	-0.089	0.439***	0.163***	0.209***	0.060
	(-0.10)	(-0.34)	(2.62)	(3.49)	(4.31)	(0.59)
Year FE	Yes	Yes	Yes	Yes	Yes	Yes
Industry FE	Yes	Yes	Yes	Yes	Yes	Yes
Observations	6503	4237	2266	11836	10209	1627
Adj R²	0.071	0.078	0.065	0.098	0.114	0.108

注：*、**、***分别表示在10%、5%、1%的水平上显著；括号内为 t 值。

9.6.2 基于产权性质的异质性分析

国有企业及民营企业共存是中国资本市场的典型特征，学术界普遍认为国有企业和民营企业在各方面均存在差异。例如，与民营企业相比，国有企业存在预算软约束问题，更容易获得融资。长期以来，有政府支持的国有企业有一定的资源优势，能够得到更多的资金，如隐性或显性的担保和贷款补贴等（Qian，1994；Brandt and Li，2003）。相反，民营企业缺乏政府支持，会更多地受到严格的信贷政策的限制，并可能面临相对更大程度的融资约束（Brandt and Li，2003；Song et al.，2011）。因此，本章预期相较于国有企业，数字化转型能够更显著地提高民营企业的劳动投资效率。

为检验产权性质在数字化转型和企业劳动投资效率关系之间的调节作用，将全样本分为国有企业及民营企业两个子样本，并对模型（9-2）进行分组回归。表9-15报告的回归结果显示，相较于国有企业，数字化转型能够更有效地抑制民营企业的无效劳动投资。此外，组间系数差异检验表明，解释变量在不同组别中的估计系数差异在5%的水平上显著。实证结果表明，相较于国有企业，数字化转型对提高民营企业的劳动投资效率有更显著的效果，与预期一致。

表9-15 基于产权性质的异质性分析

变量	(1) 国有企业	(2) 民营企业
	$IneffLabor_{i,t}$	
$DCG_{i,t-1}$	-0.003 (-0.75)	-0.013*** (-5.26)
$AQ_{i,t-1}$	0.079*** (2.59)	0.026 (1.12)
$MTB_{i,t-1}$	0.012*** (3.21)	0.010*** (4.18)
$FirmSize_{i,t-1}$	0.010* (1.91)	-0.000 (-0.02)
$Quick_{i,t-1}$	-0.002 (-0.58)	-0.003* (-1.78)
$Lev_{i,t-1}$	-0.002 (-0.07)	-0.019 (-0.42)

续表

变量	(1) 国有企业	(2) 民营企业
	$IneffLabor_{i,t}$	
$DivDum_{i,t-1}$	-0.026***	-0.038***
	(-3.20)	(-5.16)
$Std\_CFO_{i,t-1}$	-0.049	-0.079
	(-1.39)	(-1.36)
$Std\_Sales_{i,t-1}$	-0.006	0.014
	(-0.76)	(0.85)
$Tangibles_{i,t-1}$	-0.076***	-0.075***
	(-3.06)	(-2.64)
$Loss_{i,t-1}$	0.022*	0.039***
	(1.80)	(2.93)
$Insti_{i,t-1}$	-0.000	0.000
	(-0.86)	(0.45)
$Std\_Net\_Hire_{i,t-1}$	0.002	0.003
	(1.25)	(1.48)
Constant	0.030	0.199**
	(0.26)	(2.28)
Year FE	Yes	Yes
Industry FE	Yes	Yes
Observations	9147	9192
Adj R^2	0.053	0.063
|Difference| (P value)①	0.010** (0.018)	

注：*、**、***分别表示在10%、5%、1%的水平上显著；括号内为 t 值。

9.6.3 基于公司治理环境的异质性分析

以往文献认为有效的内部及外部治理环境能够促使股东有效发挥对管理层的监督作用，从而提高企业劳动投资效率（Khedmati et al.，2020；Ee et

---

① 采用费舍尔组合检验方法，使用 bootstrap 命令重复抽样 1000 次计算 $DCG_{i,t-1}$ 估计系数差异及其经验 P 值，下同。

al.，2022；Wang et al.，2022）。具体地，企业内部控制质量越高，表明其内部治理水平也就越高（Li et al.，2021）。高质量的内部控制减少了管理层的自由裁量权（Dhaliwal et al.，2011），由此限制了管理层的自利行为（Qi et al.，2017），减少了代理问题并提高了企业内部治理水平。因此，相较于内部控制质量较高的企业，本章认为数字化转型能够显著提高内部控制质量较低的企业的劳动投资效率。对于外部治理水平，媒体报道能够向投资者传播有效且及时的信息，降低信息不对称程度，提高管理者的声誉成本，抑制其机会主义行为（Dyck et al.，2008；于忠泊等，2011），进而改善公司治理质量（罗进辉和杜兴强，2014；Dong et al.，2018）。因此，我们预期相较于媒体关注度较高的企业，数字化转型能够更为显著地提高媒体关注度低的企业劳动投资效率。

基于公司内部控制质量及外部媒体关注，将全样本分为不同的子样本以验证上述猜想。首先，从内部治理水平角度，参考现有文献（Wang et al.，2018；李小荣等，2021），利用行业—年份迪博内部控制指数的中位数作为基准，当企业内部控制指数大于行业—年份中位数时，则属于高内部治理水平组，反之属于低内部治理水平组。其次，对于外部治理水平，参考梁上坤（2017）和Dong等（2018）的研究，采用新闻报刊中与企业有关的新闻总量的自然对数来衡量企业媒体关注度。相似地，以媒体关注的年份—行业中位数作为基准对样本进行分组回归。

表9-16报告了基于模型（9-2）的分样本回归结果。第（1）列和第（2）列的结果显示数字化转型更显著地减少了低内部控制质量企业的劳动投资无效率情况，并且两组$DCG_{i,t-1}$的估计系数差异在统计意义上显著异于0。第（3）列和第（4）列的结果显示相比媒体关注度较高的企业，媒体关注度较低的企业的$DCG_{i,t-1}$的估计系数的绝对值更高，并且两组$DCG_{i,t-1}$的估计系数差异在10%的水平上显著异于0。综上所述，在内部和外部治理环境较弱的企业中，数字化转型在提升劳动投资效率方面发挥了更有效的治理作用。

表9-16 基于公司治理环境的异质性分析

变量	内部控制质量		外部媒体关注	
	(1)	(2)	(3)	(4)
	高	低	高	低
	$IneffLabor_{i,t}$			
$DCG_{i,t-1}$	-0.005	-0.010***	-0.006*	-0.009***
	(-1.51)	(-3.30)	(-1.88)	(-3.17)

续表

变量	内部控制质量		外部媒体关注	
	(1)	(2)	(3)	(4)
	高	低	高	低
	$IneffLabor_{i,t}$			
$AQ_{i,t-1}$	0.064***	0.037	0.077***	0.024
	(2.60)	(1.38)	(3.02)	(1.01)
$MTB_{i,t-1}$	0.008***	0.015***	0.011***	0.012***
	(2.91)	(4.98)	(4.17)	(4.27)
$FirmSize_{i,t-1}$	0.006	0.002	0.005	-0.002
	(1.46)	(0.49)	(1.19)	(-0.33)
$Quick_{i,t-1}$	-0.002	-0.003	-0.002	-0.004*
	(-0.78)	(-1.47)	(-0.89)	(-1.69)
$Lev_{i,t-1}$	-0.019	-0.003	-0.012	-0.021
	(-0.47)	(-0.07)	(-0.34)	(-0.53)
$DivDum_{i,t-1}$	-0.028***	-0.031***	-0.021***	-0.041***
	(-3.58)	(-4.12)	(-2.79)	(-4.92)
$Std\_CFO_{i,t-1}$	-0.074*	-0.002	-0.077**	0.055
	(-1.96)	(-0.05)	(-2.29)	(0.71)
$Std\_Sales_{i,t-1}$	0.003	-0.021**	0.003	-0.024*
	(0.31)	(-2.24)	(0.41)	(-1.76)
$Tangibles_{i,t-1}$	-0.099***	-0.083***	-0.068***	-0.098***
	(-3.91)	(-3.36)	(-2.94)	(-3.72)
$Loss_{i,t-1}$	0.069**	0.021**	0.039***	0.018
	(2.58)	(2.12)	(3.00)	(1.54)
$Insti_{i,t-1}$	-0.000	-0.000	-0.000*	-0.000
	(-1.08)	(-1.31)	(-1.71)	(-0.69)
$Std\_Net\_Hire_{i,t-1}$	0.002	0.005**	0.003*	0.002
	(1.04)	(2.33)	(1.82)	(1.06)
Constant	0.116	0.162	0.123	0.293***
	(1.24)	(1.55)	(1.24)	(2.67)
Year FE	Yes	Yes	Yes	Yes
Industry FE	Yes	Yes	Yes	Yes
Observations	9054	9285	9632	8707
Adj R^2	0.053	0.054	0.050	0.061

续表

变量	内部控制质量		外部媒体关注	
	(1)	(2)	(3)	(4)
	高	低	高	低
	$IneffLabor_{i,t}$			
|Difference| (P value)	0.005* (0.060)		0.003* (0.091)	

注：*、**、***分别表示在10%、5%、1%的水平上显著；括号内为 t 值。

9.6.4 基于员工层面的异质性分析

只有将技术、设备等与数字化相关的资源嵌入到组织结构中，企业数字化转型才能成功实施。Vial（2019）认为，员工的数字素养①，包括他们的教育背景、技能和经验，是应用数字技术的先决条件（Murawski and Bick, 2017），同时也能够为企业数字转型提供管理指导（Verhoef et al., 2021）。因此，本章预期员工的数字素养将为企业数字化转型创造有利环境，从而使数字化转型对企业劳动投资效率的促进作用更为显著。

为了检验员工的数字素养对数字化转型和企业劳动投资效率之间关系的调节影响，根据员工的教育背景和技能水平来划分样本。具体来说，参考Fleisher等（2011）、王珏和祝继高（2018）的研究，将本科及以上学历的员工视为高学历员工，并计算企业高学历员工的总人数。其次，将高学历员工人数超过行业—年份中位数的企业定义为高学历劳动力企业，低于行业—年份中位数的企业则为低学历劳动力企业。同样，将具有技术背景的员工定义为高技能员工，并将高技能员工人数比例高于（低于）行业—年份中位数水平的企业归为高（低）技能劳动力企业。然后，基于四个子样本对模型（9-2）进行分组回归②。表9-17中第（1）~（4）列的结果显示，数字化转型对劳动异常投资的降低效果在高学历劳动力企业和高技能劳动力企业中更为明显，子样本之间 $DCG_{i,t-1}$ 的系数差异在5%的水平上显著，证实了研究预期。

---

① 员工的数字素养为在使用数字技术时运用到的技能、经验、知识和能力的联系（Stordy, 2015）。

② 由于只能取得2013—2019年员工教育背景及技术背景的数据，因此回归的样本量相比全样本量少。

此外，自中国改革开放以来，实施员工持股计划（ESOP）的企业越来越多（Meng et al.，2011；孟庆斌等，2019）。现有文献表明，员工持股使员工利益与企业长期利益保持一致，并促进员工积极监督管理层的行为，有助于解决代理问题（French，1987；Ding and Sun，2011；Meng et al.，2011）。因此，预期在未实施员工持股计划的企业中，数字化转型能更为显著地提高企业劳动投资效率。

为了验证上述猜想，根据企业是否实施了员工持股计划，将总样本分为实施了员工持股计划和未实施员工持股计划两个子样本。表9-17的最后两列报告了员工持股计划对数字化转型治理效果的调节作用。在未实施员工持股计划的子样本中，$DCG_{i,t-1}$的系数在1%的水平上显著为负，而在实施了员工持股计划的子样本中，$DCG_{i,t-1}$的系数并不显著。同时，两组之间$DCG_{i,t-1}$的估计系数差异至少在5%的水平上显著，表明数字化转型对企业劳动投资效率的提升作用在未实施员工持股计划的企业中更为明显。

表9-17 基于员工教育背景、员工技术背景及员工持股比例的异质性分析

变量	高学历员工比例		高技能员工比例		是否实施员工持股计划	
	(1)	(2)	(3)	(4)	(5)	(6)
	高	低	高	低	未实施	实施
	$IneffLabor_{i,t}$					
$DCG_{i,t-1}$	-0.013***	-0.002	-0.012***	-0.004	-0.007***	0.000
	(-3.29)	(-0.71)	(-3.76)	(-1.24)	(-3.14)	(0.04)
$AQ_{i,t-1}$	0.001	0.103***	0.064*	0.048	0.041*	0.117*
	(0.04)	(3.03)	(1.87)	(1.25)	(1.76)	(1.75)
$MTB_{i,t-1}$	0.004	0.018***	0.008**	0.014***	0.012***	0.010**
	(1.42)	(5.77)	(2.41)	(4.65)	(5.09)	(2.53)
$FirmSize_{i,t-1}$	-0.007	-0.003	-0.001	-0.006	0.003	0.006
	(-1.54)	(-0.62)	(-0.30)	(-1.37)	(0.86)	(0.74)
$Quick_{i,t-1}$	-0.001	-0.005**	0.001	-0.007***	-0.003*	-0.007*
	(-0.24)	(-2.47)	(0.31)	(-3.35)	(-1.67)	(-1.72)
$Lev_{i,t-1}$	-0.034	0.026	0.045	-0.021	0.014	-0.088
	(-0.61)	(0.61)	(0.85)	(-0.45)	(0.50)	(-0.75)
$DivDum_{i,t-1}$	-0.023**	-0.051***	-0.021*	-0.053***	-0.028***	-0.021
	(-2.09)	(-5.80)	(-1.92)	(-5.67)	(-4.62)	(-1.37)
$Std\_CFO_{i,t-1}$	-0.020	0.021	-0.014	-0.010	-0.065**	0.096
	(-0.45)	(0.55)	(-0.27)	(-0.24)	(-2.00)	(0.79)

续表

变量	高学历员工比例		高技能员工比例		是否实施员工持股计划	
	(1)	(2)	(3)	(4)	(5)	(6)
	高	低	高	低	未实施	实施
	$IneffLabor_{i,t}$					
$Std\_Sales_{i,t-1}$	0.000 (0.04)	-0.009 (-0.93)	-0.008 (-0.77)	-0.001 (-0.11)	0.002 (0.22)	-0.029 (-1.42)
$Tangibles_{i,t-1}$	-0.100** (-2.23)	-0.053** (-2.06)	-0.077* (-1.88)	-0.067** (-2.31)	-0.102*** (-5.47)	-0.058 (-1.14)
$Loss_{i,t-1}$	0.050*** (2.67)	0.006 (0.43)	0.038** (2.04)	0.011 (0.69)	0.027*** (2.96)	0.040 (1.52)
$Insti_{i,t-1}$	-0.000** (-2.51)	-0.000 (-0.54)	-0.000** (-2.42)	-0.000 (-0.50)	-0.000* (-1.67)	0.000 (1.01)
$Std\_Net\_Hire_{i,t-1}$	0.002 (0.95)	0.006** (2.56)	0.003 (1.36)	0.006** (2.19)	0.003* (1.79)	0.019 (1.31)
Constant	0.608*** (5.76)	0.273*** (2.80)	0.474*** (4.53)	0.365*** (3.37)	0.146 (1.81)	0.011 (0.06)
Year FE	Yes	Yes	Yes	Yes	Yes	Yes
Industry FE	Yes	Yes	Yes	Yes	Yes	Yes
Observations	4702	6339	4702	6339	14369	1157
Adj R^2	0.048	0.045	0.042	0.046	0.051	0.101
|Difference| (P value)	0.011*** (0.004)		0.008** (0.025)		0.007** (0.013)	

注：*、**、***分别表示在10%、5%、1%的水平上显著；括号内为 t 值。

9.7 研究结论与启示

本书以2008—2020年的中国上市公司数据为样本，考察数字化转型对企业劳动投资效率的影响。研究发现，数字化转型提高了企业劳动投资效率。在运用倾向得分匹配法、Heckman两阶段法、工具变量法和公司固定效应模型解决内生性问题，以及替换关键变量的衡量方式后，研究结论依然稳健。

本章进一步探讨了数字化转型影响企业劳动投资效率的两种潜在机制，即代理问题和融资约束机制。此外，将全样本分为过度投资和投资不足两个子样本后，发现数字化转型对劳动过度投资（尤其是过度雇佣）和劳动投资不足（尤其是雇佣不足）均有显著抑制作用。最后，异质性分析发现，相较于国有企业，数字化转型对民营企业劳动投资效率的提升作用更为显著。同时，在内部控制质量较低、外部媒体关注度较低的企业，以及高学历的员工和高技能的员工比例较高和未实施员工持股计划的企业中，数字化转型对劳动投资效率的提高效果也更为明显。

本章从劳动投资效率的角度扩展了数字化转型经济后果的文献。同时，本章从数字化转型视角补充了劳动投资效率影响因素相关领域的研究，并且进一步探究了其内在的影响机制，为越来越多企业劳动投资效率的影响因素的研究打下了良好的基础。此外，通过研究数字化转型对劳动投资效率的影响及其影响效果在中国背景下不同截面上的异质性，本书证明了数字化转型在减少代理问题和缓解融资约束方面的治理作用。本书还具有重要的政策意义，其他新兴经济体可以从本书中获益，从而在微观层面和宏观层面加快数字化发展，帮助企业优化劳动投资决策，改善公司治理从而促进经济的高质量发展。

第10章

研究结论、启示与不足

10.1 研究结论

在数字经济蓬勃发展的背景下,本书首先选取两家案例企业进行案例分析,从动因、路径、效果展开讨论。在此基础上,分别研究企业数字化转型对绿色创新、资本结构动态调整、商业信用融资、投融资期限错配以及劳动投资效率的影响。本书主要结论如下:

第3章将中国铝业作为案例研究对象,采用案例研究法对中国铝业的财务数字化转型的动因、路径及效果开展了较为细致的分析与说明,结合财务数字化转型成效来看,中国铝业的转型可以认为是成功的,完成财务数字化转型后,中国铝业财务部门工作流程及分工更加明确,降低了期间费用和融资成本,提升了企业的盈利能力、治理水平和创新能力。

第4章基于一汽集团的财务数字化转型的案例,分析了财务数字化转型的动因、路径和后果。根据案例分析发现,在一汽集团财务管理数字化转型不断推进的过程中,一汽集团财务管理数字化持续转型主要取决于企业全面数字化转变的大背景,属于企业管理数字化变革。在转型特点上,一汽集团实施了连续财务数字化转型,主要分为第一阶段财务共享方面从无到有的建设和第二阶段财务智能化转型,体现了财务数字化转型发展演进的过程。

第5章研究了数字化转型对企业绿色创新的影响。研究结论主要包括:数字化转型能够显著促进企业绿色创新活动,且上述结论在经过一系列稳健性测试后依然成立;作用机制检验表明,数字化转型有助于缓解企业面临的融资约束,减少管理层的委托代理冲突,扩大企业的投资机会和成长空间,进而促进企业绿色创新;异质性分析结果显示,在非高新技术企业、重污染行业企业中,数字化转型对企业绿色创新的促进作用更显著;区分绿色创新类型后的研究发现，数字化转型对绿色发明专利和实用新型专利均存在显著的正向影响。

第6章研究了数字化转型是否影响资本结构调整速度以及潜在的机制，研究发现企业数字化转型加速了资本结构动态调整。在进行了一系列稳健性测试后，基准研究结论依然稳健。此外，数字化转型提升了企业通过增加有息债务和现金股利分红的方式来向上调整资本结构的可能性，也增强了企业通过发行股票和偿还有息债务的方式来向下调整资本结构的可能性。进一步研究了数字化转型和资本结构调整速度关系背后的可能机制，并在不同的截面环境下进行了异质性分析。研究发现，降低信息不对称、减少代理成本和缓解融资约束是数字化转型加速资本结构调整的三个影响渠道。此外，数字化转型对资本结构调整速度的正向影响在竞争激烈的行业、市场发展水平高的省份和经济政策不确定性高的年份更为明显。

第7章实证检验了数字化转型对中小企业商业信用融资能力的影响，得出结论如下：数字化转型对中小企业商业信用融资有着显著的正向促进作用；数字化转型能够增强企业内部控制和外部关注，降低内外信息不对称程度，从而提高企业商业信用融资能力；数字化转型对商业信用融资的影响存在明显的异质性，从企业特征角度发现非国有企业和非高科技企业进行数字化转型，更能提升其商业信用融资能力；从行业特征角度发现在竞争性行业和服务业中，企业数字化转型对商业信用融资能力的提升作用更为显著；从宏观层面发现当金融发展水平较高、经济政策不确定性较高时，企业数字化转型更能促进商业信用融资能力的提升。

第8章探究了数字化转型是否会加剧企业投融资期限错配问题。数字化转型及其配套建设增加了企业对长期资金的占用，延长了投资回收期，而以短期信贷为主的银行信贷供给结构无法满足企业的资金需求，最终加剧了企业的"短贷长投"现象。当银行信贷供给意愿更低、企业陷入财务困境的可能性更大时，数字化转型对投融资期限错配的不利影响更显著，而良好的人力资本结构会缓解数字化转型企业的"短贷长投"程度，提高数字化转型成功的可能性。同时，数字化转型通过加剧投融资期限错配提高了企业的经营风险和财务风险。

第9章考察数字化转型对企业劳动投资效率的影响。研究发现，数字化转型提高了企业劳动投资效率。在运用倾向得分匹配法、Heckman两阶段法、工具变量法和公司固定效应模型解决内生性问题，以及替换关键变量的衡量方式后，研究结论依然稳健。进一步探讨了数字化转型影响企业劳动投资效率的两种潜在机制，即代理问题和融资约束机制。此外，将全样本分为过度投资和投资不足两个子样本后，发现数字化转型对劳动过度投资（尤其是过度雇佣）和劳动投资不足（尤其是雇佣不足）均有显著抑制作用。最后，异质性分析发现，相较于国有企业，数字化转型对民营企业劳动投资效率的提升作用更为显著。同时，在内部控制质量较低、外部媒体关注度较低的企业，以及高学历的员工和高技能的员工比例较高和未实施员工持股计划的企业中，数字化转型对劳动投资效率的提高效果也更为明显。

10.2 研究启示

本书的研究表明，数字化转型能够推动企业高质量发展，具体表现为增加企业绿色创新，提升了资本结构调整速度，扩大了商业信用融资规模，还能够提高企业劳动投资效率。但是，数字化转型也会导致企业出现投融资期限错配，放大经营风险和财务风险。基于本书的研究，提出如下政策启示：

从企业而言，首先，企业应充分认识到数字化转型的重要价值，加强数字硬件设施配备和网络体系建设，借助数字化转型调整或优化原有创新发展的组织和管理模式，不断夯实数字化转型的技术和管理基础，最大限度地发挥数字化转型的积极作用，提升自身竞争力。其次，企业需要有针对性地分阶段、分步骤实施数字化转型。相比盲目和冒进地开展数字化转型，企业在推动数字化转型过程中应当充分结合自身的需求和痛点，根据自身的发展阶段和所处行业特征，选择适合自己的转型路径和升级方式，循序渐进地推进改革。最后，良好的人力资本结构是企业顺利开展数字化转型的重要基础，出色的数字化人才队伍有助于企业应对数字化转型过程中的风险和挑战。企业应当建立科学合理的数字化人才队伍选拔机制，加大人才内部培育和外部引进的力度，打破任人唯亲、论资排辈等框架束缚，采用竞争上岗、优胜劣汰、动态管理的选人用人机制，完善人才激励机制和人才培养模式，加强企业数字化文化建设，打造一流的数字化运营团队。

从政府而言，首先，长期融资能力不足可能会制约企业数字化转型的推进意愿和实施效果。各级政府应当建立健全政策体系，给予更多的配套资金支持，利用诸如产业引导基金等形式缓解企业长期融资压力，给予数字化转型企业更多的政策扶持，以解决企业在转型阵痛期可能面临的各种困难，帮助企业开展数字化投资并转化为优异的绩效。其次，政府部门应当健全商业信用体系，加强商业信用监管。在加快建立国内、国际双循环互促互进新发展格局的时代背景下，针对当前我国营商环境的不足之处，要进一步强化政务诚信，健全信用监管机制，完善商业信用体系，着力解决中小企业融资难问题，早日建成法治化、市场化、国际化的营商环境，助力中小企业数字化转型。最后，政府要加快数字基础设施建设，提高数字技术和设备在各个地区和产业中的覆盖水平，协同推进数字技术、业务模式和规章制度的创新，努力推进底层技术和商业应用场景的融合创新，形成以数字技术发展促进生产率提升、以业务场景应用带动数字技术进步的发展格局。

10.3 研究不足

本书的研究不足主要有以下两点。一方面，尚未对企业数字化转型的影响因素展开探究，对于不同企业数字化转型程度差异的认识不够深入；另一方面，本书的研究视角聚焦于企业内部，对于数字化转型如何影响外部利益相关者，以及数字化转型是否具有溢出效应等问题讨论有限。我们今后将持续关注相关问题，从企业内部治理结构以及外部制度环境对数字化转型动因进行分析，为推动中国企业数字化转型提供针对性政策建议。此外，我们还将扩宽研究视角，围绕审计师、分析师、媒体等多种类型的资本市场中介，探究数字化转型如何影响资本市场中介职能的发挥，为合理、全面、有效评价数字化转型的积极作用补充新的视角。

参 考 文 献

[1]白云霞,邱穆青,李伟. 投融资期限错配及其制度解释——来自中美两国金融市场的比较[J]. 中国工业经济,2016(7):23-39.

[2]钞小静,廉园梅,罗鎏锴. 新型数字基础设施对制造业高质量发展的影响[J]. 财贸研究,2021(10):1-13.

[3]陈春花,朱丽,钟皓,刘超,吴梦玮,曾昊. 中国企业数字化生存管理实践视角的创新研究[J]. 管理科学学报,2019(10):1-8.

[4]陈冬梅,王俐珍,陈安霓. 数字化与战略管理理论——回顾、挑战与展望[J]. 管理世界,2020(5):220-236.

[5]陈胜蓝,刘晓玲. 经济政策不确定性与公司商业信用供给[J]. 金融研究,2018(5):172-190.

[6]陈中飞,江康奇,殷明美. 数字化转型能缓解企业"融资贵"吗[J]. 经济学动态,2022(8):79-97.

[7]戴雨晴,李心合. 管理层权力制衡强度与资本结构调整速度——基于债务约束效应视角[J]. 经济管理,2021,43(4):173-190.

[8]樊纲,王小鲁,朱恒鹏. 中国市场化指数——各地区市场化相对进程2009年报告[M]. 北京:经济科学出版社,2010.

[9]方军雄. 所有制、制度环境与信贷资金配置[J]. 经济研究,2007(12):82-92.

[10]方明月. 市场竞争、财务约束和商业信用——基于中国制造业企业的实证分析[J]. 金融研究,2014(2):111-124.

[11]高雨辰,万滢霖,张思. 企业数字化、政府补贴与企业对外负债融资:基于中国上市企业的实证研究[J]. 管理评论,2021(11):106-120.

[12]宫汝凯,徐悦星,王大中. 经济政策不确定性与企业杠杆率[J]. 金融研究,2019(10):59-78.

[13]何帆,刘红霞. 数字经济视角下实体企业数字化变革的业绩提升效

应评估[J]．改革，2019(4)：137-148．

[14]何小钢．绿色技术创新的最优规制结构研究：基于研发支持与环境规制的双重互动效应[J]．经济管理，2014(11)：144-153．

[15]侯德帅，王琪，张婷婷，董曼茹．企业数字化转型与客户资源重构[J]．财经研究，2023，49(2)：110-124．

[16]胡楠，薛付婧，王昊楠．管理者短视主义影响企业长期投资吗？——基于文本分析和机器学习[J]．管理世界，2021(5)：139-156．

[17]胡泽，夏新平，余明桂．金融发展、流动性与商业信用：基于全球金融危机的实证研究[J]．南开管理评论，2013，16(3)：4-15，68．

[18]黄勃，李海彤，刘俊岐，雷敬华．数字技术创新与中国企业高质量发展——来自企业数字专利的证据[J]．经济研究，2023(3)：97-115．

[19]黄大禹，谢获宝，孟祥瑜，张秋艳．数字化转型与企业价值：基于文本分析方法的经验证据[J]．经济学家，2021(12)：41-51．

[20]黄继承，阚铄，朱冰，郑志刚．经理薪酬激励与资本结构动态调整[J]．管理世界，2016(11)：156-171．

[21]黄继承，朱冰，向东．法律环境与资本结构动态调整[J]．管理世界，2014(5)：142-156．

[22]黄俊威，龚光明．融资融券制度与公司资本结构动态调整——基于"准自然实验"的经验证据[J]．管理世界，2019(10)：64-81．

[23]黄兴李，邓路，曲悠．货币政策、商业信用与公司投资行为[J]．会计研究，2016(2)：58-65，96．

[24]江伟，曾业勤．金融发展、产权性质与商业信用的信号传递作用[J]．金融研究，2013(6)：89-103．

[25]姜付秀，黄继承．CEO财务经历与资本结构决策[J]．会计研究，2013(5)：27-34．

[26]康丽群，刘汉民，钱晶晶．高管长期导向对企业绿色创新的影响研究：环境动态性的调节作用与战略学习能力的中介效应[J]．商业经济与管理，2021(10)：34-48．

[27]赖黎，唐芸茜，夏晓兰，马永强．董事高管责任保险降低了企业风险吗？——基于短贷长投和信贷获取的视角[J]．管理世界，2019(10)：160-171．

[28]李凤羽，杨墨竹．经济政策不确定性会抑制企业投资吗？——基于

中国经济政策不确定指数的实证研究[J].金融研究,2015,418(4):115-129.

[29]李杰,陈子钰.制度优势转化:政治关联与企业绿色创新[J].财经科学,2020(9):108-120.

[30]李琦,刘力钢,邵剑兵.数字化转型、供应链集成与企业绩效:企业家精神的调节效应[J].经济管理,2021(10):5-23.

[31]李青原,肖泽华.异质性环境规制工具与企业绿色创新激励:来自上市企业绿色专利的证据[J].经济研究,2020(9):192-208.

[32]李青原,李昱,章尹赛楠,郑昊天.企业数字化转型的信息溢出效应——基于供应链视角的经验证据[J].中国工业经济,2023(7):142-159.

[33]李荣,王瑜,陆正飞.互联网商业模式影响上市公司盈余质量吗——来自中国证券市场的经验证据[J].会计研究,2020(10):66-81.

[34]李树文,罗瑾琏,胡文安.从价值交易走向价值共创:创新型企业的价值转型过程研究[J].管理世界,2022(3):125-145.

[35]李依,高达,卫平.中央环保督察能否诱发企业绿色创新[J].科学学研究,2021(8):1504-1516.

[36]李增福,陈俊杰,连玉君,李铭杰.经济政策不确定性与企业短债长用[J].管理世界,2022(1):77-101.

[37]刘飞.数字化转型如何提升制造业生产率——基于数字化转型的三重影响机制[J].财经科学,2020(10):93-107.

[38]刘进,郑琰,周方召.内部控制、信任与商业信用融资[J].科学决策,2018(7):63-80.

[39]刘民权,徐忠,赵英涛.商业信用研究综述[J].世界经济,2004,27(1):66-77,80.

[40]刘晓光,刘元春.杠杆率、短债长用与企业表现[J].经济研究,2019(7):127-141.

[41]刘行,赵晓阳.最低工资标准的上涨是否会加剧企业避税?[J].经济研究,2019(10):121-135.

[42]陆正飞,杨德明.商业信用:替代性融资,还是买方市场[J].管理世界,2011(4):6-14,45.

[43]罗宏,贾秀彦,陈小运.审计师对短贷长投的信息识别——基于审计意见的证据[J].审计研究,2018(6):65-72.

[44]罗进辉,巫奕龙.数字化运营水平与真实盈余管理[J].管理科学,2021(4):3-18.

[45]马骏,朱斌,何轩.家族企业何以成为更积极的绿色创新推动者?——基于社会情感财富和制度合法性的解释[J].管理科学学报,2020(9):31-60.

[46]倪克金,刘修岩.数字化转型与企业成长:理论逻辑与中国实践[J].经济管理,2021(12):79-97.

[47]聂兴凯,王稳华,裴璇.企业数字化转型会影响会计信息可比性吗[J].会计研究,2022(5):17-39.

[48]潘爱玲,凌润泽,李彬.供应链金融如何服务实体经济——基于资本结构调整的微观证据[J].经济管理,2021(8):41-55.

[49]彭梓倩,周鹏.数字化转型对商业信用融资能力的影响研究——基于供应链信息传递的视角[J].管理现代化,2023,43(1):82-90.

[50]戚聿东,肖旭.数字经济时代的企业管理变革[J].管理世界,2020,36(6):135-152.

[51]齐绍洲,林屾,崔静波.环境权益交易市场能否诱发绿色创新?——基于我国上市公司绿色专利数据的证据[J].经济研究,2018(12):129-143.

[52]祁怀锦,曹修琴,刘艳霞.数字经济对公司治理的影响——基于信息不对称和管理者非理性行为视角[J].改革,2020(4):50-64.

[53]饶品贵,姜国华.货币政策对银行信贷与商业信用互动关系影响研究[J].经济研究,2013,48(1):68-82,150.

[54]沈国兵,袁征宇.企业互联网化对中国企业创新及出口的影响[J].经济研究,2020,55(1):33-48.

[55]沈红波,华凌昊,郎宁.地方国有企业的投融资期限错配:成因与治理[J].财贸经济,2019(1):70-82.

[56]盛明泉,张春强,王烨.高管股权激励与资本结构动态调整[J].会计研究,2016(2):44-50.

[57]宋全云,李晓,钱龙.经济政策不确定性与企业贷款成本[J].金融研究,2019(7):57-75.

[58]孙大超,王伟,景红桥.产权性质、产业差异化与企业商业信用供给[J].经济管理,2014,36(3):53-62.

[59]谭志东,赵洵,潘俊,谭建华.数字化转型的价值:基于企业现金持有的视角[J].财经研究,2022(3):64-78.

[60]王百强,鲍睿,李馨子,牛煜皓.控股股东股权质押压力与企业短贷长投:基于质押价格的经验证据[J].会计研究,2021(7):85-98.

[61]王冰,毛基业.传统企业如何通过内部创业实现数字化转型?——基于资源匹配的战略演化视角[J].管理评论,2021(11):43-53.

[62]王锋正,刘向龙,张蕾,程文超.数字化促进了资源型企业绿色技术创新吗[J].科学学研究,2022(2):332-344.

[63]王可,李连燕."互联网+"对中国制造业发展影响的实证分析[J].数量经济技术经济研究,2018(6):3-20.

[64]王守海,徐晓彤,刘烨炜.企业数字化转型会降低债务违约风险吗[J].证券市场导报,2022(4):45-56.

[65]王馨,王营.绿色信贷政策增进绿色创新研究[J].管理世界,2021(6):173-188.

[66]文雯,牛煜皓.数字化转型会加剧企业投融资期限错配吗?[J].中南财经政法大学学报,2023(5):18-30.

[67]巫岑,黎文飞,唐清泉.产业政策与企业资本结构调整速度[J].金融研究,2019(4):92-110.

[68]巫强,姚雨秀.企业数字化转型与供应链配置:集中化还是多元化[J].中国工业经济,2023(8):99-117.

[69]吴非,胡慧芷,林慧妍,任晓怡.企业数字化转型与资本市场表现——来自股票流动性的经验证据[J].管理世界,2021(7):130-144.

[70]吴晓晖,秦利宾,薄文.企业数字化转型与现金持有——基于经营不确定性视角[J].经济管理,2023,45(2):151-169.

[71]武常岐,张昆贤,周欣雨,周梓洵.数字化转型、竞争战略选择与企业高质量发展——基于机器学习与文本分析的证据[J].经济管理,2022(4):5-22.

[72]肖红军,阳镇,刘美玉.企业数字化的社会责任促进效应:内外双重路径的检验[J].经济管理,2021,43(11):52-69.

[73]肖土盛,宋顺林,李路.信息披露质量与股价崩盘风险:分析师预测的中介作用[J].财经研究,2017,43(2):110-121.

[74]肖土盛,吴雨珊,亓文韬.数字化的翅膀能否助力企业高质量发

展——来自企业创新的经验证据[J].经济管理,2022(5):41-62.

[75]肖作平,廖理.公司治理影响债务期限水平吗?[J].管理世界,2008(11):143-156.

[76]熊广勤,石大千,李美娜.低碳城市试点对企业绿色技术创新的影响[J].科研管理,2020(12):93-102.

[77]修宗峰,刘然,殷敬伟.财务舞弊、供应链集中度与企业商业信用融资[J].会计研究,2021(1):82-99.

[78]许林,林思宜,钱淑芳.环境信息披露、绿色技术创新对融资约束的缓释效应[J].证券市场导报,2021(9):23-33.

[79]杨国忠,席雨婷.企业绿色技术创新活动的融资约束实证研究[J].工业技术经济,2019(11):70-76.

[80]叶志伟,张新民,胡聪慧.企业为何短贷长投?——基于企业战略视角的解释[J].南开管理评论,2023(1):29-44.

[81]易露霞,吴非,常曦.企业数字化转型进程与主业绩效:来自中国上市企业年报文本识别的经验证据[J].现代财经(天津财经大学学报),2021(10):24-38.

[82]易露霞,吴非,徐斯旸.企业数字化转型的业绩驱动效应研究[J].证券市场导报,2021,1(8):15-25.

[83]于连超,张卫国,毕茜.环境税会倒逼企业绿色创新吗[J].审计与经济研究,2019(2):79-90.

[84]于芝麦.环保约谈、政府环保补助与企业绿色创新[J].外国经济与管理,2021(7):22-37.

[85]余江,孟庆时,张越,张兮,陈凤.数字创新:创新研究新视角的探索及启示[J].科学学研究,2017(7):1103-1111.

[86]余明桂,潘红波.金融发展、商业信用与产品市场竞争[J].管理世界,2010(8):117-129.

[87]袁淳,肖土盛,耿春晓,盛誉.数字化转型与企业分工:专业化还是纵向一体化[J].中国工业经济,2021(9):137-155.

[88]袁建国,后青松,程晨.企业政治资源的诅咒效应:基于政治关联与企业技术创新的考察[J].管理世界,2015(1):139-155.

[89]曾德麟,蔡家玮,欧阳桃花.数字化转型研究:整合框架与未来展望[J].外国经济与管理,2021(5):63-76.

[90]曾建光,王立彦. Internet 治理与代理成本——基于 Google 大数据的证据[J]. 经济科学,2015(1):12-125.

[91]张博,韩亚东,李广众. 高管团队内部治理与企业资本结构调整——基于非 CEO 高管独立性的视角[J]. 金融研究,2021(2):153-170.

[92]张胜,张珂源,张敏. 银行关联与企业资本结构动态调整[J]. 会计研究,2017(2):49-55.

[93]张新民,王珏,祝继高. 市场地位、商业信用与企业经营性融资[J]. 会计研究,2012(8):58-65,97.

[94]张永坤,李小波,邢铭强. 企业数字化转型与审计定价[J]. 审计研究,2021(3):62-71.

[95]赵宸宇,王文春,李雪松. 数字化转型如何影响企业全要素生产率[J]. 财贸经济,2021(7):114-129.

[96]赵宸宇. 数字化发展与服务化转型——来自制造业上市公司的经验证据[J]. 南开管理评论,2021(2):149-161.

[97]钟凯,程小可,张伟华. 货币政策适度水平与企业"短贷长投"之谜[J]. 管理世界,2016(3):87-98.

[98]周青,王燕灵,杨伟. 数字化水平对创新绩效影响的实证研究:基于浙江省 73 个县(区、市)的面板数据[J]. 科研管理,2020(7):120-129.

[99]Acemoglu D., Griffith R., Aghion P., Zilibotti F. (2010). Vertical integration and technology: Theory and evidence[J]. Journal of the European Economic Association, 8(5): 989-1033.

[100]Allen F., Qian J., Qian M. (2005). Law, finance, and economic growth in China[J]. Journal of financial economics, 77(1): 57-116.

[101]An Z., Chen C., Li D., Yin, C. (2021). Foreign institutional ownership and the speed of leverage adjustment: International evidence[J]. Journal of Corporate Finance, 68: 101966.

[102]Ang J. S., Cole R. A., Lin J. W. (2000). Agency costs and ownership structure[J]. The Journal of Finance, 55(1): 81-106.

[103]Antia M., Pantzalis C., Park J. C. (2010). CEO decision horizon and firm performance: An empirical investigation[J]. Journal of Corporate Finance, 16(3): 288-301.

[104]Aragón-Correa J. A., Sharma S. (2003). A contingent resource-based

view of proactive corporate environmental strategy[J]. Academy of Management Review, 28(1): 71-88.

[105] Arena C., Michelon G., Trojanowski G. (2018). Big egos can be green: A study of CEO hubris and environmental innovation[J]. British Journal of Management, 29(2): 316-336.

[106] Baker M., Wurgler J. (2004). A catering theory of dividends[J]. The Journal of finance, 59(3): 1125-1165.

[107] Baker S. R., Bloom N., Davis S. J. (2016). Measuring economic policy uncertainty[J]. The Quarterly Journal of Economics, 131(4): 1593-1636.

[108] Becker G. S. (1962). Investment in human capital: A theoretical analysis[J]. Journal of Political Economy, 70(5, Part 2): 9-49.

[109] Bengio Y., Ducharme R., Vincent P. (2000). A neural probabilistic language model[J]. Advances in Neural Information Processing Systems, 13.

[110] Benmelech E., Bergman N., Seru A. (2021). Financing labor[J]. Review of Finance, 25(5): 1365-1393.

[111] Ben-Nasr H., Alshwer A. A. (2016). Does stock price informativeness affect labor investment efficiency? [J]. Journal of Corporate Finance, 38: 249-271.

[112] Bertrand M., Mullainathan S. (2003). Enjoying the quiet life? Corporate governance and managerial preferences[J]. Journal of Political Economy, 111(5): 1043-1075.

[113] Biddle G. C., Hilary G., Verdi R. S. (2009). How does financial reporting quality relate to investment efficiency? [J]. Journal of Accounting and Economics, 48(2-3): 112-131.

[114] Blundell R., Bond S. (1998). Initial conditions and moment restrictions in dynamic panel data models[J]. Journal of Econometrics, 87(1): 115-143.

[115] Borisov A., Ellul A., Sevilir M. (2021). Access to public capital markets and employment growth[J]. Journal of Financial Economics, 141(3): 896-918.

[116] Bradford W., Chen C., Zhu S. (2013). Cash dividend policy, corporate pyramids, and ownership structure: Evidence from China[J]. International Review of Economics & Finance, 27: 445-464.

[117]Bradshaw M., Liao G., Ma M. S. (2019). Agency costs and tax planning when the government is a major shareholder[J]. Journal of Accounting and Economics, 67(2-3): 255-277.

[118]Brandt L., Li H. (2003). Bank discrimination in transition economies: Ideology, information, or incentives?[J]. Journal of Comparative Economics, 31(3): 387-413.

[119]Brennan M. J., Maksimovics V., Zechner J. (1988). Vendor financing[J]. The Journal of Finance, 43(5): 1127-1141.

[120]Brochet F., Loumioti M., Serafeim G. (2015). Speaking of the short-term: Disclosure horizon and managerial myopia[J]. Review of Accounting Studies, 20: 1122-1163.

[121]Brown J., Matsa D. A. (2016). Boarding a sinking ship? An investigation of job applications to distressed firms[J]. The Journal of Finance, 71(2): 507-550.

[122]Bruno G. S. (2005). Approximating the bias of the LSDV estimator for dynamic unbalanced panel data models[J]. Economics letters, 87(3): 361-366.

[123]Byoun S. (2008). How and when do firms adjust their capital structures toward targets?[J]. The Journal of Finance, 63(6): 3069-3096.

[124]Caggese A., Cuñat V., Metzger D. (2019). Firing the wrong workers: Financing constraints and labor misallocation[J]. Journal of Financial Economics, 133(3): 589-607.

[125]Campello M., Giambona E., Graham J. R., Harvey C. R. (2011). Liquidity management and corporate investment during a financial crisis[J]. The Review of Financial Studies, 24(6): 1944-1979.

[126]Campello M., Graham J. R., Harvey C. R. (2010). The real effects of financial constraints: Evidence from a financial crisis[J]. Journal of financial Economics, 97(3): 470-487.

[127]Chang Y. K., Chou R. K., Huang T. H. (2014). Corporate governance and the dynamics of capital structure: New evidence[J]. Journal of Banking & Finance, 48: 374-385.

[128]Chen Y. S., Lai S. B., Wen C. T. (2006). The influence of green innovation performance on corporate advantage in Taiwan[J]. Journal of Business Eth-

ics, 67: 331-339.

[129] Chen C. X., Lu H., Sougiannis T. (2012). The agency problem, corporate governance, and the asymmetrical behavior of selling, general, and administrative costs[J]. Contemporary Accounting Research, 29(1): 252-282.

[130] Chen C., Jiang D., Lan M., Li W., Ye, L. (2022a). Does environmental regulation affect labor investment Efficiency? Evidence from a quasi-natural experiment in China[J]. International Review of Economics & Finance, 80: 82-95.

[131] Chen S., Chou R. K., Liu X., Wu, Y. (2020a). Deregulation of short-selling constraints and cost of bank loans: Evidence from a quasi-natural experiment[J]. Pacific-Basin Finance Journal, 64: 101460.

[132] Chen W., Kamal F. (2016). The impact of information and communication technology adoption on multinational firm boundary decisions[J]. Journal of International Business Studies, 47: 563-576.

[133] Chen W., Zhang L., Jiang P., Meng F., Sun, Q. (2022b). Can digital transformation improve the information environment of the capital market? Evidence from the analysts' prediction behaviour[J]. Accounting & Finance, 62(2): 2543-2578.

[134] Chen X., Cheng Q., Hao Y., Liu, Q. (2020b). GDP growth incentives and earnings management: Evidence from China[J]. Review of Accounting Studies, 25: 1002-1039.

[135] Ciampi F., Demi S., Magrini A., Marzi G., Papa, A. (2021). Exploring the impact of big data analytics capabilities on business model innovation: The mediating role of entrepreneurial orientation[J]. Journal of Business Research, 123(2): 1-13.

[136] Cohen L., Diether K., Malloy C. (2013). Misvaluing innovation[J]. The Review of Financial Studies, 26(3): 635-666.

[137] Çolak G., Gungoraydinoglu A., Öztekin Ö. (2018). Global leverage adjustments, uncertainty, and country institutional strength [J]. Journal of Financial Intermediation, 35: 41-56.

[138] Cook D. O., Tang T. (2010). Macroeconomic conditions and capital structure adjustment speed[J]. Journal of corporate finance, 16(1): 73-87.

[139] Cooper I. A., Lambertides N. (2018). Large dividend increases and leverage[J]. Journal of Corporate Finance, 48: 17-33.

[140] Cui Y., Meng J., Lu C. (2018). Recent developments in China's labor market: Labor shortage, rising wages and their implications[J]. Review of Development Economics, 22(3): 1217-1238.

[141] Dang V. A., Kim M., Shin Y. (2012). Asymmetric capital structure adjustments: New evidence from dynamic panel threshold models[J]. Journal of Empirical Finance, 19(4): 465-482.

[142] Dang V. A., Kim M., Shin Y. (2015). In search of robust methods for dynamic panel data models in empirical corporate finance[J]. Journal of Banking & Finance, 53: 84-98.

[143] De Franco G., Kothari S. P., Verdi R. S. (2011). The benefits of financial statement comparability[J]. Journal of Accounting research, 49(4): 895-931.

[144] Dechow P. M., Sloan R. G., Sweeney A. P. (1995). Detecting earnings management[J]. The Accounting Review, 70(2): 193-225.

[145] Dechow P. M., Dichev I. D. (2002). The quality of accruals and earnings: The role of accrual estimation errors[J]. The Accounting Review, 77(s-1): 35-59.

[146] Deng L., Li S., Liao M. (2017). Dividends and earnings quality: Evidence from China[J]. International Review of Economics & Finance, 48: 255-268.

[147] Denis D. J., Sibilkov V. (2010). Financial constraints, investment, and the value of cash holdings[J]. The Review of Financial Studies, 23(1): 247-269.

[148] Devers C. E., McNamara G., Wiseman R. M., Arrfelt, M. (2008). Moving closer to the action: Examining compensation design effects on firm risk[J]. Organization Science, 19(4): 548-566.

[149] Devos E., Rahman S., Tsang D. (2017). Debt covenants and the speed of capital structure adjustment[J]. Journal of Corporate Finance, 45: 1-18.

[150] Dhaliwal D., Hogan C., Trezevant R., Wilkins M. (2011). Internal control disclosures, monitoring, and the cost of debt[J]. The Accounting Review, 86(4): 1131-1156.

[151] Ding D. K., Sun Q. (2001). Causes and effects of employee stock option plans: Evidence from Singapore[J]. Pacific-Basin Finance Journal, 9(5): 563-599.

[152] Do T. K., Huang H. H., Ouyang P. (2022). Product market threats and leverage adjustments[J]. Journal of Banking & Finance, 135: 106365.

[153] Dong W., Han H., Ke Y., Chan K. C. (2018). Social trust and corporate misconduct: Evidence from China[J]. Journal of Business Ethics, 151: 539-562.

[154] Dyck A., Morse A., Zingales L. (2010). Who blows the whistle on corporate fraud?[J]. The Journal of Finance, 65(6): 2213-2253.

[155] Dyck A., Volchkova N., Zingales L. (2008). The corporate governance role of the media: Evidence from Russia[J]. The Journal of Finance, 63(3): 1093-1135.

[156] Ee M. S., Hasan I., Huang H. (2022). Stock liquidity and corporate labor investment[J]. Journal of Corporate Finance, 72: 102142.

[157] Elliott W. B., Hobson J. L., Jackson K. E. (2011). Disaggregating management forecasts to reduce investors' susceptibility to earnings fixation[J]. The Accounting Review, 86(1): 185-208.

[158] Elsas R., Florysiak D. (2015). Dynamic capital structure adjustment and the impact of fractional dependent variables[J]. Journal of Financial and Quantitative Analysis, 50(5): 1105-1133.

[159] Fama E. F., French K. R. (2002). Testing trade-off and pecking order predictions about dividends and debt[J]. Review of Financial Studies, 15(1): 1-33.

[160] Fan J. P., Titman S., Twite G. (2012). An international comparison of capital structure and debt maturity choices[J]. Journal of Financial and Quantitative Analysis, 47(1): 23-56.

[161] Faulkender M., Flannery M. J., Hankins K. W., Smith J. M. (2012). Cash flows and leverage adjustments[J]. Journal of Financial Economics, 103(3): 632-646.

[162] Fazzari S. M., Hubbard R. G., Petersen B. C. (1988). Financing constraints and corporate investment[J]. Brookings Papers on Economic Activity,

141-206.

[163] Feliciano-Cestero M. M., Ameen N., Kotabe M., Paul J., Signoret. (2023). Is digital transformation threatened? A systematic literature review of the factors influencing firms' digital transformation and internationalization[J]. Journal of Business Research, 157: 113546.

[164] Feng X., Johansson A. C. (2019). Top executives on social media and information in the capital market: Evidence from China[J]. Journal of Corporate Finance, 58: 824-857.

[165] Ferreira J. J., Fernandes C. I., Ferreira F. A. (2019). To be or not to be digital, that is the question: Firm innovation and performance[J]. Journal of Business Research, 101: 583-590.

[166] Firth M., Gao J., Shen J., Zhang Y. (2016). Institutional stock ownership and firms' cash dividend policies: Evidence from China[J]. Journal of Banking & Finance, 65: 91-107.

[167] Fischer E. O., Heinkel R., Zechner J. (1989). Dynamic capital structure choice: Theory and tests[J]. The Journal of Finance, 44(1): 19-40.

[168] Flannery M. J., Rangan K. P. (2006). Partial adjustment toward target capital structures[J]. Journal of Financial Economics, 79(3): 469-506.

[169] Flannery M. J., Hankins K. W. (2013). Estimating dynamic panel models in corporate finance[J]. Journal of Corporate Finance, 19: 1-19.

[170] Flannery M. J., Hankins K. W. (2007). A theory of capital structure adjustment speed[J]. Unpublished Manuscript, University of Florida, 10(4): 26-43.

[171] Fleisher B. M., Hu Y., Li H., Kim S. (2011). Economic transition, higher education and worker productivity in China[J]. Journal of Development Economics, 94(1): 86-94.

[172] Foucault T., Frésard L. (2012). Cross-listing, investment sensitivity to stock price, and the learning hypothesis[J]. The Review of Financial Studies, 25(11): 3305-3350.

[173] Frank M. Z., Goyal V. K. (2003). Testing the pecking order theory of capital structure[J]. Journal of Financial Economics, 67(2): 217-248.

[174] Lawrence F. J. (1987). Employee perspectives on stock ownership: Fi-

nancial investment or mechanism of control? [J]. Academy of Management Review, 12(3): 427-435.

[175] Ghaly M., Dang V. A., Stathopoulos K. (2020). Institutional investors' horizons and corporate employment decisions[J]. Journal of Corporate Finance, 64: 101634.

[176] Gilch P. M., Sieweke J. (2021). Recruiting digital talent: The strategic role of recruitment in organisations' digital transformation[J]. German Journal of Human Resource Management, 35(1): 53-82.

[177] Goh B. W., Li D. (2011). Internal controls and conditional conservatism[J]. The Accounting Review, 86(3): 975-1005.

[178] Goldfarb A., Tucker C. (2019). Digital economics[J]. Journal of economic literature, 57(1): 3-43.

[179] Goldstein I., Spatt C. S., Ye M. (2021). Big data in finance[J]. The Review of Financial Studies, 34(7): 3213-3225.

[180] Graham J. R., Harvey C. R., Rajgopal S. (2005). The economic implications of corporate financial reporting[J]. Journal of Accounting and Economics, 40(1-3): 3-73.

[181] Graham J. R., Leary M. T. (2011). A review of empirical capital structure research and directions for the future[J]. Annual Review of Financial Economics, 3(1): 309-345.

[182] Gu L., Ni X., Tian G. (2022). Controlling shareholder expropriation and labor investment efficiency[J]. International Review of Economics & Finance, 82: 261-274.

[183] Hadlock C. J., Pierce J. R. (2010). New evidence on measuring financial constraints: Moving beyond the KZ index [J]. The Review of Financial Studies, 23(5): 1909-1940.

[184] Hajli M., Sims J. M., Ibragimov V. (2015). Information technology (IT) productivity paradox in the 21st century[J]. International Journal of Productivity and Performance Management, 64(4): 457-478.

[185] Hamermesh D. S. (1995). Labor demand and the source of adjustment costs[J]. The Economic Journal, 105 (430): 620-634.

[186] Hanelt A., Bohnsack R., Marz D., Antunes Marante C. (2021). A

systematic review of the literature on digital transformation: Insights and implications for strategy and organizational change[J]. Journal of Management Studies, 58(5): 1159-1197.

[187]Harford J., Klasa S., Walcott N. (2009). Do firms have leverage targets? Evidence from acquisitions[J]. Journal of Financial Economics, 93(1): 1-14.

[188]Hart S. L. (1995). A natural-resource-based view of the firm[J]. Academy of Management Review, 20(4): 986-1014.

[189]Hess T., Matt C., Benlian A., Wiesböck F. (2016). Options for formulating a digital transformation strategy[J]. MIS Quarterly Executive, 15(2): 123-139.

[190]He X., Jiang S. (2019). Does gender diversity matter for green innovation?[J]. Business Strategy and the Environment, 28, (7): 1341-1356.

[191]Hope O. K., Yue H., Zhong Q. (2020). China's anti-corruption campaign and financial reporting quality[J]. Contemporary Accounting Research, 37(2): 1015-1043.

[192]Horton J., Serafeim G., Serafeim I. (2013). Does mandatory IFRS adoption improve the information environment?[J]. Contemporary Accounting Research, 30(1): 388-423.

[193]Hu Y. M., Xu M. X. (2021). Xi's anti-corruption campaign and the speed of capital structure adjustment[J]. Pacific-Basin Finance Journal, 65: 101483.

[194]Jensen M., Meckling W. (1976). Theory of the firm: Managerial behavior, agency costs, and capital structure[J]. Journal of Financial Economics, 3: 305-360.

[195]Jiang F., Kim K. A. (2015). Corporate governance in China: A modern perspective[J]. Journal of Corporate Finance, 32: 190-216.

[196]Jiang F., Kim. K. A. (2020). Corporate governance in China: A survey[J]. Review of Finance, 24(4): 733-772.

[197]Jiang F., Ma Y., Shi B. (2017). Stock liquidity and dividend payouts[J]. Journal of Corporate Finance, 42: 295-314.

[198]Jiang K., Du X., Chen Z. (2022). Firms' digitalization and stock

price crash risk[J]. International Review of Financial Analysis, 82: 102196.

[199] Jiang X. C., Shen J. H., Lee C. C., Chen C. (2021). Supply-side structural reform and dynamic capital structure adjustment: Evidence from Chinese-listed firms[J]. Pacific-Basin Finance Journal, 65: 101482.

[200] Jung B., Lee W. J., Weber D. P. (2014). Financial reporting quality and labor investment efficiency[J]. Contemporary Accounting Research, 31 (4): 1047-1076.

[201] Kaplan S. N., Zingales L. (1997). Do investment-cash flow sensitivities provide useful measures of financing constraints?[J]. The Quarterly Journal of Economics, 112(1): 169-215.

[202] Ke B., Liu N., Tang S. (2016). The effect of anti-corruption campaign on shareholder value in a weak institutional environment: Evidence from China[R]. Unpublished Working Paper.

[203] Khedmati M., Sualihu M. A., Yawson A. (2020). CEO-director ties and labor investment efficiency[J]. Journal of Corporate Finance, 65: 101492.

[204] Kim S., Kraft P., Ryan S. G. (2013). Financial statement comparability and credit risk[J]. Review of Accounting Studies Volume, 18: 783-823.

[205] Kiviet J. F. (1995). On bias, inconsistency, and efficiency of various estimators in dynamic panel data models[J]. Journal of Econometrics, 68: 53-78.

[206] Kong D., Liu S., Xiang J. (2018). Political promotion and labor investment efficiency[J]. China Economic Review, 50: 273-293.

[207] La Porta R., Lopez-de-Silanes F., Shleifer A., Vishny R. W. (1998). Law and finance[J]. Journal of Political Economy, 106(6): 1113-1155.

[208] La Porta R., Lopez-de-Silanes F., Shleifer A., Vishny R. W. (1997). Legal determinants of external finance[J]. The Journal of Finance, 52 (3): 1131-1150.

[209] Lai S., Li X., Chan K. C. (2021). CEO overconfidence and labor investment efficiency [J]. North American Journal of Economics & Finance, 55: 101319.

[210] Leary M. T., Roberts M. R. (2005). Do firms rebalance their capital structures? [J]. The Journal of Finance, 60(6): 2575-2619.

[211] Lee C. M. C., Zhong Q. L. (2022). Shall we talk? The role of interactive

investor platforms in corporate communication[J]. Journal of Accounting and Economics, 74 (2-3): 101524.

[212]Lemmon M. L., Roberts M. R., Zender J. F. (2008). Back to the beginning: Persistence and the cross-section of corporate capital structure[J]. Journal of Finance, 63(4): 1575-608.

[213]Lewbel A. (1997). Constructing instruments for regressions with measurement error when no additional data are available, with an application to patents and R&D[J]. Econometrica, 65(5): 1201-1213.

[214]Lewellen K. (2006). Financing decisions when managers are risk[J]. Journal of Financial Economics, 82(3): 551-589.

[215]Li M., Jia S. (2018). Resource orchestration for innovation: The dual role of information technology[J]. Technology Analysis & Strategic Management, 30(10): 1136-1147.

[216]Li D. M., Jiang Q., Mai Y. (2019). Board interlocks and capital structure dynamics: Evidence from China[J]. Accounting & Finance, 59: 1893-1922.

[217]Li F. (2010). Textual analysis of corporate disclosures: A survey the literature[J]. Journal of Accounting Literature, 29: 143-165.

[218]Li F. (2011). Earnings quality based on corporate investment decisions[J]. Journal of Accounting Research, 49 (3): 721-752.

[219]Li L. (2022). Digital transformation and sustainable performance: The moderating role of market turbulence[J]. Industrial Marketing Management, 104: 28-37.

[220]Li L., Ye F., Zhan Y., Kumar A., Schiavone F., Li Y. (2022). Unraveling the performance puzzle of digitalization: Evidence from manufacturing firms[J]. Journal of Business Research, 149: 54-64.

[221]Li Z., Wang B., Wu B., Zhou D. (2021). The influence of qualified foreign institutional investors on internal control quality: Evidence from China[J]. International Review of Financial Analysis, 78: 101916.

[222]Liao L., Mukherjee T., Wang W. (2015). Corporate governance and capital structure dynamics: An empirical study[J]. Journal of Financial Research, 38(2): 169-191.

[223]Liu D. Y., Chen S. W., Chou T. C. (2011). Resource fit in digital

transformation: Lessons learned from the CBC Bank global e-banking project[J]. Management Decision, 49(10): 1728-1742.

[224]Liu D., Chen S., Chou T. Z. (2011). Resource fit in digital transformation[J]. Management Decision, 49(10): 1728-1742.

[225]Liu G. Q., Wang S. H. (2023). Digital transformation and trade credit provision: Evidence from China [J]. Research in International Business and Finance, 64: 101805.

[226]Liu H., Chiang Y. M., Tsai H. J. (2020). The impact of loan rollover restrictions on capital structure adjustments, leverage deviations, and firm values [J]. Pacific-Basin Finance Journal, 62: 101384.

[227]Liu M., Brynjolfsson E., Dowlatabadi J. (2021). Do digital platforms reduce moral hazard? The case of Uber and taxis[J]. Management Science, 67 (8): 4665-4685.

[228]Liu T. L., Chen X., Yang S. L. (2022). Economic policy uncertainty and enterprise investment decision: Evidence from China [J]. Pacific-Basin Finance Journal, 75: 101859.

[229]Lockhart G. B. (2014). Credit lines and leverage adjustments[J]. Journal of Corporate Finance, 25: 274-288.

[230]Ma H., Hao D. (2022). Economic policy uncertainty, financial development, and financial constraints: Evidence from China[J]. International Review of Economics and Finance, 79: 368-386.

[231]Manesh M. F., Pellegrini M. M., Marzi G., Dabic M. (2020). Knowledge management in the fourth industrial revolution: Mapping the literature and scoping future avenues[J]. IEEE Transactions on Engineering Management, 68(1): 289-300.

[232] Matarazzo M., L. Penco, Profumo G., Quaglia R. (2021). Digital transformation and customer value creation in Made in Italy SMEs: A dynamic capabilities perspective[J]. Journal of Business Research, 123: 642-656.

[233] Matt C., Hess T., Benlian A. (2015). Digital transformation strategies[J]. Business & Information Systems Engineering, 57: 339-343.

[234]Meng Q., Li X., Chan K. C., Gao S. (2020). Does short selling affect a firm's financial constraints? [J]. Journal of Corporate Finance, 60: 101531.

[235]Meng R., Ning X., Zhou X., Zhu H. (2011). Does ESOPs enhance

firm performance? Evidence from China's reform experiment[J]. Journal of Banking & Finance, 35: 1541-1551.

[236] Merz M., Yashiv E. (2007). Labor and the market value of the firm [J]. American Economic Review, 97 (4): 1419-1431.

[237] Modigliani F., Miller M. (1958). The cost of capital, corporation finance and the theory of investment [J]. American Economic Review, 48: 261-297.

[238] Morellec E., Nikolov B., Schurhoff N. (2012). Corporate governance and capital structure dynamics[J]. Journal of Finance, 67(3): 803-848.

[239] Murawski M., Bick M. (2017). Digital competences of the workforce-a research topic? [J]. Business Process Management Journal, 23 (3): 721-734.

[240] Myers S. C., Majluf N. (1984). Corporate financing and investment decisions when firms have information that investors do not have[J]. Journal of Financial Economics, 13: 187-221.

[241] Myers S. C. (1984). The capital structure puzzle [J]. Journal of Finance, 39: 575-592.

[242] Nambisan S., Wright M., Feldman M. (2019). The digital transformation of innovation and entrepreneurship: Progress, challenges and key themes [J]. Research Policy, 48: 103773.

[243] Niu Y., Wen W., Wang S., Li S. (2023). Breaking barriers to innovation: The power of digital transformation [J]. Finance Research Letters, 51: 103457.

[244] Öztekin Ö. (2015). Capital structure decisions around the world: Which factors are reliably important? [J]. Journal of Financial and Quantitative Analysis, 50: 301-323.

[245] Öztekin Ö., Flannery M. (2012). Institutional determinants of capital structure adjustment speeds[J]. Journal of Financial Economics, 103: 88-112.

[246] Pagani M., Pardo C. (2017). The impact of digital technology on relationships in a business network [J]. Industrial Marketing Management, 67: 185-192.

[247] Petersen M. A., Rajan R. G. (1997). Trade credit: Theories and evidence[J]. The Review of Financial Studies, 10(3): 661-691.

[248]Pinnuck M., Lillis A. M. (2007). Profits versus losses: Does reporting an accounting loss act as a heuristic trigger to exercise the abandonment option and divest employees? [J]. The Accounting Review, 82 (4): 1031-1053.

[249]Piotroski J. D., Wong T. J., Zhang T. Y. (2015). Political incentives to suppress negative information: Evidence from Chinese listed firms[J]. Journal of Accounting Research, 53: 405-459.

[250]Povel P., Raith M. (2004). Financial constraints and product market competition: Ex ante vs. ex post incentives[J]. International Journal of Industrial Organization, 22: 917-949.

[251]Qi B., Li L., Zhou Q., Sun J. (2017). Does internal control over financial reporting really alleviate agency cost? [J]. Accounting & Finance, 57 (4): 1101-1125.

[252]Qian Y. Y. (1994). A theory of shortage in socialist economies based on the "soft budget constraint"[J]. American Economic Review, 84 (1): 145-156.

[253]Quan X., Ke Y., Qian Y., Zhang, Y. (2023). CEO foreign experience and green innovation: Evidence from China[J]. Journal of Business Ethics, 182(2): 535-557.

[254]Ren S., Wang Y., Hu Y., Yan J. (2021). CEO hometown identity and firm green innovation[J]. Business Strategy and the Environment, 30(2): 756-774.

[255]Richardson S. (2006). Over-investment of free cash flow[J]. Review of Accounting Studies, 11: 159-189.

[256]Schwartz R. A. (1974). An economic model of trade credit[J]. Journal of Financial and Quantitative Analysis, 9(4): 643-657.

[257]Smith J. K. (1987). Trade credit and informational asymmetry[J]. The Journal of Finance, 42(4): 863-872.

[258]Song Z., Storesletten K., Zilibotti F. (2011). Growing like China[J]. American Economic Review, 101 (1): 196-233.

[259] Stordy P. H. (2015). Taxonomy of literacies [J]. Journal of Documentation, 71(3): 456-476.

[260]Sualihu M. A., Rankin M., Haman J. (2021a). The role of equity compensation in reducing inefficient investment in labor[J]. Journal of Corporate Fi-

nance, 66: 101788.

[261] Sualihu M. A., Yawson A., Yusoff I. (2021b). Do analysts' forecast properties deter suboptimal labor investment decisions? Evidence from regulation fair disclosure[J]. Journal of Corporate Finance, 69: 101995.

[262] Tian G., Li B., Cheng Y. (2022). Does digital transformation matter for corporate risk-taking? [J]. Finance Research Letters, 49: 103107.

[263] Verhoef P. C., Broekhuizen T., Bart Y., Bhattacharya A., Dong. (2021). Digital transformation: A multidisciplinary reflection and research agenda [J]. Journal of Business Research, 122: 889-901.

[264] Vial G. (2019). Understanding digital transformation: A review and a research agenda[J]. Journal of Strategic Information Systems, 28 (2): 118-144.

[265] Wang F., Xu L., Zhang J., Shu W. (2018). Political connections, internal control and firm value: Evidence from China's anti-corruption campaign [J]. Journal of Business Research, 86: 53-67.

[266] Wang Q. S., Lai S., Pi S., Anderson H. (2022). Does directors' and officers' liability insurance induce empire building? Evidence from corporate labor investment[J]. Pacific-Basin Finance Journal, 73: 101753.

[267] Wang Q., Wu D., Yan L. (2021). Effect of positive tone in MD&A disclosure on capital structure adjustment speed: evidence from China[J]. Accounting & Finance, 61: 5809-5845.

[268] Wang X., Fan G., Yu J. (2020). Report on China's provincial marketization index (in Chinese)[M]. Beijing: Social Sciences Academic Press.

[269] Wang Y., Wang T., Chen L. (2021). Maturity mismatches of Chinese listed firms[J]. Pacific-Basin Finance Journal, 70: 101680.

[270] Wu K., Fu Y., Kong D. (2022a). Does the digital transformation of enterprise affect stock price crash risk? [J]. Finance Research Letters, 48: 102888.

[271] Wu Y., Lee C., Peng D. (2022b). Geographic proximity and corporate investment efficiency: Evidence from high-speed rail construction in China[J]. Journal of Banking and Finance, 140: 106510.

[272] Xu J. J., Huang H. J. (2021). Pay more or pay less? The impact of controlling shareholders' share pledging on firms' dividend payouts[J]. Pacific-Basin Finance Journal, 65: 101493.

[273] Xu N., Li X., Yuan Q., Chan K. C. (2014). Excess perks and stock price crash risk: Evidence from China[J]. Journal of Corporate Finance, 25: 419-434.

[274] Yin Q. E., Ritter J. R. (2020). The speed of adjustment to the target market value leverage is slower than you think[J]. Journal of Financial and Quantitative Analysis, 55(6): 1946-1977.

[275] Zhang Z., Ntim C. G., Zhang Q., Elmagrhi M. H. (2020). Does accounting comparability affect corporate employment decision-making? [J]. The British Accounting Review, 52: 1-23.

[276] Zhao X., Lynch J. G., Chen Q. (2010). Reconsidering Baron and Kenny: Myths and truths about mediation analysis[J]. Journal of Consumer Research, 37(2): 197-206.

[277] Zhou Q., Tan K., Faff R., Zhu Y. (2016). Deviation from target capital structure, cost of equity and speed of adjustment[J]. Journal of Corporate Finance, 39: 99-120.

重要术语索引

C
财务困境 ………… 010

D
大数据 ………… 001
代理问题 ………… 074

G
高新技术企业 ………… 092
高质量发展 ………… 001
工具变量法 ………… 007
公司固定效应模型 ………… 007
公司治理 ………… 007
管理层短视 ………… 101

J
价值创造 ………… 001

L
劳动投资不足 ………… 005
劳动投资过度 ………… 005
劳动投资效率 ………… 003
绿色创新 ………… 002

N
内部控制 ………… 011

Q
倾向评分匹配法 ………… 007

区块链 ………… 001

R
人工智能 ………… 001
融资约束 ………… 002

S
数字化转型 ………… 001
数字技术 ………… 001
数字经济 ………… 001

T
投融资期限错配 ………… 003

X
信息不对称 ………… 003
信息透明度 ………… 010

Y
银行信贷供给 ………… 005
员工持股计划 ………… 180
云计算 ………… 001

Z
重污染行业 ………… 011
资本结构动态调整 ………… 002
最优资本结构 ………… 004

后 记

本书是在我们合作发表的几篇期刊论文以及我们指导的学生论文的基础上修改完成的。非常感谢与我们"并肩作战"的论文合作者们——中国人民大学书报资料中心经济编辑部靳毓编审，北京外国语大学李思飞教授，北京理工大学博士生李鑫，北京外国语大学博士生王赛、硕士生李秋语和邵进、本科生蔡文丽和何茵等。

我们要感谢中央高校基本科研业务费项目（2023TD003）、国家自然科学基金青年项目（72002014）以及北京外国语大学"中青年卓越人才支持计划"对本研究的资助。

我们还要感谢中国经济出版社的牛慧珍老师在书稿完善过程中提出的诸多宝贵建议，感谢我们的学生王赛、武佳蕙、肖瑶、唐樱绮、孙亚婕等在本书校对和完善过程中提供的帮助。

书稿中可能存在一些疏忽和不足之处，恳请各位读者海涵。非常欢迎各位读者提出宝贵建议，在此深表感谢！

文　雯　牛煜皓
2023 年 12 月